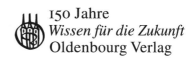

Theorien der Internationalen Beziehungen kompakt

von
Dr. Günther Auth

Oldenbourg Verlag München

Bibliografische Information der Deutschen Nationalbibliothek

Die Deutsche Nationalbibliothek verzeichnet diese Publikation in der Deutschen
Nationalbibliografie; detaillierte bibliografische Daten sind im Internet über
<http://dnb.d-nb.de> abrufbar.

© 2008 Oldenbourg Wissenschaftsverlag GmbH
Rosenheimer Straße 145, D-81671 München
Telefon: (089) 4 50 51-0
oldenbourg.de

Das Werk einschließlich aller Abbildungen ist urheberrechtlich geschützt. Jede Verwertung außerhalb der Grenzen des Urheberrechtsgesetzes ist ohne Zustimmung des Verlages unzulässig und strafbar. Das gilt insbesondere für Vervielfältigungen, Übersetzungen, Mikroverfilmungen und die Einspeicherung und Bearbeitung in elektronischen Systemen.

Lektorat: Wirtschafts- und Sozialwissenschaften, wiso@oldenbourg.de
Herstellung: Anna Grosser
Coverentwurf: Kochan & Partner, München
Cover-Illustration: Hyde & Hyde, München
Gedruckt auf säure- und chlorfreiem Papier
Druck: Grafik + Druck, München
Bindung: Thomas Buchbinderei GmbH, Augsburg

ISBN 978-3-486-58821-7

Vorwort

Das vorliegende Buch möchte in gängige Theorie/perspektiven der Disziplin Internationale Beziehungen (IB) einführen, ohne dabei den Stil und die Strategie verfügbarer Einführungen in diese Materie zu kopieren. Dieses Buch ist insofern etwas ‚Neues', als es sich nicht als ein (scholastischer) Kommentar zu Begriffen der einzelnen Theorie/perspektiven versteht. Die grundsätzlichste Überlegung hat seit Abfassung des ersten Manuskripts darin bestanden, Studierenden im Teilbereich IB die eigenständige Arbeit mit den Theorien der IB zu erleichtern. Für die eigene Arbeit mit den Theorien ist es grundlegend, sowohl die analytische Aussagenlogik, als auch die Argumentationslogik der Theorien bezüglich konkreter historischer Ereignisse zu *verstehen*. Die größte Schwierigkeit bei der Heranziehung der IB-Theorien liegt darin, dem Umstand Rechnung zu tragen, dass diese Theorien nicht einfach ‚nur' unterschiedliche Erklärungen für Sachverhalte anbieten – die sogenannte ‚Anwendung' von IB-Theorien, zu der Studierende für Prüfungszwecke in der Regel angehalten werden, läuft freilich oft genau darauf hinaus. Aufgrund ausgesprochener und unausgesprochener Voraussetzungen innerhalb dessen, was man als den Kern besagter Theorien bezeichnen könnte, kommen relevante Sachverhalte und Ereignisse der internationalen Beziehungen bereits unterschiedlich in den Blick; ganz zu schweigen davon, dass aus der Perspektive unterschiedlicher Theorien nicht immer die gleichen Sachverhalte für relevant und erklärungswürdig erachtet werden. Die Entscheidung für diese oder jene Theorie hat Konsequenzen hinsichtlich dessen, was überhaupt Thema und Gegenstand einer eingehenden Beschäftigung wird. Letzterer Aspekt deutet auf eine wichtige Problematik hin: wenn sich Theorien der internationalen Beziehungen immer nur für bestimmte Sachverhalte interessieren und nicht für andere, dann spielen in die Theoriebildung normative und/oder außerwissenschaftliche Überlegungen mit hinein; wenn sich Theorien immer nur für einen bestimmten Ausschnitt der internationalen Beziehungen interessieren, ist anspruchsvolle Theoriebildung für diesen riesigen Gegenstandsbereich vielleicht gar nicht möglich.

Als besonders wertvoll und stimulierend, nicht nur für die Arbeit an diesem Buch, haben sich über einen Zeitraum von mittlerweile fast zehn Jahren die mitunter höchst angeregten Diskussionen mit Studierenden in zahlreichen Einführungskursen, Tutorien und informellen Gesprächen über die Disziplin der Internationalen Beziehungen erwiesen. Das vorliegende Buch ist nicht zuletzt auch ein Tribut an diese Interaktionen.

München, im März 2008 G. Auth

Inhalt

Vorwort		**V**
1	**Einleitung**	**1**
2	**Klassischer Realismus**	**17**
2.1	Prämissen	18
2.1.1	Das Milieu der internationalen Politik ist ‚anarchisch'	18
2.1.2	Staaten streben nach Macht	18
2.1.3	Staaten befinden sich in einem Zustand der Unsicherheit	19
2.1.4	Staaten handeln klug und nicht moralisch ‚gut'	19
2.1.5	Staaten errichten ein Gleichgewicht	19
2.2	Analytik und Aussagenlogik	20
2.2.1	Analytik	20
2.2.2	Aussagenlogik	20
2.3	Heuristik	22
2.3.1	Kollektive Sicherheit und Frieden	23
2.3.2	Das Völkerrecht und Frieden	27
2.3.3	Kontrollfragen	36
3	**Die Logik der Bilder und das Problem der Analyseebene**	**37**
3.1	Die Logik der Bilder von internationaler Politik	38
3.1.1	Das erste Image	38
3.1.2	Das zweite Image	39
3.1.3	Das dritte Image	41
3.2	Das Problem der Analyseebenen	42
3.2.1	Die systemare Ebene der Analyse	42
3.2.2	Die subsystemare Ebene der Analyse	43
3.2.3	Zusammenfassung	44
4	**Neorealismus**	**45**
4.1	Prämissen	46
4.1.1	Das internationale System ist eine ‚anarchische' Staatenwelt	46
4.1.2	Akteure haben existenzielle Furcht	46

4.1.3	Akteure besitzen unterschiedlich große Fähigkeiten, sich zu verteidigen	47
4.1.4	Akteure sichern ihr Überleben durch strategische Sicherheitspolitik	47
4.1.5	Im internationalen System kommt es zu einer Veränderung der Konstellationen	47
4.2	Analytik und Aussagenlogik	48
4.2.1	Analytik	48
4.2.2	Aussagenlogik	48
4.3	Heuristik	50
4.3.1	Die multipolare Konstellation nach dem Ost-West Konflikt	50
4.3.2	Die neue Unipolarität und die Kontinuität der internationalen Politik	54
4.3.3	Kontrollfragen	59

5 Neoliberalismus   61

5.1	Prämissen	62
5.1.1	Das internationale System ist ‚anarchisch'	62
5.1.2	Die Akteure stehen in (asymmetrischen) Interdependenzbeziehungen	62
5.1.3	Die Akteure streben nach Kooperation	63
5.1.4	Die Akteure wollen ihren Nutzen steigern	63
5.1.5	Internationale Institutionen dienen den Akteuren als Instrumente	63
5.2	Analytik und Aussagenlogik	64
5.2.1	Analytik	64
5.2.2	Aussagenlogik	64
5.3	Heuristik	67
5.3.1	Die Entstehung von Kooperation	68
5.3.2	Die Wirkung von Regimen	71
5.3.3	Kontrollfragen	75

6 Neofunktionalismus   77

6.1	Prämissen	78
6.1.1	Internationale Beziehungen sind eingebettet in Vergesellschaftungsprozesse	78
6.1.2	Die Akteure sind Gruppen mit spezifischen Interessen	78
6.1.3	Akteure politisieren Sachfragen in institutionalisierten Kommunikationskanälen	79
6.1.4	Supranationale Problemlösungen entfalten nicht-intendierte Konsequenzen	79
6.1.5	Integration führt zu einer politischen Gemeinschaft	79
6.2	Analytik und Aussagenlogik	80
6.2.1	Analytik	80
6.2.2	Aussagenlogik	80
6.3	Heuristik	83
6.3.1	Der Beginn von Integration	84
6.3.2	Die Dynamik von Integration	86
6.3.3	Kontrollfragen	91

7	**Theoriebildung zwischen Traditionalismus und Szientismus**	**93**
8	**Klassischer Intergouvernementalismus**	**95**
8.1	Prämissen	96
8.1.1	Die basalen Einheiten des internationalen Systems sind Nationalstaaten	96
8.1.2	Die entscheidenden Akteure der internationalen Politik sind Regierungen	96
8.1.3	Regierungen handeln auf der Basis des nationalen Interesses	97
8.1.4	Das nationale Interesse speist sich aus der Beurteilung der nationalen Situation	97
8.1.5	Im nationalen Interesse zeigt sich die außenpolitische Orientierung der Regierung	97
8.2	Analytik und Aussagenlogik	98
8.2.1	Analytik	98
8.2.2	Aussagenlogik	98
8.3	Heuristik	101
8.3.1	Die Realität der europäischen Integration	102
8.3.2	Die USA und die transatlantischen Beziehungen zu Beginn der 1980er Jahre	105
8.3.3	Kontrollfragen	108
9	**Neuer Liberalismus/ Liberaler Intergouvernementalismus**	**109**
9.1	Prämissen	110
9.1.1	Akteure sind Individuen und private Gruppen	110
9.1.2	Interessengruppen streben nach Wohlfahrt	110
9.1.3	Staaten sind Transmissionsriemen für Interessengruppen	111
9.1.4	Das int. System ist geprägt von einer Interdependenz politischer Präferenzen	111
9.1.5	Politische Macht ist eine Funktion von Präferenzen	111
9.2	Analytik und Aussagenlogik	112
9.2.1	Analytik	112
9.2.2	Aussagenlogik	112
9.3	Heuristik	115
9.3.1	Regierungspolitik und Europäische Integration	115
9.3.2	Demokratischer Friede/Krieg	118
9.3.3	Kontrollfragen	121
10	**Konstruktivismus**	**123**
10.1	Prämissen	124
10.1.1	Die Akteure sind Staaten	124
10.1.2	Identitäten und Interessen resultieren aus dem Interaktionsprozess	124
10.1.3	Interaktionen münden in Institutionen	125
10.1.4	Die Struktur des Systems besteht aus intersubjektiv geteiltem Wissen	125
10.1.5	Das internationale System unterliegt einem Transformationsprozess	125
10.2	Analytik und Aussagenlogik	126
10.2.1	Analytik	126
10.2.2	Aussagenlogik	126

10.3	Heuristik	130
10.3.1	Institutionalisierung und die Logik der Angemessenheit	130
10.3.2	Strukturwandel und Veränderungen der Interaktionsmuster	133
10.3.3	Kontrollfragen	137
11	**Literatur**	**139**

1   Einleitung

[...] Wo immer heute von Wissen die Rede ist, geht es um etwas anderes als Verstehen. Die Idee des Verstehens, einstens Grundlage geisteswissenschaftlicher Tätigkeit an sich, überwintert bestenfalls in der politisch korrekten Phrase vom Verstehen des Anderen als Ausdruck eingeforderter Toleranz. Ansonsten geht es entweder um die Entwicklung von Technologien, die die Natur- und Menschenbeherrschung erleichtern, oder um die Produktion von Kennzahlen, die mit der Sache, die dabei angeblich verhandelt wird, immer weniger zu tun haben.

Was sich hartnäckig noch immer Bildung nennt, orientiert sich gegenwärtig nicht mehr an den Möglichkeiten und Grenzen des Individuums, auch nicht an den invarianten Wissensbeständen einer kulturellen Tradition, schon gar nicht am Modell der Antike, sondern an externen Faktoren wie Markt, Beschäftigungsfähigkeit (employability), Standortqualität und technologischer Entwicklung, die nun jene Standards vorgeben, die der »Gebildete« erreichen soll. Unter dieser Perspektive erscheint die »Allgemeinbildung« genauso verzichtbar wie die »Persönlichkeitsbildung«. [...] Das Wissen der Wissensgesellschaft definiert sich vorab aus seiner Distanz zur traditionellen Sphäre der Bildung; es gehorcht aber auch nicht mehr den Attitüden der Halbbildung. Das, was sich im Wissen der Wissensgesellschaft realisiert, ist die selbstbewusst gewordene Bildungslosigkeit."[1]

Die Welt der internationalen Beziehungen ist komplex und vielschichtig. Sie ist der umfassendste Gegenstandsbereich der Geistes- und Sozialwissenschaften. Aufgrund der Beschaffenheit der diesen Gegenstandsbereich konstituierenden sozialen Phänomene, entzieht er sich der unmittelbaren Beobachtung. Relevante Akteure, ihre Motive, typische Handlungs- und Interaktionsmuster, die diesen innewohnenden Eigendynamiken sowie die Rolle sozialer Strukturen sind nicht einfach feststellbar, sondern werden immer erst über den Umweg ontologischer Annahmen[2] betreffend den Gegenstandsbereich ‚internationale Beziehungen' erkannt. Aus der Masse von Informationen über internationale Beziehungen wird immer nur der Teil herausgefiltert, von dem man annimmt, dass er sich auf ‚relevante' Phänomene des

---

[1] Konrad Paul Liessmann, *Theorie der Unbildung* (Wien: Szolnay, 2006), 72-73.

[2] Ontologische Annahmen beziehen sich auf diejenigen Akteure, Prozesse und/oder Strukturen, die es im gedachten Gegenstandsbereich – eben qua Annahme – ‚wirklich' gibt. Der ‚Staat als handelnder Akteur' ist eine solche ontologische Annahme mit Blick auf den Gegenstandsbereich ‚Internationale Beziehungen'. Ontologische Annahmen beruhen in letzter Konsequenz auf Konvention und herrschender Meinung. Sie gelten, solange keine kritische Masse widerspricht.

Gegenstandsbereichs bezieht. Und nur dieser Teil von Informationen wird mit Bedeutung versehen; sei es, dass die entsprechenden Informationen mit einem Alltagsverständnis gedeutet werden, oder sei es, dass diesen Informationen mit Hilfe von Behauptungen spezialisierter Wissenschaftler Relevanz und Sinn zugeschrieben wird. Je nachdem, wer man ist, d.h. welche Weltanschauung man besitzt, welche Rolle man gegenüber den internationalen Beziehungen spielt und mit welchem Anspruch man sich mit den internationalen Beziehungen beschäftigt, wird der Deutung von Geschehnissen eine mehr oder weniger etablierte (und von den Medien popularisierte) *Alltagstheorie*, oder eine mehr oder weniger kontroverse *wissenschaftliche Theorie* zugrunde liegen[3]. Niemand kann die internationalen Beziehungen beobachten. Oder anders ausgedrückt: alle selbsternannten ‚Beobachter' der internationalen Beziehungen, ob nun Privatiers, Journalisten, Staatsmänner, oder Wissenschaftler, greifen bei ihren ‚Beobachtungen' auf bestimmte Theorien zurück. Die einen bedienen sich populärer *commonsense*-Theorien (z.B. der ‚Staat' ist sowohl die Organisationsform moderner Gesellschaften als auch der relevante politische Akteur in den internationalen Beziehungen), deren Status als Theorie ihnen gar nicht mehr bewusst ist; andere bedienen sich wissenschaftlicher Theorien (z.B. ‚demokratische Staaten führen keine Kriege gegeneinander'). Alle ‚Beobachter' der internationalen Beziehungen beschäftigen sich mit Phänomenen, die an die Form von Begriffen und Aussagesätzen gebunden sind. Begriffe und Aussagen beziehen sich nie auf ‚rohe Fakten' sondern immer auf theoriegeprägte Wahrnehmungen von sozialen bzw. ‚institutionellen Fakten'. Eine ‚a-theoretische' und rein empirisch/statistische Wissenschaft von den internationalen Beziehungen ist deswegen unmöglich. Die Schaffung von Wissen über soziale Sachverhalte geht nicht ohne Theorien. Was ist nun aber mit (wissenschaftlichen) Theorien gemeint?

Wissenschaftliche Theorien sind – etwas umständlich ausgedrückt – *perzeptuelle Filter*, *kognitive Raster* und *konzeptuelle Schemata*[4]. Als *perzeptuelle Filter*, d.h. als ‚Perspektiven' und ‚Brillen', erlauben Theorien zunächst, die Fülle von Informationen über den Lauf der Dinge auf relevante ‚Daten' hin auszuwerten. Im Sinne von *kognitiven Rastern* ermöglichen sie darüber hinaus, Informationen über relevante Erscheinungen sinnvoll zusammenzufügen und zu ordnen. Und in ihrer Eigenschaft als *konzeptuelle Schemata* erlauben sie, solche Informationen mit Hilfe bestimmter konzeptueller Kategorien – den Begriffen des ‚analytischen Vokabulars' – systematisch darzustellen. Wie die Welt der internationalen Beziehungen von Wissenschaftlern wahrgenommen, verstanden und dargestellt wird, ist also abhängig von wissenschaftlichen Theorien in ihrer Eigenschaft als perzeptuelle Filter, kognitive Raster und konzeptuelle Schemata. Damit aber noch nicht genug: die mit Hilfe solcher Theorien unternommene Darstellung von Ereignissen verfolgt oft das Ziel, in einem ‚naturalistischen' bzw. szientistischen Sinn[5] Ursache-Wirkung Beziehungen auszuweisen, bzw. bestimmte

---

[3] Alltagstheorien sind selbst oft stark verkürzte Versionen wissenschaftlicher Theorien. Der Begriff und die momentan einflussreiche Vorstellung von ‚Globalisierung' liefert dafür ein gutes Beispiel.

[4] Vgl. Daniel Frei, Einführung: Wozu Theorien der internationalen Politik?, in: derselbe (Hg), *Theorien der Internationalen Beziehungen* (München: Piper, 1977), 11-21, 11-12.

[5] Naturalistische Erklärungen betonen einen gegebenen ‚notwendigen' Grund für ein bestimmtes Ergebnis bzw. eine bestimmte Verhaltensweise bzw. eine bestimmte Handlung. In naturalistischen Erklärungen finden sich häufig

Verhaltensweisen und ihre Konsequenzen auf Gründe zurückzuführen und somit in einem ‚kausalen' Sinn zu erklären[6]. Der Wert vieler wissenschaftlichen Theorien liegt neben ihrer Hilfe bei der Selektion von relevanten Informationen und der Herstellung einer (gedanklichen) Ordnung auch und vor allem in dieser Aufgabe: zu erklären! Nahezu alle wissenschaftlichen Theorien verfolgen den Anspruch, Zusammenhänge zwischen vermeintlichen Fakten herzustellen; im *mainstream* der IB[7] heißt das überwiegend: ‚kausale Zusammenhänge'[8]. Wissenschaftliche Theorien liefern eine Erklärung für einen bestimmten Sachverhalt; und zwar für genau den Sachverhalt, der von der entsprechenden Theorie als erklärungswürdig eingestuft wird. Freilich: nicht alle wissenschaftlichen Theorien halten den gleichen Sachverhalt für erklärungswürdig. Jede Theorie besitzt eine bestimmte Weltsicht – abhängig von den ontologischen Annahmen ist dies ein mehr oder weniger konkretes Bild vom Gegenstandsbereich. Je nach der ihnen zugrunde liegenden Weltsicht, abhängig vom ‚Bild' des Gegenstandsbereichs, konzentrieren sich Theorien auf unterschiedliche Sachverhalte.

Wissenschaftliche Theorien ermöglichen also immer wissenschaftliches Wissen über ein bestimmtes Bild von den internationalen Beziehungen. Je nach dem Bild ihrer Theorie ‚sehen' Wissenschaftler die internationalen Beziehungen in ‚einer' bestimmten Art und Weise – und nicht in einer ‚anderen'. Aufgrund des Bildes, das wissenschaftlichen Theorien zugrunde liegt, erscheinen bestimmte Sachverhalte erklärungswürdig. Und aufgrund dieses Bildes erscheinen immer bestimmte Gründe aufschlussreich für die Erklärung solcher Sachverhalte. Je nachdem, wie einflußreich eine wissenschaftliche Theorie und ihr Bild an einem bestimmten Ort zu einer bestimmten Zeit wird, sind es auch ganz bestimmte Sachverhalte, die als relevant erachtet, sind es ganz bestimmte Gründe, die für aufschlussreich gehalten werden. Und diese Suche nach Gründen ist nicht folgenlos. Ein Beispiel: viele liberale ‚Gebildete' in Europa erachteten es während der zweiten Hälfte des 19. Jahrhunderts als relevant, zu erklären, warum die Gesellschaften in Teilen Afrikas und Asiens nicht friedlich werden. Es erschien diesen Gebildeten logisch, die immer wieder von neuem ausbrechende Gewalt in

---

Verweise auf Gesetzmäßigkeiten, die als erste Prinzipien bzw. Axiome angeblich immer schon da sind und überall in der gleichen Weise ihre Wirkungen entfachen, d.h. in einem kausalen Sinn ‚verursachen'.

[6] ‚Skeptische' Kritik am kausalistischen Denken im naturalistischen Sinn hat eine lange Tradition. Auch und gerade „[...] analytische Wissenschaftstheoretiker, darunter Bertrand Russell in einem berühmt gewordenen Aufsatz, [haben Anfang des 20. Jahrhunderts] dafür plädiert, in den Wissenschaften ganz auf den Kausalitätsbegriff zu verzichten." Julian Nida-Rümelin, Ursachen und Gründe, in: *Information Philosophie*, vol. 3 (2006), 32-36, 32. Solche Kritik ist im *mainstream* der IB ‚pragmatisch' ignoriert worden. Ein Versuch, die enormen intellektuellen Schwierigkeiten des Kausalitätsbegriffes mit Blick auf die Theoriebildung in den IB zumindest anzusprechen, wurde kürzlich von Milja Kurki, *Causation in International Relations: Reclaiming Causal Analysis* (Cambridge: Cambridge University Press, 2008) unternommen.

[7] Zum Begriff ‚mainstream der IB', vgl. Steve Smith, The United States and the Discipline of International Relations: Hegemonic Country, Hegemonic Discipline, in: M. K. Pasha & C. N. Murphy (Hg.), *International Relations and the New Inequality* (Oxford: Blackwell, 2002), 67–85, 70: "The current scene [in IR] can most usefully be divided into a mainstream comprising neorealism and neoliberalism – Waever's neo-neo synthesis – and to an increasing extent much of the most cited work within social constructivism, and a set of approaches that lie outside the mainstream."

[8] Vgl. Daniel Frei, a.a.O., 14.

diesen Teilen der Erde auf einheimische Despoten zurückzuführen. Ihre ‚liberale' Theorie ließ es allerdings nicht nur angezeigt erscheinen, den entscheidenden Grund für das Ausbrechen von Gewalt in bestimmten Personen zu suchen. Ihre Theorie ließ sie auch schlußfolgern, dass es friedensfördernd für besagte Gebiete wäre, wenn Despoten eliminiert und die rückständigen Gebiete von den weiter fortgeschrittenen europäischen Gesellschaften, d.h. ihren verantwortlichen Eliten, ‚zivilisiert' werden würden. Das Beispiel verdeutlicht, wie wissenschaftliche Theorien und die ihnen inhärenten Bilder nicht nur Fakten mit Sinn produzieren, sondern auch eine Grundlage bzw. Rechtfertigung für praktisches Tun herstellen können. Im skizzierten Fall lag aufgrund einer (wissenschaftlichen) Theorie und dem dazugehörigen Bild von Regionen in Afrika und Asien „[…] das Argument nahe, man sei zu *savage wars of peace* (Rudyard Kipling) ‚gezwungen', um friedliebende Wilde von einheimischen Despoten und Räubern zu befreien."[9] Ungeachtet des sogenannten Leib/Seele-Problems und der Behauptung, dass es – logisch gesprochen – nicht möglich sei, eine normative und praktisch motivierte Schlussfolgerung aus faktischen bzw. kausalen (wissenschaftlichen) ‚Ist-Aussagen' abzuleiten, lässt sich beobachten, dass in einer Welt, in der sich die Praxis wie selbstverständlich verfügbarer Theorien bedient, genau das ständig passiert – Logik hin oder her[10].

Theorien sind immer Theorien über bestimmte Bilder eines Gegenstandsbereichs. Und weil sich mit Hilfe von Theorien, ungeachtet der logischen Unvereinbarkeit zwischen Ist- und Soll-Aussagen, im Kontext konventioneller Moralvorstellungen auch bestimmte Handlungsempfehlungen begründen lassen, haben Theorien Konsequenzen, gerade auch für die politische Praxis. Das macht es umso wichtiger zu fragen, wie Theorien, ihre Bilder und ihr Wahrheitsgehalt entstehen. Theorien und ihre Bilder sind schließlich nicht einfach da. „Es wäre zweifellos naiv, anzunehmen, Theorien entstünden gewissermaßen von selbst in der schöpferischen Phantasie frei schwebender Forscher, sondern sie sind ‚gesellschaftlich bedingt'."[11] Theorien und ihre Bilder sind abhängig von raumzeitlich und kulturell spezifischen Entstehungsbedingungen. Die axiomatischen Prämissen und das analytische Vokabular von Theorien gehen zurück auf Vorstellungen – im Falle politikwissenschaftlicher Theorien: auf Vorstellungen von Politik und Gesellschaft, die sich an bestimmten Orten über Zeit tradiert haben und/oder die von einflussreichen Kreisen als herrschende Meinung etabliert wurden. Tatsächlich spiegeln Theorien immer sowohl kulturell spezifische Sichtweisen als auch Interessen privilegierter Schichten, wobei letztere in der Regel selbst von fundamentaleren Weltanschauungen geprägt sind. Das wiederum heißt: da jede Erkenntnis auf Theorie basiert, und

---

[9] Jürgen Osterhammel, *Kolonialismus: Geschichte – Formen – Folgen* (München: Beck, 2003), 51.

[10] Interessant ist in diesem Zusammenhang auch, dass ausgerechnet ‚liberale' Kommentatoren des beschriebenen Geschehens meinten, die Rolle von *Zwängen* betonen zu müssen. Das wirkt auf den ersten Blick etwas paradox, hat aber Tradition und System in der politischen Theorie des ‚Westens'. Verkörpert durch das Irrationale herrschten dort immer irgendwelche Zwänge, die *von außen* kamen und nach vernünftigen/befreienden Maßnahmen *hier drinnen* riefen.

[11] Vgl. Daniel Frei, Einführung, a.a.O., 15.

1 Einleitung

da jede Theorie aus spezifischen Weltanschauungen und Wertesystemen hervorgegangen ist, ist alles Wissen soziokulturell bedingt. Es gibt auch und gerade in der Wissenschaft kein wertneutrales objektives Wissen, das auf Theorien zurückzuführen ist, die in und für sich ‚wahr' sind. Wenn dennoch der Glaube vorherrscht, wertneutrale Theoriebildung sei möglich bzw. unter Abstrichen sogar tatsächlich der Fall, umso schädlicher für die wissenschaftliche Integrität der Mitglieder einer solchen Glaubensgemeinschaft[12]. Theoretisch fundiertes Wissen, über welchen Gegenstandsbereich auch immer, ist ‚wahr', wenn und insofern die zugrunde liegende Theorie und ihr Bild für ‚wahr' gehalten werden. Da es keine Theorie gibt, die gleichermaßen von allen Wissenschaftlern als ‚wahr' akzeptiert wird, ist es immer ‚relativ', welche Theorie von den meisten bzw. einflussreichsten Kreisen für ‚wahr' gehalten wird und warum. Kurz: die Frage nach dem Wissen über Sachverhalte der internationalen Beziehungen berührt immer auch die Frage, woher die zugrunde liegende Theorie und ihr Bild kommen und warum ausgerechnet diese Theorie mitsamt ihrem Bild so hohes Ansehen genießt.

Nähert man sich mit dieser Frage den Theorien der internationalen Beziehungen, wird der Sachverhalt wichtig, daß es die Regierungen der USA und Großbritanniens waren, die spätestens nach dem ersten Weltkrieg die Einrichtung von Lehr- und Forschungsinstituten förderten, in denen Spezialisten fundiertes Wissen über internationale Beziehungen erarbeiten sollten[13]. Einsicht in die Tatsache, dass Theorien und theoriegeleitete wissenschaftliche Forschung immer gesellschaftlich und kulturell bedingt sind, lässt nachvollziehbar werden, daß sich diese Spezialisten, egal ob wissentlich oder nicht, den Gegenstandsbereich ‚internationale Beziehungen' mit spezifischen Vorstellungen von Politik und Gesellschaft genähert haben; ihre Theorien sind auf typisch ‚amerikanische' oder ‚britische' Sichtweisen von Politik und Gesellschaft gebaut und/oder reflektieren die Sichtweisen momentan einflussreicher Kreise in diesen Ländern. Im Resultat heißt das: die ‚Disziplin' Internationale Beziehungen (IB) ist seit ihrer Geburt geprägt von angloamerikanischen Vorstellungen und Werten – und das bis heute, weil die spezialisierte Beschäftigung mit den internationalen Beziehungen innerhalb der angloamerikanischen Disziplin mittlerweile selbst eine Theorietradition herausgebildet hat, die zur Meßlatte für Theoriebildung in den IB überhaupt geworden ist. Ge-

---

[12] Vgl. in dem Zusammenhang eine Feststellung von Robert Vitalis, Birth of a Discipline, in: D. Long & B. Schmidt (Hg.), *Imperialism and Internationalism in the Discipline of International Relations* (Albany: State University of New York Press, 2005), 159-181, auf 179: "We [IR-theorists] sustain the fiction of occupying a position outside culture from which we observe the social world. [...] This blind spot in our definition of the field will be hard to overcome."

[13] Zum ‚Gründungsmythos' der Disziplin IB, vgl. u.a. Ulrich Menzel, *Zwischen Idealismus und Realismus. Die Lehre von den Internationalen Beziehungen* (Frankfurt: Suhrkamp, 2001), 31-43. Tatsächlich spricht viel dafür, dass nicht nur, aber eben auch und vor allem in den USA und Großbritannien bereits gegen Ende des 19. Jahrhunderts eine Art Disziplin in der Beschäftigung mit den auswärtigen und internationalen Beziehungen entstand, als sich Praktiker und Wissenschaftler für das zunehmende ‚Problem' rassisch bedingter Kriege zwischen ‚superioren' und ‚inferioren' Völkern zu interessieren begannen. Der praktische Zweck lag sicher auch darin, die imperialen Praktiken der entsprechenden Regierungen zu informieren und zu ‚normalisieren'. Vgl. dazu Robert Vitalis, Birth of a Discipline, a.a.O., besonders 163-169.

stützt wird diese Theorietradition neben ihrer institutionellen Verankerung in Eliteuniversitäten und regierungsnahen Instituten v.a. durch ein entsprechendes Publikationswesen: Von den zehn angeblich ‚besten' und deshalb (!) einflussreichsten Zeitschriften der Disziplin IB kommen neun aus den USA[14]. Für aufstrebende Wissenschaftler der IB sind es gerade diese Zeitschriften, in denen es sich lohnt, zu veröffentlichen. Eine Publikation in diesen Zeitschriften erhöht die Chance auf Wahrnehmung durch einflussreiche Vertreter der Disziplin – und auf Einladungen zu Bewerbungsgesprächen um heftig umkämpfte Stellen. Zwangsläufig führt auf dem Weg zur Veröffentlichung in diesen ‚besten' Zeitschriften der Disziplin kein noch so kleiner Umweg an dem Erfordernis vorbei, die Anforderungen besagter Zeitschriften an den Inhalt und den Stil der Darstellung zu erfüllen. Allgemeiner ausgedrückt: aufgrund der von amerikanischen Forschern eingerichteten und bis jetzt vorherrschenden Diskursmechanismen, die ganz entscheidend dafür sind, welche Wissenschafter zu welchen Themen in welchen Zeitschriften welche Beiträge veröffentlichen können, haben amerikanische Theorien der IB nicht nur die inhaltlichen und formalen Maßstäbe für die Diskussion gesetzt, sie gelten deswegen auch als die angeblich ‚besten' und bei weitem einflussreichsten Theorien, weil sie diese Maßstäbe selber am besten erfüllen. Das liegt einerseits an ontologischen Vorstellungen, die den meisten von ihnen zugrunde liegen; gemeint ist damit das schon erwähnte Bild vom Gegenstandsbereich, die grundlegende Weltsicht. Das liegt andererseits an der

---

[14] Vgl. die Rangliste, die Simon Hix, A Global Ranking of Political Science Departments, *Political Studies Review*, vol. 2 (2004), 293–313, 298 vorgeschlagen, und die sich aus einem von ihm entwickelten ‚Impact Score' der einzelnen Zeitschriften (‚gemessen' zwischen 1993 und 2002) auf den politikwissenschaftlichen (*mainstream-*) Diskurs ergeben hat:

1. American Political Science Review
2. American Journal of Political Science
3. International Organization
4. Foreign Affairs
5. Journal of Politics

6. International Security
7. Journal of Conflict Resolution
8. World Politics
9. Journal of European Public Policy
10. International Studies Quarterly

Unter Zugrundelegung eines von mir [G.A.] entwickelten ‚Impact Scores' prominenter Zeitschriften für den Untersuchungszeitraum von 1994 bis 2007 ergibt sich folgende – abweichende – Rangliste:

1. Review of International Studies
2. Alternatives
3. Millennium
4. European Journal of International Law
5. Cooperation and Conflict

6. International Relations
7. Global Society
8. Journal of International Relations and Development
9. International Social Science Journal
10. Theory, Culture, and Society

Dieser zweiten Rangliste liegt eine ‚statistische Verzerrung' (bias) zugrunde, insofern ich den impact von Journals aus dem asiatischen und/oder lateinamerikanischen Raum aus pragmatischen Gründen nicht gemessen und berücksichtigt habe.

Bei aller Begeisterung für das Messen, Reihen und quantitative Evaluieren von Fachzeitschriften (und Universitäten) sollte vielleicht nicht vergessen werden, dass Ranglisten Steuerungsinstrumente einer Wissen(schaft)spolitik sind, die sich oft an wissensfernen und letzten Endes auch willkürlichen Kriterien orientiert. Die Gefahr solcher Ranglisten von Fachzeitschriften liegt darin, dass sie jedes subjektive qualitative Urteil über einzelne Artikel (!) durch statistisch ausgewiesene und vermeintlich aussagekräftigere objektive Relationen zwischen Zeitschriften als solchen, d.h. als einheitlichen Dingen beeinflusst.

1 Einleitung

Ästhetik ihrer Darstellung; gemeint ist damit die Simulation eines Sprachstils von Naturwissenschaftlern, besonders Physikern, aus dem 18. und 19. Jahrhundert. Zuerst ein Wort über die ontologischen Vorstellungen, dann eine kurze Bemerkung zur bevorzugten Ästhetik der Fachsprache – und ihrer Konsequenzen.

Die wissenschaftliche Beschäftigung mit dem Objektbereich der internationalen Beziehungen basiert überwiegend auf ontologischen Vorstellungen von Gesellschaft und Politik, die sich in den USA und Großbritannien über Zeit tradiert haben und/oder die von einflussreichen Kreisen in diesen Ländern favorisiert worden sind. Die fundamentalste dieser Vorstellungen ist sicherlich die der ‚Anarchie', womit ganz überwiegend die Abwesenheit einer zentralen und disziplinierenden Sanktionsinstanz, manchmal auch die Abwesenheit einer Verhaltensregeln setzenden Legislativinstanz gemeint ist. Impliziert wird v.a. mit der ersteren ‚härteren' (hobbesianischen) Vorstellung von Anarchie, dass eine Situation zwischen Menschen oder korporativen Personen ohne effektive Zwangsherrschaft einem Kampf ‚aller gegen alle' gleicht. Damit verbunden ist eine weitere Vorstellung, nämlich die, dass sich Menschen bzw. Korporationen aufgrund ihrer egoistischen Triebnatur und instrumentellen Vernunft feindlich gegenüberstehen und nicht vertragen können, geschweige denn von sich aus die Fähigkeit entwickeln, über Dialog und Konsens einvernehmliche Lösungen in Angelegenheiten von allgemeinem Interesse zu erreichen. Ganz offensichtlich hängt an der Vorstellung von Anarchie eine ganze Reihe weiterer Annahmen betreffend die Natur des Menschen bzw. des relevanten Akteurs, seiner typischen Verhaltensweisen, der daraus resultierenden Interaktionsformen mit anderen Akteuren sowie der dadurch hervorgerufenen Konsequenzen für alle Akteure. Der nahe liegende Hinweis darauf, dass diese in der Disziplin IB einflussreiche Vorstellung von Anarchie, die eigentlich biblischen Ursprungs ist, die aber v.a. auf die Argumentationsfigur von Thomas Hobbes zurückgeht, allzu idealisiert und historisch unhaltbar sei, ist nach Maßgabe des gesunden Menschenverstands sicher zutreffend. Ein solcher Hinweis ist jedoch aus Sicht des IB-*mainstreams* irrelevant. Die herrschende Meinung der Politikwissenschaft, insbesondere der Kanon im *mainstream* der IB, beruht ebenso wenig wie die herrschende Meinung in der Ökonomie oder des Rechts auf Vorstellungen, die historisch gesehen, oder die nach Maßstäben des gesunden Menschenverstands beurteilt, plausibel erscheinen. Die systematisierten herrschenden Meinungen in den Wissenschaften der Politik, der Ökonomie und des Rechts waren und sind immer auch Herrschaftstechniken gewesen. Als solche beruhen sie bis heute auf Annahmen, die zwar rein fiktiv sind, die aber den praktischen Zweck erfüllen, eine bestimmte Theorie über realweltliche Zusammenhänge als logisch be*gründet* erscheinen zu lassen – und sei es auch ‚nur' unter denen, die Vorteile von der Verbreitung solcher Theorien haben. Bekanntlich ist auch und gerade die Vorstellung der Anarchie seit ihrer ersten systematischen Darlegung Teil eines Begründungsprogramms gewesen, das es entsprechenden Machthabern an der Spitze tatsächlich bestehender Hierarchien erleichtern sollte, ihre Herrschaft zu rechtfertigen. Salopp ausgedrückt könnte man sagen: Machthaber und Privilegierte (einschließlich der Apologeten ihrer Herrschaft) waren sich immer darüber im Klaren, dass ihre Theorien und die dazugehörigen

Weltbilder auf idealisierten Verkürzungen der Wirklichkeit beruhten, eng orientiert am Zweck, die momentane Verteilung und Ausübung von Macht als ‚normal' und legitim erscheinen zu lassen. Die diesem Verständnis von Theorie als nützliches Mittel der Herrschaftslegitimation zugrunde liegende Haltung mündet bei ihren Vertretern in der Regel in die pragmatische Strategie so zu tun, *als ob* rein fiktive Vorstellungen vom Menschen und von Gesellschaft wahr seien. Offensichtliche Übervorteilungen, Diskriminierungen und Ausbeutungen lassen sich ja auch nur auf dieser Basis, der jeder Kritik enthobenen apodiktischen Setzung idealisierter Menschen- und Gesellschaftsbilder, als logisch ‚begründet' und legitim ausweisen.

Daß ausgerechnet die Vorstellung der Anarchie zur fundamentalsten ontologischen Annahme der Disziplin IB geworden ist[15], wird insofern wichtig, als sich die theoretische Beschäftigung mit den internationalen Beziehungen in den USA, weniger in Großbritannien, kritiklos auf eine ganze Reihe damit vereinbarer ontologischer Annahmen hinsichtlich des Milieus, der Akteure, ihrer Verhaltensweisen, ihrer Interaktionsformen sowie der sich daraus notwendig ergebenden Konsequenzen eingelassen hat. In diesem Zusammenhang offenbart sich der bereits angesprochene Charakter von Theorie als Herrschaftstechnik. Denn die Fiktion eines grundsätzlich anarchischen Milieus, in dem sich die großen Mächte feindlich gegenüberstehen, und das deshalb notwendigerweise ein auf Machtpolitik gebautes Gleichgewicht zur Befriedung (verstanden im Sinne der Erhaltung des Status Quo) braucht, war und ist ja gerade für Regierungen der dominierenden Mächte hilfreich, um ihre privilegierte Position und den damit verbundenen Einfluß zu bagatellisieren, und um ihre historisch bedingten Vorteile gegenüber schwächeren Nationen zu legitimieren und auf Dauer zu stellen. Insofern die Vorherrschaft amerikanischer Theorien auch viele Wissenschaftler außerhalb der USA zu dem Glauben veranlasst hat, die amerikanischen IB wären der geeignete Maßstab für Theoriebildung und wissenschaftliche Forschung im Bereich der internationalen Beziehungen überhaupt, hat die amerikanische Vorstellung von Anarchie den wissenschaftlichen Diskurs über internationale Beziehungen auch andernorts geprägt. Berücksichtigt man diese Entwicklung, wird nachvollziehbar, dass und warum ausgerechnet die einflussreichsten Theorien der IB seit Einrichtung der gleichnamigen Disziplin diejenigen sind, die auf absurd anmutenden Annahmen wie z.B. derjenigen der Anarchie, oder derjenigen des Staates als eines einheitlichen, rationalen und essentiell feindlich disponierten Akteurs beruhen. Außerdem wird ersichtlich, dass und warum es für viele Wissenschaftler der internationalen Beziehungen – v.a. zu Beginn ihrer Bemühungen – mitunter so schwer ist, sich diese Theorien der Disziplin zu erschließen, die am konsequentesten mit idealisierten Vorstellungen arbeiten: die Absurdität solcher Vorstellungen wie z.B. derjenigen der Anarchie, die bewusste oder unbewusste Aversion vieler Student/innen gegen die gefährlich anmutende Vorstellung, dass Akteure der

---

[15] Vgl. Brian Schmidt, *The Political Discourse of Anarchy: A Disciplinary History of International Relations* (Albany, NY: State University of New York Press, 1998), 231.

1 Einleitung

internationalen Beziehungen per se Feinde oder Egoisten sind[16], und das kaum nachvollziehbare wissenschaftstheoretische Postulat, dass im realweltlichen Zusammenhang internationaler Beziehungen universale und unveränderliche Gesetzmäßigkeiten wirken, lässt viele Student/innen zögern, so zu tun, *als ob* willkürliche ontologische Annahmen von Glaubensgemeinschaften Wirklichkeit wären bzw. sein sollten[17].

Noch eine Bemerkung zur Funktion der Theorien als Herrschaftsinstrument. Die fundamentale Bedeutung unglaubwürdiger ontologischer Vorstellungen lässt bereits erkennen, dass die dominierenden Theorien der IB zu keinem Zeitpunkt Selbstzweck gewesen sind. Im Gegenteil haben die Theorien der IB immer auch den politischen Zweck gehabt, die Welt der internationalen Beziehungen in einer Weise verständlich werden zu lassen, die für politische Entscheidungsträger in den USA und Großbritannien nützlich ist: die Gewinnung von theoriegeleiteten Erkenntnissen ist seit Einrichtung der Disziplin dem Auftrag verpflichtet gewesen, das Entscheidungshandeln der dominierenden Akteure in Washington und London zu erleichtern und sogar zu legitimieren[18]. Die Regierungen der USA und des vormaligen britischen Imperiums hatten bzw. haben einen ganz praktisch gemeinten Bedarf an Erkenntnissen einer spezialisierten Wissenschaft. Die von den Großmächten in Europa und Amerika gegen Ende des 19. Jahrhunderts intensivierten Praktiken des Imperialismus setzten ebenso wie die Gewinnung bzw. Sicherung ihrer Einflusssphären durch politische Maßnahmen während und nach dem Ende des Ost-West Konflikts ein theoretisch untermauertes ‚Wissen' um relevante politische Akteure, deren Interessen, mögliche Konflikte und daraus entstehende Probleme für die Sicherung der Vorherrschaft überall auf der Welt voraus. Ein Großteil der wissenschaftlichen Forschung (und Lehre) über internationale Beziehungen hat deswegen implizit – im Fall der sogenannten ‚empirisch-analytischen' Forschung – oder ganz explizit einen normativen Anspruch verfolgt und ist in zahlreichen regierungsnahen Instituten und Universitäten der USA und Großbritanniens betrieben worden. Von den vielen Beispielen, die sich zur Untermauerung dieser Behauptung anführen lassen, sei exemplarisch die Ausrichtung der politikwissenschaftlichen Lehre und Forschung an der wohl bekanntesten Universität der USA, nämlich der Harvard Universität, skizziert.

---

[16] Vgl. dazu Louiza Odysseos, Dangerous Ontologies: The Ethos of Survival and Ethical Theorizing in International Relations, *Review of International Studies*, vol.28 (2002), 403–418.

[17] David Ricci, *The Tragedy of Political Science. Politics, Scholarship, and Democracy* (New Haven: Yale University Press, 1987), 308, gab in dem Zusammenhang einen interessanten Rat: „Coming to a political science department in search of enlightenment, they [students] cannot afford to jeopardize their career plans, whatever those may be, by failing to strive for good grades according to whatever standards the department may enforce. [...] Lacking much of the wherewithal of informed resistance, all that most students can do is to conform outwardly to the discipline's demands, while maintaining an inner skepticism based on recognizing that professional political knowledge should always be measured, if only later in life, against the widest possible background of human needs and convictions. Such skepticism will deepen and mature if students use their spare time to read history, a useful corrective to the notion that political life is a matter of predictable behaviour that can be explained by laws based in average qualities and quantities."

[18] Vgl. David Kennedy, The Disciplines of International Law and Policy, *Leiden Journal of International Law*, vol. 12 (1999), 9-133, insbesondere 101-106.

Nicht nur zählt Harvard im Bereich der Politikwissenschaft/IB zu einer der ‚besten' Universitäten des Landes, gemessen an der Prominenz der dort ansässigen Forscher sowie dem Einfluß ihrer Arbeiten auf den wissenschaftlichen/öffentlichen Diskurs. Es ist seit langem bekannt, dass einflussreiche Harvard-Politologen alles andere als eine kritische Distanz zum politischen Geschehen einnehmen. Viele Professoren standen als ‚Politikberater' im Dienst der US-amerikanischen Regierung und zeichneten sich durch eine regierungsnahe und oft sogar konservative Haltung aus[19]. Kritiker behaupten sogar, dass gerade namhafte Wissenschaftler aus Harvard seit dem 2. Weltkrieg direkt in den militärisch-industriellen Komplex der USA eingebunden wurden, und dass die Universität oft genug als ein Dienstleistungsbetrieb im Auftrag des *National Security State* operierte[20]. Die Verflechtung zwischen der Universität als wissenschaftlicher Einrichtung und dem politischen Establishment der USA ist also nicht zufällig. Bekannte Harvard-Politologen wie z.B. Richard Neustadt, Samuel Huntington und Nadav Safran arbeiteten während der 1970er und 1980er Jahre heimlich für die CIA und fertigten Studien zur ‚Aufklärung' an. Graham Allison fungierte nicht nur als Berater von Caspar Weinberger während dessen Tätigkeit als Verteidigungsminister der Reagan-Regierung. Unter Leitung von Allison (1977-1988) avancierte das Department für Politikwissenschaft, die Kennedy School of Government (KSG), zum Ausbildungsbetrieb für das Verteidigungsministerium, insofern Bewerbungen um einen Platz im Ausbildungsprogramm der KSG für ‚Hohe Offiziere in Nationaler Sicherheit' gleich direkt von einer Abteilung des Pentagon verwaltet wurden. Und selbst vermeintlich ‚liberale' Harvard-Politologen unterschieden sich in ihrer Position oft nicht von der (neo-)konservativen Mehrheit. Der heutige Dekan der KSG und frühere Staatssekretär im State Department während der Carter-Regierung, Joseph Nye Jr. erwies sich während der Irak-Krise 1990 als Gegner einer diplomatischen Lösung und als entschiedener Befürworter einer ‚pragmatischen' militärischen Intervention gegen den Irak. In der zweiten Hälfte des Jahres 2002 attestierte eben dieser Joseph Nye Jr. der Bush-Regierung, mit ihrer entschlossenen Drohpolitik gegenüber einer angeblich über Massenvernichtungswaffen verfügenden Regierung im Irak eine kluge Strategie gewählt zu haben, ungeachtet der nicht unerheblichen Tatsache, dass zu keiner Zeit Anhaltspunkte für die Existenz von Massenvernichtungswaffen im Irak vorlagen. Die loyale Haltung namhafter Harvard-Professoren lässt nachvollziehbar werden, warum Absolventen der Kennedy School zufrieden feststell(t)en, wie sehr ihnen neben den Kontakten in die politische Praxis auch Forschung und Lehre an der Kennedy School dabei halfen, die ‚richtige' – theoretisch untermauerte – regierungsnahe Sichtweise und das entsprechende *mindset* zu entwickeln, um als Mitarbeiter des *State Department*, der *CIA* oder des *Pentagon* Karriere zu machen. In Anbetracht dessen, dass der berufliche Einstieg von Studenten ein enorm wichtiges Qualitätsmerkmal für politikwissenschaftliche ‚Ausbildung' in den USA darstellt, dass sich die ‚besten' Universitäten in den USA und Großbritannien mit einer hohen Eingliede-

---

[19] Vgl. Richard Cravatts, Kennedy School: Conservative Hotbed, *New York Times*, 15. Juli 1988, A31.

[20] John Trumpbour, Harvard, the Cold War, and the National Security State, in: J. Trumpbour (Hg.), *How Harvard Rules: Reason in the Service of Empire* (Boston: South End Press, 1989), 51-128.

1 Einleitung

rungsquote ‚ihrer' Absolventen in den Arbeitsmarkt wichtige Bonuspunkte für das alljährliche Ranking erwerben, dass sich dieselben Universitäten mit dem Hinweis auf exzellente Berufschancen für ihre Absolventen um die ‚besten' (und finanzstärksten) Studenten bemühen können, und dass staatliche bzw. regierungsnahe Institutionen in den USA oft die erste Anlaufstelle für Absolventen elitärer politikwissenschaftlicher Studiengänge sind, ist davon auszugehen, dass nicht nur die KSG darum bemüht ist, ihren Studenten eine politikwissenschaftliche ‚Ausbildung' zu offerieren, die ein entsprechendes *mindset* herausbildet, mit dem sich die Chancen auf einen Berufseinstieg erhöhen[21].

Neben geschichtlichen und politischen gibt es auch ästhetische Gründe für die Dominanz der amerikanischen IB-Theorien. Die Ästhetik dieser Theorien speist sich primär aus einem etwas antiquiert anmutenden physikalistischen Sprachstil, inklusive verschiedener ‚methodologischer' Sprachfiguren. Diese in der Disziplin spätestens seit den frühen 1960er Jahren eingeübte Sprache weist das Bild vom Gegenstandsbereich der internationalen Beziehungen als mechanisches System mit verschiedenen aufeinander geschichteten Ebenen aus[22]. Die jeweiligen Ebenen beschreiben eher stärker als schwächer abgegrenzte politische Räume, nämlich einerseits den Raum innerstaatlicher Politik und andererseits den Raum zwischenstaatlicher Politik. Diese Räume sind jeweils wieder unterteilt in Akteure, Interessen, Verhaltensweisen, Interaktionsmuster und Ergebnisse. Diesen Akteuren, Interessen, Verhaltensweisen, Interaktionsmustern und Ergebnissen wiederum ist die Eigenschaft als Objektformen zugeschrieben – und zwar insofern, als sich z.B. ‚Staaten', ‚Interessen', ‚Institutionen', oder ‚Zustände' (Frieden, Krieg) als analytische Einheiten darstellen lassen, die sich durch eine gewisse Abgrenzbarkeit von anderen analytischen Einheiten sowie durch Festigkeit und eine eigene Wesenheit auszeichnen. Besonders wichtig für die Theoriebildung ist, dass die relevantesten Objektformen entweder einen Status als ‚unabhängige' oder als ‚abhängige Variable' einnehmen. Gesetzesaussagen wie z.B. ‚Staaten bedienen sich als rationale Akteure oft einer internationalen Institution, weil sie Interessen an der Maximierung ihres Nutzens verfolgen' versehen Interessen (und Institutionen) mit dem Status als (relativ) unabhängige und die Maximierung des Nutzens mit dem Status als abhängige Variablen, um diese Objektformen in eine einfache lineare kausale Beziehung stellen zu können. Solche Aussagen bilden den Kern einer Theorie, die dazu beiträgt, den Gegenstandsbereich der internationalen Beziehungen als einen mechanischen Ablauf von Ursache-Wirkung Beziehungen erscheinen zu

---

[21] Die politikwissenschaftliche ‚Ausbildung' an der Columbia Universität wäre ein gleichermaßen geeignetes Beispiel gewesen. Vgl. North American Congress on Latin America, *Who Rules Columbia? – Original 1968 Strike Edition* (New York: NACLA, 1970), 13-17. [http://www.utwatch.org/archives/whorulescolumbia.pdf]

[22] Kenneth N. Waltz, *Man, the State, and War: A Theoretical Analysis* (New York: Columbia Univ. Press, 1959), unterschied ursprünglich zwischen drei Ebenen (Mensch – Staat – System); David J. Singer, Das Problem der Analyseebene in den internationalen Beziehungen, in: H. Haftendorn u.a. (Hg.), *Theorien der internationalen Politik. Gegenstand und Methoden der internationalen Beziehungen* (Hamburg: Hoffmann & Campe, 1975), 193-207, auf der anderen Seite unterschied zwischen zwei Ebenen (Staat – System); mit Ulrich Menzel, *Zwischen Idealismus und Realismus*, a.a.O., 93, könnte man sogar vier Ebenen unterscheiden (Mensch – Gruppe/Institution – Staat – System).

lassen. Methodologisch gemeinte Stilmittel, wie z.B. die Ausdrücke der ‚Induktion' und der ‚Deduktion', haben die Funktion, die so postulierten Ursache-Wirkung Beziehungen als Mechanismen auszuweisen, die ‚wirklich' existieren und die vom Analysten durch strategisch geplante und systematisch durchgeführte Entdeckungsverfahren (Fallstudie/n; analytische Modelle) – quasi unter Laborbedingungen – ‚gefunden' wurden. Zwar haben Aussagen über gesetzmäßige Mechanismen im internationalen System seit dem Ende des Ost-West Konflikts etwas an Attraktivität eingebüßt. Die populärsten Theorien der IB lassen die Struktur dieses mechanischen Systems freilich weiterhin als fest, klar und bestimmt erscheinen, ebenso sind die Stilmittel der Induktion und der Deduktion nach wie vor verbreitet. In der Ästhetik der disziplinären Fachsprache lassen sich die internationalen Beziehungen mit Hilfe klar unterscheidbarer analytischer Begriffe systematisieren und in transparente Modelle, in stabile Formen, in formale Theoriegebäude bringen. Die Ästhetik der Fachsprache wird beherrscht durch kategorische Definitionen idealisierter Objektformen und logische Ableitbarkeit absoluter Wahrheitsansprüche über kausale Zusammenhänge zwischen diesen Objektformen. Der mit der Verwendung einer solchen Kunstsprache verfolgte Anspruch besteht darin, relevante realweltliche Zusammenhänge isolieren, messen und kontrollieren zu können. Ob die Unterstellung von Rationalitäten, Gesetzen, Mechanismen und linearen Abhängigkeiten zwischen festen abgrenzbaren Objektformen in geschlossenen Räumen tatsächlich dabei helfen kann und soll, fundiertes Wissen über die kontingente und unberechenbare Welt der internationalen Beziehungen mitsamt ihren Zufälligkeiten zu gewinnen, oder ob die Vertreter des IB-*mainstreams* nicht vielmehr als Institution operieren, die mit der Pflege der gerade beschriebenen Ästhetik ihre eigenen Bedürfnisse befriedigen, scheint in dem Zusammenhang eine bis dato ungeklärte Frage.

Für das Verständnis der Disziplin IB ist auf jeden Fall wichtig, dass sich sowohl diese ‚szientistische' Ästhetik der Fachsprache als auch das praktisch orientierte Selbstverständnis amerikanischer IB-Forscher in der Theoriebildung, im Publikationswesen und in der weiteren Institutionalisierung der Disziplin niedergeschlagen haben. Die meisten Bücher und Zeitschriften über internationale Beziehungen sind Produkte von Verlagen, die in den USA und Großbritannien angesiedelt sind. Die beurteilenden Redakteure und Herausgeber sind ganz überwiegend etablierte Fachvertreter des *mainstreams*. In den sogenannten ‚großen Debatten' der Disziplin[23] haben im wesentlichen amerikanische und britische Forscher über die ‚Wahrheit' ihrer formalen Theorien gestritten. Dabei hat der Einfluß amerikanischer Wissenschaftler seit den 1950er Jahren so zugenommen, daß seit den 1970er Jahren ohne Einschränkung von einer Hegemonie US-amerikanischer Theorien gesprochen werden

---

[23] Als die drei großen sinnstiftenden Debatten der Disziplin IB sind 1) die ‚Idealismus-Realismus-Debatte', 2) die ‚Traditionalismus-Szientismus-Debatte' und 3) die ‚Neorealismus-Neoliberalismus-Debatte' in die Geschichte der Disziplin eingegangen. Die vierte Debatte zwischen Rationalismus (Neorealismus+Neoliberalismus) und (moderatem) Konstruktivismus ist noch im Gange, vielleicht aber auch schon zu Ende. Mit kritischen Strukturalisten und den sogenannten ‚Postmodernen' hat eher selten jemand aus dem *mainstream* gesprochen – auf jeden Fall gab es zwischen dem *mainstream* und seinen anspruchsvollsten Kritikern keine eigene ‚große Debatte'.

kann[24]. Die wissenschaftliche Lehre in der Disziplin IB hat immer mehr den Charakter einer ‚Ausbildung' in theoriegeleiteter Forschung zum Zweck praxisrelevanter Analysen angenommen. Dieser letzte Aspekt ist deswegen wichtig, weil er ein interessantes Licht auf das vorherrschende Wissenschaftsverständnis in den IB wirft: viele Akademiker versuchen, ob nun wissentlich oder nicht, Gründe für solche Phänomene zu finden, die aus Sicht der politischen Praxis interessant sind. Und selbst wenn das nicht überall der Fall ist, dann lässt sich zumindest behaupten, dass wissenschaftlich relevante Phänomene aus einem Weltverständnis abgeleitet werden, das mit dem politischer Entscheidungsträger korrespondiert bzw. kompatibel ist. Die ‚besten' Theorien zeichnen sich schließlich dadurch aus, dass sie Erklärungen für Phänomene liefern und damit Hilfestellung für die Lösung von Problemen leisten, die als solche durch die Brille von Entscheidungsträgern als Probleme erscheinen. Wissenschaftlich erarbeitete Lösungen bestehen darin, dass diese im Kontext eines stark idealisierten Gegenstandsbereichs auftauchenden Probleme auf simple, wenn nicht sogar banale, Ursache-Wirkung Beziehungen reduziert werden. Die von den Theorien der Disziplin ermöglichte Problemlösung besteht in der Herausstellung eines *masterkeys*[25] bzw. der Kontrolle von *master variables*[26]. Die auch aufgrund dieses besonderen problem-orientierten (*policy-oriented*) Wissenschaftsverständnisses zustande gekommene Hegemonie amerikanischer IB-Theorien, die immer mehr durch die Assimilation akademischer Infrastrukturen in anderen Ländern abgesichert wird, hat dazu geführt, daß heutzutage fast überall dort, wo eine spezialisierte Beschäftigung mit den internationalen Beziehungen stattfindet, Sichtweisen der politischen Praxis als Grundlage wissenschaftlicher Forschung und Lehre dienen. Die Disziplin IB ist seit geraumer Zeit eine ‚typisch' amerikanische Sozialwissenschaft, insofern die große Mehrheit der professionellen Wissenschaftler Theoriebildung als Konstruktion formaler Modelle begreift, mit denen die Komplexität der Wirklichkeit reduziert und auf ein paar simple Ursachen für Phänomene zurückgeführt werden kann, die quasi immer in der gleichen Weise wirken, und deren Kenntnis dann wiederum der Kontrolle durch die überall in der gleichen Weise verfahrenden politischen Praxis nützt bzw. nützen soll[27].

Das alles heißt nun nicht, daß es nur amerikanische bzw. praxisrelevante IB-Theorien gibt. Die Wissenschaft der internationalen Beziehungen war immer auch ein Spielfeld für

---

[24] Vgl. Kalevi J. Holsti, *The Dividing Discipline: Hegemony and Diversity in International Theory* (London: Allen & Unwin, 1985), 128.

[25] Vgl. dazu Stanley Hoffmann, An American Social Science: International Relations, in: St. Hoffmann (Hg.), *Janus and Minerva: Essays in the Theory and Practice of International Politics* (Boulder: Westview, 1987), 3-24, auf 8: „There is, first, the profound conviction […] that all problems can be solved, that the way to resolve them is to apply the scientific method – assumed to be value free, and to combine empirical investigation, hypothesis formation, and testing – and that the resort to science will yield practical applications that will bring progress." Dahinter steht laut Hoffmann die Überzeugung, "[…] that there is, in each area, a kind of masterkey – not merely and intellectual, but an operational paradigm."

[26] Alexander Wendt, *Social Theory of International Politics* (Cambridge: Cambridge University Press, 1999), 343 führt die Entstehung kollektiver Identitäten zwischen Staaten z.B. auf folgende *master variables* zurück: "[…] interdependence, common fate, homogeneity, and self restraint."

[27] Vgl. dazu auch Steve Smith, The United States and the Discipline of International Relations, a.a.O., 82-83.

Theoretiker und Analysten, die nicht der Regierungspraxis der USA oder eines anderen Landes verpflichtet waren[28]. Die heterogene Lehr- und Forschungspraxis, die man vielleicht als die *eigentliche* Wissenschaft der IB nennen könnte, hat in ihrer langen Geschichte etwa die Geburt einer Vielzahl von Theorien erlebt, die nicht ausschließlich, ja nicht einmal primär, auf ontologische und normative Vorstellungen angloamerikanischer Essayisten wie Hobbes oder Locke aufgebaut wurden. Solche Errungenschaften standen und stehen den Theorien des amerikanischen *mainstreams* auch deswegen höchst kritisch gegenüber. Zu nennen sind diesbezüglich v.a. die kritischen Theorien des Weltsystems[29] oder Theorien der strukturell bedingten Abhängigkeit unterentwickelter Länder von den entwickelten Industrieländern[30]. Diese Theorien sind nicht mit der Absicht entwickelt worden, die Entscheidungen politischer Amtsträger in den USA zu erleichtern/legitimieren. Im Gegenteil lag der Anspruch dieser Theorien darin, die mit Blick auf Frieden und Gerechtigkeit im internationalen System politisch fragwürdigen und politikwissenschaftlich relevanten Konsequenzen eben dieser Entscheidungen plus der sie stützenden IB-Theorien aufzuzeigen. Solche alternativen bzw. kritischen Sicht- und Verstehensweisen der internationalen Beziehungen sind jedoch aufgrund der herrschenden Interessenkonstellation im *mainstream* und der davon abhängigen Diskursmechanismen – und nicht, weil sie weniger anspruchsvoll oder überzeugend gewesen wären –, wenig bekannt und noch weniger einflußreich geworden. Ein allzu selbstbewusstes Abweichen vom vorherrschenden Trend, die internationalen Beziehungen gemäß der ontologischen und epistemologischen Prämissen im Kanon des *mainstreams* zu reifizieren, war und ist für viele aufstrebende Wissenschaftler nach wie vor gleichbedeutend mit einem Gang ins wissenschaftliche Exil[31]. Die dadurch bedingte Ignoranz vieler *mainstream*-Vertreter gegenüber intellektuellen Errungenschaften aus den Kreisen der sogenannten ‚Englischen Schule' – besonders ihrer jüngeren und kritischeren Vertreter –, der italienischen Schule der Internationalen Politischen Ökonomie, der deutschen Friedens- und Konfliktforschung, oder derjenigen Wissenschaftler, die sich keiner Schule zuordnen lassen und bei ihrer Beschäftigung mit den Internationalen Beziehungen ganz selbstverständlich von den neuesten soziologischen, ethnologischen, philosophischen und/oder literaturwissenschaftlichen Erkenntnissen leiten lassen, suggeriert, dass sich das Studium der IB im Einzugsgebiet der *Pax Americana*

---

[28] Eine wie ich finde sinnvolle Unterscheidung würde zwischen der amerikanischen ‚Disziplin IB' und der inklusiveren bzw. pluralistischen ‚Wissenschaft der IB' differenzieren.

[29] Vgl. Immanuel Wallerstein, *The Modern World-System, vol. I: Capitalist Agriculture and the Origins of the European World-Economy in the Sixteenth Century* (New York: Academic Press, 1974), und derselbe, *The Modern World-System, vol. II: Mercantilism and the Consolidation of the European World-Economy, 1600-1750* (New York: Academic Press, 1980).

[30] Vgl. Johan Galtung, A Structural Theory of Imperialism, *Journal of Peace Research*, vol. 8 (1971), 81-117.

[31] In einer im Jahre 1990 erschienenen Sonderausgabe des *mainstream*-Journals *International Studies Quarterly* konnten einige Wissenschaftler dieser ‚Stimme aus dem Exil' zwar Ausdruck verleihen, vgl. Richard K. Ashley & R. B. J. Walker, *International Studies Quarterly*, vol. 34, Special Issue: Speaking the Language of Exile: Dissidence in International Studies (1990); an der grundsätzlichen Problematik in der Disziplin IB hat sich seitdem m. E. nach aber kaum etwas geändert: Kritik am *mainstream* gleicht einer Ketzerei und zieht in der Regel Ächtung nach sich.

ganz überwiegend, und oft auch ganz ausschließlich, auf die amerikanischen Theorien im *mainstream* der (amerikanischen) Disziplin IB reduziert[32].

Weil die amerikanischen Theorien im *mainstream* der Disziplin höchst einflussreich sind und vielerorts den Kanon des Lehrangebots bilden, sollen die vorliegenden Lernmaterialien eben diese Theorien (plus den klassischen Intergouvernementalismus als Vorläufer des liberalen Intergouvernementalismus) nachvollziehbar und anwendbar werden lassen. Anders als viele Texte zur Einführung in die Theorien der IB habe ich dabei versucht, mit den Theorien bzw. im Sinne der Theorien bzw. aus der entsprechenden Perspektive der Theorien zu schreiben – nicht nur über sie. Die erwähnten Materialien sind in der Hoffnung zusammengestellt, dass Studenten bzw. Interessierte in einer solchen perspektivistischen Rekonstruktion der jeweiligen Aussagenlogik und Heuristik eine Hilfestellung finden, die *mainstream*-Theorien zu verstehen und für die eigene Herangehensweise an die internationalen Beziehungen fruchtbar zu machen, um die Anforderungen in den uniformierten BA/MA-Studiengängen erfolgreich zu bewältigen. Den Anfang macht die Darstellung der realistischen Theorieperspektive. Dann werden in einer Art Exkurs die von Kenneth N. Waltz eingeführte Unterscheidung zwischen drei verschiedenen Vorstellungen von internationaler Politik (*Logic of Images*) sowie das damit zusammenhängende und von David Singer aufgeworfene *Analyseebenenproblem* in ihrer Eigenschaft als wichtige disziplinimmanente Entwicklungen skizziert. Jede Theoriedarstellung besteht aus Abschnitten, in denen die wichtigsten Bilder und Theoriebausteine der erwähnten Theorien, einschließlich des analytischen Vokabulars, komprimiert zusammengefasst und an Beispielen erläutert werden. Das heißt, jeder Teil und die in ihm enthaltenen Abschnitte sind so aufgebaut, daß die erwähnten IB-Theorien hinsichtlich 1) ihrer fundamentalen Prämissen; 2) ihrer Bilder des Gegenstandsbereichs, ihrer zentralen analytischen Begriffe und ihrer charakteristischen Aussagenlogiken; und 3) ihrer Heuristik mit Blick auf konkrete historische Sachverhalte dargestellt werden.

Wie bereits erwähnt, habe ich bei dieser sogenannten ‚Anwendung' jeder Theorie (der Beschreibung und Erklärung spezifischer Sachverhalte mit Blick auf das der Theorie immanente Bild des Gegenstandsbereichs und mit Hilfe des analytischen Vokabulars) versucht, die Weltsicht der entsprechenden Theoretiker anzunehmen und relevante Phänomene aus deren Sicht zu beschreiben und zu erklären. Eine geglückte ‚Anwendung' der Theorien setzt einen solchen Schritt in phänomenologischer Absicht zwingend voraus. Schließlich lassen sich Theorien nicht mit materiellen Dingen vergleichen, die man benutzen kann, wie man etwa Hämmer und Zangen benutzt. Es geht bei theoriegeleiteter Untersuchung von Phänomenen nicht nur darum, möglichst viele analytische Begriffe einer Theorie (auswendig) zu lernen, um bei der Erklärung eines Sachverhalts die (Fremd-) Sprache der Theorie zu sprechen. Die Heranziehung sozialwissenschaftlicher Theorien verlangt auch und vor allem, das von der jeweiligen Theorie implizit vorausgesetzte Bild des Gegenstandsbereichs der inter-

---

[32] Vgl. Ole Waever, The Sociology of a Not So International Discipline: American and European Developments in International Relations, *International Organization*, vol. 52 (1998), 687-727, besonders 696-701.

nationalen Beziehungen zu verstehen und entsprechend konsequent die damit zusammenhängenden ontologischen Annahmen zu berücksichtigen. Das heißt z.B. mit Blick auf die Theorie des ‚klassischen Realismus', das dort vorausgesetzte Bild eines anarchischen Milieus zu verstehen und entsprechend konsequent die Prämisse zu berücksichtigen, dass Staaten bzw. Regierungen sich einzig und allein um ihr Überleben Gedanken machen und in einem gefährlichen Milieu solche Maßnahmen ergreifen und Strategien verfolgen, die klug und erfolgversprechend sind. Die Annahme dieses Bildes (Anarchie) und die konsequente Berücksichtigung dieser Prämisse (kluge Machtpolitik ängstlicher Staaten gegenüber bedrohlichen Konkurrenten) lässt einen anspruchsvollen Analysten gar nicht auf die Idee kommen, bei einer ‚realistischen' Erklärung von Sachverhalten von einem eigenständigen Einfluß moralischer Prinzipien und/oder des kodifizierten – als Loseblattsammlungen verfügbaren – Vertragsvölkerrechts und/oder internationaler Organisationen auszugehen. Solcherlei Aspekte sind aus realistischer Sicht allzu oft Anlässe für legalistische bzw. moralistische Fehlschlüsse und für sich genommen völlig irrelevant, weil alle für die Erklärung relevanten Aspekte auf die machtpolitischen Interessen von Staaten zurückgehen.

Der hier geleistete Überblick über die IB-Theorien im *mainstream* und die Veranschaulichung ihrer ‚Anwendungsmöglichkeiten' ist genau das: ein Überblick und eine Veranschaulichung des disziplinären *mainstreams*. Unberücksichtigt bleiben in diesem Band die bereits erwähnten kritischen und neueren Theorien der IB, von denen sich viele durch intellektuell höchst anspruchsvolle Aussagen auszeichnen[33]. Angesichts dieses Sachverhalts ist es eigentlich wünschenswert, dass alle Studenten der IB die Kenntnis der theoretischen Grundlagen im *mainstream* der Disziplin nicht als Zweck an sich, sondern als einen Einstieg in eine breitere und undogmatische wissenschaftliche Beschäftigung mit dem Gegenstandsbereich der IB verstehen. Vereinzelte Hinweise auf solche Theorien außerhalb des *mainstreams* finden sich in den einleitenden Bemerkungen zu jeder Theorie. Abgesehen von diesen allgemeinen kritischen Bemerkungen zum jeweiligen Weltbild der Theorien ist die Darstellung und Anwendung der Theorien im Detail nicht kritisch gehalten. Die Stoßrichtung der Kritik, die man an Theorien übt, hat immer auch damit zu tun, wer man ist und wo man – im übertragenen Sinn – im Feld der IB als pluralistischer Wissenschaft steht. Die eigene Kritikfähigkeit profitiert ganz wesentlich vom Bemühen um die Erweiterung eigener Kenntnisse von den Theorien außerhalb des *mainstreams*. Sollten die vorliegenden Materialien neben einem Überblick über die Disziplin auch eine Wahrnehmung eben dieser ‚anderen' Theorien erleichtern, wäre viel erreicht![34]

---

[33] Spannend sind u.a. Texte von Steve Smith, William Connolly, Michael J. Shapiro, Robert B.J. Walker und Michael Dillon. Eine hilfreiche Quelle mit weiteren Referenzen zu (hilfloserweise) ‚postmodern' genannten IB-Theorien findet sich unter der Internetadresse: http://pravda.gmxhome.de/pomobib.htm.

[34] Für Kritik und Anmerkungen bin ich jederzeit offen und dankbar: guenther.auth@gsi.uni-muenchen.de

2 Klassischer Realismus

Der sogenannte ‚klassische Realismus' ist eine der prominentesten Theorieperspektiven in der Disziplin IB. Zahlreiche Staatsmänner und Diplomaten (George Kennan, Henry Kissinger, Helmut Schmidt und Joschka Fischer) waren bzw. sind Realisten. Das Hauptaugenmerk der realistischen Theorie gilt der Frage nach den Kriegsursachen sowie den Bedingungen für Frieden. Die klassischen Realisten des 20. Jahrhunderts wendeten sich in erster Linie gegen die auch in der Disziplin IB während der 1920er Jahre einflussreiche ‚idealistische' Theorie, gemäß der Frieden durch zwischenstaatliche Kooperation, das zwischenstaatliche (Völker-) Recht und die Einrichtung internationaler Organisationen befördert werden kann. Nach Meinung einflussreicher Realisten wie Niebuhr und Morgenthau ist der Idealismus, gepaart mit dem Legalismus, ein gefährliches Wunschdenken allzu friedensbeseelter und weltentrückter Philanthropen. In der Weltsicht des Realismus folgt ‚das Politische' seinen eigenen Regeln und bestraft jedes idealistische/legalistische Wunschdenken. Viele Realisten nehmen für sich in Anspruch, die Wirklichkeit ‚des Politischen' gewissermaßen ‚schauen' zu können, wie sie wirklich/eigentlich ist, richten sich bei ihrer **Beschreibung** zwischenstaatlicher Beziehungen auf die außenpolitischen Handlungen der großen Mächte und **erklären** Resultate durch Verweis auf politisch (un)kluges Handeln verantwortlicher Staatsmänner. Diese Festlegungen auf die Rolle von Macht und das politisch kluge Handeln sind einer (quasi) metaphysischen Weltsicht geschuldet.

Solche metaphysisch begründeten Weltbilder haben heftige Kritik auf sich gezogen. Momentan vorherrschende und d.h. veränderliche Interaktionsmuster wie z.B. ‚Wettbewerb' zwischen Staaten würden von Realisten fälschlicherweise für unveränderliche Gesetzmäßigkeiten gehalten[35]. Die ‚Schauung' der internationalen Beziehungen als ewiger Machtkampf und Hort politischer (Un-)Vernunft, richte sich nicht auf die Wirklichkeit sondern sei Produkt allerlei Phantasien, Leidenschaften und Ängste auf Seiten realistischer Beobachter[36]. Den Zusammenhang zwischen Angst und (innerer) Leere

---

[35] Vgl. Stanley Hoffmann, *The State of War: Essays on the Theory and Practice of International Politics* (London: Pall Mall, 1965), 11.

[36] Vgl. Friedrich Nietzsche, Die Fröhliche Wissenschaft. Zweites Buch, in: Friedrich Nietzsche, *Werke in zwei Bänden*, Wolfgang Deninger (Hg.) (Essen: Phaidon, 1995), Aphorismus 57: „Ihr nüchternen Menschen, die ihr euch gegen Leidenschaft und Phantasterei gewappnet fühlt und gerne einen Stolz und einen Zierat aus eurer Leere ma-

einerseits sowie der Vermutung einer allgegenwärtigen Rolle von Macht andererseits haben Psychoanalytiker weiter untersucht[37]. Konzeptuelle Kritik am Realismus aus Reihen der IB-Theoretiker richtete sich einerseits auf den Machtbegriff: in ihren Analysen schwanke der theoretische Status von Macht zwischen Mittel und Ziel staatlicher Außenpolitk; und andererseits auf die Verwendung des aus der Ökonomie importierten Konzepts des Gleichgewichts, das sich für die Analyse der IB einfach nicht mit einer klaren Bedeutung versehen lasse[38].

2.1 Prämissen

2.1.1 Das Milieu der internationalen Politik ist ‚anarchisch'

Die Anarchie der internationalen Politik ist die logische Konsequenz der staatlichen Souveränität. Anarchie heißt nicht per se Chaos oder Konflikt sondern meint ein fundamentales Ordnungsprinzip der internationalen Politik, das sich vom Ordnungsprinzip innerhalb souveräner Staaten (=Hierarchie) unterscheidet. Im internationalen Milieu interagieren souveräne Staaten, die aufgrund ihrer Souveränität keiner höherrangigen Autorität unterstehen. Das heißt, keine überstaatliche Sanktionsinstanz sorgt für Ordnung.

2.1.2 Staaten streben nach Macht

Der Antrieb eines jeden Staates, vermittels seiner Regierung, ist das Streben nach Macht – im Sinne von Einfluß auf das Denken und Handeln anderer Staaten/Regierungen. Dieses Streben ist zwar abhängig von Zeit und Raum, insofern die Ausübung von Macht/Einfluß zu verschiedenen Zeiten an unterschiedliche Quellen und Ressourcen gebunden ist. Das ändert

---

chen möchtet, ihr nennt euch Realisten und deutet an, so wie euch die Welt erscheine, so sei sie wirklich beschaffen [...] Eure Liebe zur ‚Wirklichkeit' zum Beispiel – o das ist eine alte uralte ‚Liebe'! In jeder Empfindung, in jedem Sinneseindruck ist ein Stück dieser alten Liebe: und ebenso hat irgendeine Phantasterei, ein Vorurteil, eine Unvernunft, eine Unwissenheit, eine Furcht und was sonst noch alles! daran gearbeitet und gewebt."

[37] Vgl. Arno Gruen, *Der Wahnsinn der Normalität. Realismus als Krankheit: Eine grundlegende Theorie zur menschlichen Destruktivität* (München: dtv, 1989), 143, der v.a. in Anbetracht des US-amerikanischen Entscheidungshandelns während der 1960er und 1970er Jahre zu dem Schluß kam, dass Realisten ihre Weltsicht aus einer in frühen Jahren vollzogenen Anpassung an eine konkrete Macht und der Flucht vor dem Schmerz gewonnen haben. Die Unterwerfung unter ‚Befehle' strenger bzw. autoritärer Vorgesetzter ist für Realisten Teil einer unausgesprochenen Abmachung: der Verlust des autonomen ‚Selbst' wird entschädigt durch eine Teilhabe an der Macht eines Kollektivs. Mit diesem Arrangement lässt sich für Realisten der Haß auf die eigene Unzulänglichkeit, die eigene innere Leere, kaschieren. Die Folge ist dramatisch: "Eine nicht von Macht geprägte Realität wird damit unvorstellbar. Das Streben nach Macht wird zwanghaft, und die Unfähigkeit, Schmerz zu ertragen, führt dazu, dass man um jeden Preis Schmerz vermeidet, denn solche Menschen empfinden Schmerz als Demütigung. Die Demütigung und Erniedrigung anderer dagegen wird eigentlicher Lebenszweck.".

[38] Vgl. Stanley Hoffmann, *The State of War*, a.a.O., 7-8.

aber nichts daran, daß Staaten/Regierungen zu jedem Zeitpunkt versucht haben, ihre Macht zu erhalten, zu demonstrieren und/oder zu vermehren. Indikatoren staatlicher Macht sind v.a. geographische Lage, territoriale Größe, Bevölkerungszahl, wirtschaftliche Kapazität, politisches Ansehen und militärische Schlagkraft. Letztere bemisst sich im Atomzeitalter vorrangig aus der Verfügung über nukleare Waffen; neuerdings spielen auch biologische u. chemische Waffen eine Rolle. Und obwohl militärische Schlagkraft nicht die einzige Quelle von Macht ist, so ist sie doch – auch aufgrund des ‚Primats der Sicherheitspolitik' – zweifellos die wichtigste.

2.1.3 Staaten befinden sich in einem Zustand der Unsicherheit

Kein Staat kann sich sicher sein, dass andere Staaten ihre Machtressourcen nicht zum Einsatz bringen. Das heißt nicht, dass alle Staaten zu jedem Zeitpunkt kriegerische Absichten hegen. Es bedeutet lediglich, dass absolute Sicherheit unmöglich ist, da Staaten ihre Macht auch durch Krieg vergrößern können. Staaten stehen vor dem Dilemma, einerseits nicht zu wenig und nicht zu viel Macht zu besitzen, andererseits immer zum Krieg bereit zu sein.

2.1.4 Staaten handeln klug und nicht moralisch ‚gut'

In einem anarchischen Milieu sind Staaten dem Postulat politischer Klugheit verpflichtet. Staaten entscheiden immer mit Blick auf mögliche Konsequenzen ihres Tuns für ihre Machtposition. Kluges im Sinne von erfolgreichem Handeln zeichnet sich dadurch aus, daß Staaten ihre Machtposition nicht verlieren. Unkluges Handeln bedeutet, daß Staaten über kurz oder lang an Macht einbüßen. Politik ist insofern moralisch, als Staaten dem verantwortungsethischen Gebot machtpolitischer Vernunft folgen.

2.1.5 Staaten errichten ein Gleichgewicht

Staaten achten argwöhnisch auf jede Veränderung der herrschenden Machtkonstellation und reagieren durch Aufrüstung und/oder die Bildung von Allianzen. Die ständige Reaktion aller Staaten auf vermeintliche Machtgewinne anderer Staaten führt in der Regel zu einem unwirklichen, unzuverlässigen und daher prekären Gleichgewicht. Dieses Gleichgewicht ist gleichzeitig die einzige Vorkehrung gegen Krieg. Jeder Krieg ist eine Störung des Gleichgewichts.

2.2 Analytik und Aussagenlogik

2.2.1 Analytik

Gesetzmäßigkeiten
Anarchie
Staat/Regierung
Großmächte
Angst/Unsicherheit
Nationales Interesse
Stärke/Ansehen
Machtstreben (als Ziel und Mittel)
Formen des Machtstrebens
    - Machterhalt/Status Quo
    - Machtdemonstration/Prestige
    - Machterweiterung/Imperialismus
Berücksichtigung der Konsequenzen

Politische/Moral/Verantwortung [Vermischt]
Politische Klugheit
Pragmatismus vs. Idealismus
Erfolg vs. Legalismus/Moralismus
Positives und Machtrecht
Negativer Frieden: Gleichgewicht
Stabilität
Methoden der Gleichgewichtspolitik
    - Kompensation
    - Rüstung
    - Bündnisse/Allianzen
Macht als psychologische Beziehung
Abschreckung

2.2.2 Aussagenlogik

Der vor allem von Hans J. Morgenthau popularisierte (politische) Realismus geht im Rückgriff auf Theoreme historischer Vordenker wie z.B. Thukydides, Macchiavelli und besonders Thomas Hobbes davon aus, dass Politik und Gesellschaft von ewig gültigen, unveränderlichen Gesetzen beherrscht werden, deren Ursprung in der menschlichen Natur liegt. Der Mensch hat im Innersten seines Wesens Angst – Angst vor Schmerz, Angst vor Vernichtung usw. Und diese tief empfundene Angst bringt es mit sich, daß der Mensch weder innere Zufriedenheit noch charakterliche und geistige Stärke entwickelt. Der Mensch wird beherrscht von seinen Leidenschaften und ist unfähig, Vertrauen in sich und andere zu entwickeln, dauerhafte tiefgehende soziale Bindungen zu anderen Menschen aufzubauen. Seine Leidenschaften und v.a. seine existenzielle Angst hindern den Menschen daran, sich in Auseinandersetzung mit anderen Menschen vom ‚einsamen Wolf' zum sozialen Wesen zu verändern. Nachgerade die Angst treibt Menschen dazu, jedem zu misstrauen. Aus seiner Angst heraus, ist jeder Mensch gegenüber anderen ständig bestrebt, glänzend, schön, erfolgreich und vor allem stark zu erscheinen. Der Mensch versucht, diese Position der Stärke gegenüber anderen zu demonstrieren, zu befestigen und auszubauen. Nur durch eine zur Schau getragene Stärke lässt sich die eigene Angst, Unsicherheit und innere Leere erträglicher gestalten. Der Mensch kompensiert seine Angst durch den Gewinn, die Demonstration und den Ausbau von Macht und Einfluß.

Im Milieu der internationalen Politik gibt es keine zentrale Instanz, die durch Zwang für Ordnung sorgt. Es herrscht Anarchie, was zur Folge hat, daß sich alle Akteure (=Staaten) mit Argwohn und Unsicherheit begegnen. Auch Staaten sind – vermittels ihrer Regierungen – ihrem Wesen nach ängstlich und darauf bedacht, ihre Unsicherheit angesichts von Gefahren

2.2 Analytik und Aussagenlogik

durch ein Streben nach Macht zu kompensieren[39]. Indikatoren für die Machtposition eines Staates sind seine territoriale Größe, seine geographische Lage, seine Wirtschaftskraft, seine Bevölkerungszahl und seine militärische Kraft. Durch Vergrößerung seiner Macht gewinnt der Staat die Fähigkeit zur Abschreckung potentieller Feinde. In so einem Milieu verfolgt jeder Staat eine durch sein nationales Interesse bestimmte Außenpolitik, indem er entweder auf Machterhaltung (Status quo), Machterweiterung (Imperialismus) oder auf Machtdemonstration (Prestigepolitik) abzielt. Die wichtigste quasi-kausale Determinante der Politik zwischen Staaten ist das im Sinn von Macht verstandene Interesse. Der konkrete Inhalt dieses grundlegenden Interesses richtet sich nach den Umständen in Zeit und Raum. Im 16. Jahrhundert war das außenpolitische Machtstreben der Staaten ein anderes als im 19. Jahrhundert, insofern jeweils andere Staaten bedrohlich schienen und andere Mittel den Fortbestand der Staaten zu garantieren schienen. All das ändert jedoch nichts daran, daß das Streben der Staaten zu jedem Zeitpunkt im Zeichen ihres Machtinteresses steht, weil nur aus einer mächtigen Position heraus Einfluß auf andere Staaten ausgeübt werden kann. Politische Macht ist eine psychologische Beziehung[40].

Der politische Realismus sieht einen unvermeidlichen Gegensatz zwischen sittlichem bzw. rechtlichem Gebot und dem Erfordernis erfolgreichen politischen Handelns[41]. Prinzipiell begründete Morallehren und formalrechtlich festgelegte Rechte und Pflichten mögen attraktiv erscheinen, weil sie – theoretisch – einen Ausweg aus dem irdischen Jammertal eröffnen. Solche Morallehren und Normenkataloge sind jedoch nichts anderes als un‚realistisches' und damit unbegründetes Wunschdenken. Die solchen Morallehren und Normenkatalogen zugrunde liegenden kategorischen und abstrakten Prinzipien stehen einer im Zeichen von Macht ausgeübten Politik oft sogar diametral entgegen. Im Milieu der internationalen Politik regiert allein das ungeschriebene Prinzip des Erfolgs: Das wichtigste Ziel staatlicher Politik ist die erfolgreiche Sicherung des eigenen Überlebens. Wer in einem anarchischen Milieu nicht nach Macht strebt, ignoriert die sich daraus ergebenden Konsequenzen, denn er gibt sich selbst der Ausbeutung und in letzter Konsequenz der Vernichtung durch andere Staaten preis. Kluge Staaten lassen sich in ihrem Denken und Handeln nicht von bürgerlicher Moral oder formalrechtlichen Geboten, sondern nur von Machtinteressen und Pragmatismus leiten, berücksichtigen dabei aber auch die Konsequenzen ihres Tuns. Unter Umständen beschränken das Völkerrecht, die internationale Moral und sogar die Weltmeinung den Machtkampf zwischen Staaten – wenigstens vorübergehend. Das heißt jedoch nichts anderes, als dass rechtliche/moralische Normen in ihrer Eigenschaft als integrale Bestandteile der Situation zwischen den relevanten Akteuren, den Großmächten, wirken, und zwar als Machtrecht bzw. Machtmoral. Es ist die Politik auf dem größten gemeinsamen normativen Nenner der Großmächte, die dem Milieu der internationalen Politik ein Moment der Regelmäßigkeit und Verlässlichkeit beschert, wenn und insofern machtpolitische Handlungen dieser Staaten dazu dienen, Machtungleichgewichte auszugleichen und Stabilität – im Sinne der Abwesenheit von Krieg – herbeizuführen. In letzter Instanz ist es eine Praxis nach

---

[39] Vgl. Hans J. Morgenthau, *Macht und Frieden. Grundlegung einer Theorie der internationalen Politik* (Gütersloh: Bertelsmann, [1948] 1963), 53.
[40] Vgl. ebda., 71.
[41] Vgl. ebda., 55.

den Maßgaben politischer Klugheit im verantwortungsethischen Sinn, die rational und politisch wünschenswert ist. Nicht abstrakte Sittenlehren à la Kant, auch nicht die nach außen hin oft feierlich zelebrierten Vertragsschlüsse zwischen Staaten, sondern die u.U. auch durch die Normen des Macht-Völkerrechts und der Macht-Moral verkörperte politische Klugheit beschränkt Machtpolitik. Diese Klugheit besitzt den Status einer genuin politischen Moral.

Kluge und verantwortungsvolle Staatsmänner wissen, ab welchem Punkt ihr eigenes Machtstreben von anderen Staaten als bedrohlich und damit als unverhältnismäßig empfunden wird. Kluge Staatsmänner wissen, wann ihre eigene Politik zu einer Gegenreaktion anderer Staaten führt. Kluge Staatsmänner unterlassen es deshalb, ihre Macht über diesen Punkt hinaus zu vermehren. Andererseits wissen kluge Staatsmänner auch, wann das Machtstreben anderer Staaten einen Punkt überschritten hat, der die eigene Machtposition relativiert und die Machtposition anderer Staaten unverhältnismäßig und zum eigenen Nachteil verbessert. Kluge Staatsmänner ergreifen in diesem Fall Maßnahmen, um gegenüber solchen Staaten nicht an Einfluß zu verlieren. Typische Maßnahmen sind Forderungen nach Kompensationen, die Forcierung eigener Rüstungsanstrengungen, oder die Suche nach Bündnispartnern zum Aufbau einer Verteidigungsallianz für den Fall einer Aggression[42]. Alle diese Maßnahmen dienen dem überragenden Zweck, ein evtl. aus den Fugen geratenes Gleichgewicht durch geschicktes Taktieren wiederherzustellen, wenngleich dieses Gleichgewicht immer prekär bleibt.

2.3 Heuristik

Im Fokus des klassischen Realismus stehen solche Phänomene und Entwicklungen, die sich auf machtpolitische Handlungen von Staaten zurückführen lassen. Die Grundannahmen der Theorie begrenzen den für relevant erachteten Wirklichkeitsausschnitt, insofern die den internationalen Beziehungen inhärente Problematik immer in den machtpolitischen Verhaltensweisen der Großmächte zu finden ist. Das Ziel der Theorie ist einerseits, zu beschreiben, wie Staaten bzw. Großmächte miteinander um Macht und Einfluß konkurrieren; und andererseits, zu erklären, warum es diese Staaten immer wieder schaffen, trotz gelegentlicher Ausbrüche von Krieg, Frieden im Sinne eines Gleichgewichts herzustellen. Bei einem Blick auf die Geschichte der internationalen Beziehungen ist aus Sicht des Realismus interessant, daß es unüberwindliche Schwierigkeiten bei der institutionellen Umsetzung der Idee kollektiver Sicherheit im Rahmen internationaler Organisationen gab, dass es aber trotz des ‚Scheiterns' kollektiver Sicherheit nicht immer zum Krieg kam. Aus der Brille des Realismus wird nachvollziehbar, dass und warum das sogenannte ‚Vertragsvölkerrecht' keine normativen Wirkungen entfalten kann und selten bzw. noch nie eine Großmacht davon abgehalten hat, ihre machtpolitischen Interessen zu Lasten anderer Staaten zu verfolgen, dass es aber dennoch eine vordringliche Aufgabe des (‚realistisch' verstandenen) Völkerrechts ist, die internationalen Beziehungen schrittweise zu ‚befrieden'.

---

[42] Vgl. ebda., 64-66.

2.3.1 Kollektive Sicherheit und Frieden

Aus Sicht des Realismus hat das Ende der beiden Weltkriege nur vordergründig eine qualitative Veränderung der internationalen Politik mit sich gebracht. Die Siegermächte beschlossen zwar, mit den internationalen Organisationen des Völkerbunds bzw. später der Vereinten Nationen Arenen zu schaffen, in denen die Großmächte quasi in einem parlamentarischen Plenum, d.h. öffentlich, über relevante Geschehnisse, die daran beteiligten Akteure, deren Interessen, die daraus resultierenden Konflikte und die hieraus entstehenden Probleme für Frieden und Sicherheit debattieren sollten. Der offiziellen und qua Satzung völkerrechtlich verbindlich gemachten Rhetorik nach sollten nationale Situationsdefinitionen, eigenmächtige Unternehmungen und geheimdiplomatische Verabredungen durch die Suche nach gemeinsamen Positionen und die Ergreifung von Kollektivmaßnahmen abgelöst werden. Die Aggression eines Staates gegen einen anderen Staat sollte durch konzertierte Aktionen der so zusammengefügten Staatengemeinschaft sanktioniert werden. Auf der Basis von allgemeinen und rechtlich verbindlichen Prinzipien des zwischenstaatlichen Verkehrs sollte eine Art Rechtsgemeinschaft dafür sorgen, daß der Umgang der Staaten miteinander gewaltfrei abläuft und dem Grundsatz der kooperativen Konfliktbewältigung folgt. Macht- und Ränkespiele sollten an Bedeutung verlieren, insofern die internationale Organisation des Völkerbunds bzw. der Vereinten Nationen Formen und Mechanismen bereitstellt, um einen zivilisierten Verkehr zwischen den Staaten zu befördern. Aufgrund ihrer durch die ‚Schau' der internationalen Beziehungen gewonnenen Kenntnis historisch begründeter Gesetzmäßigkeiten wissen Realisten jedoch, daß diese Arrangements nicht praktikabel sind und auch nicht sein können.

Der realistische Blick auf das ‚Eigentliche' offenbart, dass sich weder in der Zwischenkriegszeit noch in der Zeit nach dem zweiten Weltkrieg eine qualitative Veränderung der internationalen Politik vollzog. Im Gegenteil spricht das Verhalten der großen Mächte in beiden Perioden dafür, daß sich am Wesen internationaler Politik nie etwas geändert hat. Mithin bestimmen unveränderliche Gesetzmäßigkeiten den Lauf der geschichtlichen Entwicklung. Die Politik zwischen Staaten ist gekennzeichnet durch eine im Zeichen von Macht stehende Verfolgung nationaler Interessen. Staaten mit den größeren Machtpotentialen machen ihren Einfluß auf schwächere Staaten geltend und zwingen sie zu Handlungen, die sie sonst nicht ausführen würden. Gleichzeitig sind gerade diese mächtigeren Staaten darauf aus, keinen anderen Staat zu mächtig werden zu lassen, um so das prekäre Gleichgewicht bzw. die Machtkonfiguration zwischen ihnen zu erhalten. Durch Rüstung und Bündnispolitik werden Machtzugewinne einzelner Staaten ausgeglichen. Dieser Gleichgewichtspolitik der großen Mächte liegt – von Ausnahmen abgesehen – seit je her rationales bzw. kluges außenpolitisches Handeln zugrunde. Kluges Machtstreben ändert sich hinsichtlich seiner Bezugsobjekte, manifestiert sich aber immer in den Beziehungen zwischen den Großmächten und bedient sich der zu bestimmten Zeiten an bestimmten Orten üblichen Formen der internationalen Politik, ohne von diesen eingeschränkt zu werden. Das ‚öffentliche Recht' im Rahmen des europäischen Konzerts, die formalen Mechanismen kollektiver Sicherheit im Rahmen des Völkerbunds, oder das System kollektiver Sicherheit der Vereinten Nationen waren immer Instrumente in diesem Sinn: Gerüste und Fassaden für die Beförderung oder Verschleierung kluger Machtpolitik. Völkerrechtlich verbindliche Formen kollektiver Sicherheit können aufgrund herrschender Gesetzmäßigkeiten nur eingehalten werden, wenn und insoweit ihre Einhaltung die Herstellung bzw. Aufrechterhaltung des Gleichgewichts befördert. Wie auch im innerstaatlichen Bereich, empfiehlt es sich für Staatsmänner in den auswärtigen Beziehungen, den Schein zu wahren, so zu tun, als ob die Machtpolitik im Zeichen nationaler Interessen mit den allgemeinen Regeln des Friedensvölkerrechts im Einklang steht. Die tendenzielle Unvereinbarkeit zwischen pragmatischer Machtpolitik im nationalen Interesse und allgemein gültigen Formen kollektiver Friedenssicherung ist unüberwindbar.

Aus realistischer Sicht setzt die Idee kollektiver Sicherheit eine Welt voraus, die so nicht gegeben ist: auf der Basis feststehender und für alle gleichermaßen verbindlicher Verhaltensstandards sollen alle Staaten jede Form der Aggression überall durch Gewalt sanktionieren, um so bei aktuellen und potentiellen Aggressoren einen Lernprozess in Gang zu setzen, der sie zur Erkenntnis bringt, daß sich Gewalt per se nicht lohnt. Die Welt ist jedoch anarchisch und erlaubt keine Ausrichtung des Verhaltens an allgemein verbindlichen Verhaltensstandards. Sicherheit und Frieden in einer anarchischen Welt können nur durch Rüstung und/oder ständig wechselnde Bündnisse zur Abschreckung ganz konkreter äußerer Feinde an bestimmten Orten erreicht werden. In dieser Welt leidet jedes System kollektiver Sicherheit darunter, daß mächtige Staaten in der Regel

- an kollektiven Zwangsmaßnahmen gegen einen oder mehrere Bündnispartner nicht teilnehmen, denn nur Bündnispartner bieten ausreichenden Schutz gegen einen Angriff;
- an kollektiven Zwangsmaßnahmen teilnehmen, um gegen einen feindlichen Staat vorzugehen und im Rahmen der Sanktionierung die eigene Machtposition zu verbessern;
- den Titel der ‚Aggression' instrumentalisieren, um die verteidigungspolitischen Aktivitäten feindlicher Mächte als Angriffshandlungen zu de-legitimieren[43];

Im Einklang mit den Gegebenheiten der internationalen Politik haben sich daher die Siegermächte des ersten und zweiten Weltkriegs in ihrer Eigenschaft als Architekten der beiden historischen kollektiven Sicherheitssysteme des Völkerbunds bzw. der Vereinten Nationen – implizit oder explizit – darauf verständigt, daß ihre Handlungsspielräume von völkerrechtlichen Pflichten unbeeinträchtigt bleiben und ausschließlich Gleichgewichtsüberlegungen gehorchen. Sowohl der Völkerbundsrat als auch der UN-Sicherheitsrat waren/sind in ihrer Form und Zusammensetzung Ausflüsse dieser Verständigung unter klugen Machtpolitikern. Entsprechend dieser Verständigung verhalten sich die Großmächte auch in Krisenzeiten.

Kollektive Sicherheit und der Völkerbund
Japan war seit dem ersten japanisch-chinesischen Krieg (1894/95) bestrebt, seinen Einflussbereich auf die rohstoffreiche Mandschurei auszudehnen und riskierte immer größere Spannungen mit Russland, das die Mandschurei seit 1900 besetzt hatte. Die Machtansprüche

---

[43] Vgl. Arnold Wolfers, *Discord and Collaboration. Essays on International Politics* (Baltimore: Johns Hopkins Press, 1962), 187-188.

Japans kulminierten 1904 im russisch-japanischen Krieg, den Japan für sich entscheiden konnte. Russland musste die Mandschurei an China abtreten. Japan vermochte es, sich die Rohstoffe aus der Mandschurei zu sichern. Nach der Weltwirtschaftskrise 1929 sahen japanische Militärs eine Lösung wirtschaftlicher Probleme in einer weiteren Expansion in Richtung Mandschurei. Im September 1931 provozierte die japanische Armee den ‚Mukden-Zwischenfall' und griff chinesische Stellungen an. Nicht zuletzt, weil China sich zur selben Zeit im Bürgerkrieg befand, konnten die Japaner die Mandschurei bis Anfang 1932 annektieren und ihrer Verwaltung unterstellen. Deutschland forderte nach 1933 immer unverhohlener den ‚Anschluß' Österreichs. Im März 1938 marschierten Soldaten der Wehrmacht und Polizisten mit schwerer Bewaffnung in Österreich ein, wo sie von der Bevölkerung mit Jubel empfangen wurden. Die jeweiligen Führer beider Länder vereinbarten die ‚Wiedervereinigung' ohne Übergangsfristen. Andere Großmächte, darunter auch Großbritannien, werteten den Anschluss als interne Angelegenheit des Deutschen Reiches und Österreichs. Auch auf die von Deutschland geplante Besetzung des Sudetenlands, einem Gebiet in der Tschechoslowakei, das mehrheitlich von Deutschen bewohnt war, reagierten Großbritannien und Frankreich konziliant. Im September 1938 wurde Hitler durch das ‚Münchner Abkommen' die Annexion der sudetendeutschen Gebiete unter Berufung auf das im Versailler Vertrag verankerte Selbstbestimmungsrecht der Völker erlaubt.

Die Duldung von Japans *de facto*-Annexion der Mandschurei 1931 und die Appeasement-Politik Großbritanniens gegenüber Nazi-Deutschland bis 1938 waren aus der Sicht von ‚idealistischen' Befürwortern des Völkerbundsystems Abweichungen vom völkerrechtlichen Gebot der kollektiven Sicherheit im Falle einer bewaffneten Aggression. Zwar könnte man behaupten, dass insbesondere die Appeasement-Politik Großbritanniens Resultat einer ignoranten und arroganten Haltung der Regierung um Chamberlain gewesen war und als solche zum Angriff Deutschlands auf Polen beitrug[44]. Aus Sicht des Realismus erscheinen diese Verhaltensweisen jedoch eher als Ausflüsse kluger Machtpolitik, die völlig im Einklang mit der Logik internationaler Politik standen. In beiden Fällen zielte die Duldung der imperialen Politik Japans bzw. Deutschlands darauf ab, den Bestrebungen dieser großen Mächte nach Kompensationen für verloren gegangene Stärke zu entsprechen, um so das Gleichgewicht in Europa und der Welt stabiler zu machen. Die Billigung der Annexionspolitik Japans und Deutschlands durch die Siegermächte des ersten Weltkriegs bedeutete zwar, daß eine Verletzung fundamentaler Prinzipien des Völkerbunds (Souveränität, Nicht-Intervention) stillschweigend in Kauf genommen wurde. Diese Billigung entsprach allerdings durchaus klugen machtpolitischen Erwägungen. Nachgerade im Falle Deutschlands konnte kein kluger Staatsmann damit rechnen, daß Hitler auf die Appeasement-Politik Großbritanniens nicht einging und in Missachtung der Gesetzmäßigkeiten internationaler Politik auch noch daran ging, Polen und sogar die Sowjetunion anzugreifen. Aus realistischer Sicht zerstörten diese letzten ‚irrationalen' Schritte das Gleichgewicht der Mächte und riefen nach der Bildung eines Bündnisses der übrigen Großmächte zur Verhinderung einer deutschen Weltherrschaft. Einerseits ließen es macht- und gleichgewichtspolitische Erwägungen bis 1938 nicht unklug

---

[44] In diesem Sinn argumentiert Joseph Nye Jr., *Understanding International Conflicts. An Introduction to Theory and History* (New York: Longman, 2003), 107.

erscheinen, daß sich Nazi-Deutschland verloren gegangene Gebiete und politischen Einfluß zurückholt. Deshalb duldeten die großen Mächte Hitlers Imperialismus. Andererseits zwangen macht- und gleichgewichtspolitische Erwägungen die Großmächte nach 1938 dazu, der ausufernden Machterweiterung Nazi-Deutschlands Schranken zu setzen. Und deshalb schritten die großen Mächte ab 1939 ein, um den Einfluß Nazi-Deutschlands wieder zu reduzieren.

Kollektive Sicherheit und die Vereinten Nationen
Die Mitglieder der Vereinten Nationen verpflichteten sich mit ihrer Unterschrift unter die Satzung der Vereinten Nationen zwar de iure, Verstöße gegen fundamentale Prinzipien der zwischenstaatlichen Beziehungen (‚Souveränität', ‚Nicht-Intervention' und ‚Gewaltverbot') im Sinne einer Völkerrechtsgemeinschaft und durch eine breite Palette von Kollektivmaßnahmen zu sanktionieren. Allerdings standen die Vereinten Nationen mit ihrem System kollektiver Sicherheit zu keinem Zeitpunkt über den einzelnen großen Mächten. Vielmehr spielte sich die Macht- und Einflusspolitik der großen Mächte zu einem beträchtlichen Teil in der Organisation und ihrem System der kollektiven Sicherheit ab. Die großen Mächte schrieben sich in ihrer Eigenschaft als ständige Mitglieder des Sicherheitsrates alle wichtigen Entscheidungsbefugnisse zu und teilten die Verantwortung für Ordnung und Frieden in der Welt zunächst unter sich auf. Die USA wachten über Nord- und Südamerika, Frankreich und Großbritannien über Westeuropa sowie über die Kolonialgebiete in Afrika und Asien, China über den Fernen Osten und die Sowjetunion über den Balkan und Osteuropa. Der ‚Abstieg' Frankreichs und Großbritanniens, die revolutionäre Veränderung im Inneren Chinas, und der Aufstieg der Sowjetunion bzw. der USA zu Nuklearmächten bewirkten innerhalb kurzer Zeit eine Veränderung der multipolaren Konstellation zu einer bipolaren. Das Friedenssicherungssystem der Vereinten Nationen stand seitdem im Zeichen der Konkurrenz zwischen den konkurrierenden Blöcken in West und Ost.

Im Fall der Invasion Südkoreas durch nordkoreanische Truppen anno 1950 entfaltete sich die machtpolische Logik dahingehend, daß zwar offiziell von einer ‚Aggression' und einer Gefährdung des Weltfriedens die Rede war, und daß die Vereinten Nationen als Kollektivgremium einschritten, um die Verletzung der Souveränität Südkoreas sowie die damit verbundenen Verstöße gegen die Prinzipien der Nicht-Intervention und des Gewaltverbots zu ahnden. Allerdings bestand unter den großen Mächten zu keinem Zeitpunkt Konsens hinsichtlich des Tatbestands der ‚Aggression'; ferner trat nicht die Organisation der Vereinten Nationen als entscheidender Akteur auf, sondern die Großmächte, allen voran die USA versus China und die Sowjetunion[45]. Nach einer Blockade des Sicherheitsrats durch die Abwesenheit der Sowjetunion war ein gemeinschaftliches Tätigwerden der Organisation im Auftrag allgemein anerkannter Prinzipien unmöglich geworden. Dennoch erließ die Generalversammlung nach erfolgreichen Manövern der USA im Rahmen ihrer ‚Parkettdiplomatie' eine Resolution (die sogenannte *Uniting for Peace*-Resolution), mit der eine Allianz von Staaten unter Führung der USA offiziell ermächtigt wurde, den Frieden in der Region durch geeignete Maßnahmen wiederherzustellen. Die Verlautbarung, daß die Sanktionierung der Aggression im Auftrag der Vereinten Nationen und zum Schutz völkerrechtlicher Prinzipien gesche-

---

[45] Vgl. Arnold Wolfers, *Discord and Collaboration*, a.a.O., 195-196.

he, war eine Fassade zur symbolpolitischen Wahrung des völkerrechtlichen Scheins. Tatsächlich lagen dem Eingreifen der USA weniger völkerrechtsprinzipielle als vielmehr pragmatische machpolitische Kalküle zugrunde. Die ‚Rettung' Südkoreas vor einer Annexion durch die Regierung im Nordteil des Landes hatte primär den gleichgewichtspolitischen Zweck, ein Ausgreifen der chinesischen und sowjetischen Einflusssphäre über Nordkorea hinaus zu verhindern. Die ganze Angelegenheit wurde von den USA in den Vereinten Nationen thematisiert und forciert, um einen Ausbau chinesischer und damit sowjetischer Macht im asiatischen Raum zu verhindern. Das System kollektiver Sicherheit erwies sich in diesem Fall als nützliche Maschinerie für die USA und ihre Verbündeten, um sowjetische Satellitenstaaten vom unverhältnismäßigen Ausbau ihrer Macht abzuschrecken. In und für sich selbst entfachte das System nicht die geringste Wirkung.

Im Fall der Suez-Krise im Jahr 1956 standen sich zwei Großmächte, nämlich Großbritannien und Frankreich sowie Israel mit ihren Interessen an Machterhalt bzw. Gebietsgewinnen in Ägypten direkt gegenüber. Anlaß für politische Aktivitäten der drei Staaten war die Verstaatlichung des Suez-Kanals durch den ägyptischen Präsidenten Nasser. Großbritannien begann den Konflikt, indem es seine Herrschaftsansprüche über Ägypten gegenüber Frankreich und Israel mit dem Einsatz von Waffengewalt unterstrich. Das Einschreiten der Vereinten Nationen als Kollektivgremium und die Anwendung kollektiver Sicherheit war dadurch blockiert, daß sowohl Großbritannien als auch Frankreich durch ein Veto im Sicherheitsrat das Funktionieren des Systems verhinderten. Auf diplomatisches Betreiben der Sowjetunion rief die Generalversammlung unter Berufung auf die *Uniting for Peace*- Resolution von 1950 nach einem militärischen Einschreiten gegen die ‚Aggressoren'. Vor allem die diplomatischen Aktivitäten der USA waren dann jedoch der Grund dafür, daß die Aggression nur rhetorisch verurteilt und nicht unter Führung der Sowjetunion durch den Einsatz von militärischer Gewalt auch tatsächlich sanktioniert wurde. Ein Eingreifen durch die Sowjetunion hätte unweigerlich einen sowjetischen Machtzuwachs in der Region bedeutet. Es war in diesem Zusammenhang das machtpolitisch motivierte Interesse der USA, den Nahen Osten nicht einem stärkeren sowjetischen Einfluß preiszugeben, warum die Aggressoren im Namen der Vereinten Nationen aufgefordert wurden, den *status quo ante* wiederherzustellen. Die USA stellte sich offiziell gegen ihre Verbündeten, um nicht zu riskieren, daß der Einfluß der Sowjetunion in der Region wuchs. Das heißt: die offizielle ‚Verurteilung' der Aktivitäten Großbritanniens, Frankreichs und Israels war machtpolitisch motiviert und nicht der normativen Kraft des Völkerrechts geschuldet[46].

2.3.2 Das Völkerrecht und Frieden

Das sogenannte ‚Vertragsvölkerrecht', d.h. die in bi- und multilateralen Verträgen festgeschriebenen Normen und Regeln, hat in der Geschichte der internationalen Beziehungen selten bzw. noch nie eine Großmacht davon abgehalten, vitale nationale und machtpolitisch motivierte Interessen zu Gunsten anderer Staaten zurückzustellen. Es ist geradezu kontraproduktiv für die zwischenstaatlichen Beziehungen, das Verhalten der Großmächte an den in

---

[46] Vgl. ebda., 198-199.

Verträgen festgehaltenen formalrechtlichen Normen zu messen, den Bruch dieser Art von Völkerrecht als Delikt auszuweisen und allzu voreilig nach Sanktionen gegen den Delinquenten zu rufen. Schließlich ist davon auszugehen, dass jede Großmacht früher oder später in eine Situation kommt, in der es aus machtpolitischen Erwägungen heraus unklug wäre, sich den abstrakten Ge- und Verboten bi- oder multilateraler Verträge zu unterwerfen. Aus realistischer Sicht besitzen völkerrechtliche Pflichten keine kategorische Bindungswirkung – zumal nicht für die Großmächte – sondern werden in jedem Fall bzw. in jeder Konstellation konkurrierender Machtinteressen neu bewertet. Dennoch ist es auch und gerade aus realistischer Sicht eine vordringliche Aufgabe des („realistisch' verstandenen) Völkerrechts, die internationalen Beziehungen schrittweise zu ‚befrieden'. Es stellt sich allerdings ganz grundsätzlich die Frage, was das Völkerrecht überhaupt ist und was es leisten kann.

Das Völkerrecht und der ‚Winterkrieg' 1939
Der Angriff der Sowjetunion auf Finnland und die Besetzung Kareliens während des sogenannten ‚Winterkriegs' von November 1939 bis März 1940 war auf den ersten Blick und nach Meinung vieler zeitgenössischer Kommentatoren eine klare Missachtung des Vertragsvölkerrechts. Das partielle Kriegsverbot der Völkerbundsatzung von 1919, insbesondere die Bestimmungen der Satzung in den Artikeln 10, 12, 13 und 15 sowie das generelle Verbot des Angriffskriegs, das in den Artikeln 1 und 2 des Briand-Kellogg-Paktes von 1928 festgehalten wurde, ließen den Angriff der Sowjetunion auf Finnland als einen eklatanten Völkerrechtsbruch erscheinen. Das vermeintliche Delikt bestand in einer Verletzung der Unversehrtheit und politischen Unabhängigkeit Finnlands durch die Sowjetunion sowie in der Missachtung der Pflicht durch letztere, die Regelung von Streitigkeiten durch friedliche Maßnahmen und die Mechanismen des Völkerbunds zu unternehmen. Denn nachdem Finnland die von der Sowjetunion geforderten Gebietsabtretungen verweigert hatte, ordnete die Sowjetunion die völkerrechtlichen Gebote der Völkerbundsatzung dem eigenen machtpolitisch motivierten Streben nach nationaler Sicherheit unter und griff den souveränen Staat Finnland an. Die Regierungen Frankreichs und Großbritanniens bewerteten den Zwischenfall nach Maßgabe geltender positivrechtlicher Gebote und handelten entsprechend, indem sie die Sowjetunion als ‚Aggressor' identifizierten und im März 1940 ihren Ausschluss aus dem Völkerbund durchsetzten. Zum ersten Mal wurde eine Großmacht von den Mitgliedern des Völkerbunds derart weitgehend sanktioniert. Diese Politik Frankreichs und Großbritanniens folgte dem Wortlaut völkerrechtlicher Standards und stellte insofern eine ‚legalistische' Antwort auf machtpolitisches Verhalten dar. Genau darin lag freilich der Fehler der beiden europäischen Großmächte[47].

Der mit dem Ausschluß aus dem Völkerbund verbundene Verlust von Einfluß und Ansehen auf Seiten der Sowjetunion wäre ein ausreichender Grund für die Sowjetunion gewesen, verlorene Macht früher oder später zurück zu gewinnen. Der Ausschluß der Sowjetunion legte gewissermaßen die Saat für zukünftige Konflikte und damit einhergehende Instabilitäten. Was in dem Zusammenhang aber noch schwerer wiegt: Frankreich und Großbritannien hätten in der Konsequenz des von ihnen betriebenen Ausschlusses der Sowjetunion in ihrer

---

[47] Vgl. Hans J. Morgenthau, *Macht und Frieden*, a.a.O., 57-58.

Eigenschaft als vorrangige Mitglieder des Völkerbunds und als Bundesgenossen Finnlands gegen den Aggressor-Staat Sowjetunion in den Krieg ziehen müssen, um an Finnland begangenes Unrecht wieder gut zu machen und die Sowjetunion zum Abzug aus Karelien zu zwingen. Wenn Schweden beiden Staaten nicht den Durchmarsch durch schwedisches Gebiet verweigert hätte, wären Frankreich und Großbritannien aufgrund ihrer Treue zum Buchstaben des Vertragsvölkerrechts unweigerlich in einen Zweifrontenkrieg geraten, in dem sie ihre Kräfte nicht hätten bündeln können, da sie bereits gegen Deutschland im Krieg standen. In letzter Konsequenz hätte das Festhalten am Wortlaut der relevanten völker-rechtlichen Gesetze sowohl für Frankreich als auch für Großbritannien zur Folge haben können, daß sie ihre Macht gegenüber Deutschland und Russland einbüßen und evtl. sogar als Kriegsverlierer in politische Abhängigkeit geraten. „Statt die Frage des Rechts und die Frage der Macht gleichzeitig aufzuwerfen, berücksichtigen sie nur die Rechtsfrage; das Ergebnis hatte daher zu der Frage, von der ihre Existenz schlechthin abhängen konnte, keinerlei Bezug."[48] Diese Politik Frankreichs und Großbritanniens war äußerst unklug, einerseits weil sie den eigenen nationalen Interessen zuwiderlief, andererseits weil sie das Gleichgewicht der Mächte aufs Spiel setzte – zumindest mittel- und längerfristig.

Will man, um einer angemessenen Reaktion willen, das Handeln desjenigen politischen Akteurs verstehen, der sich z.B. im Einmarsch der Sowjetunion in Finnland offenbarte, dann muß man vorübergehend von anderen Eigenschaften dieses Akteurs abstrahieren. Der sowjetischen Regierung kann grundsätzlich eine Bereitschaft zur Einhaltung des Völkerrechts unterstellt werden. Eine realistische Betrachtung der internationalen Politik verbietet es jedoch, das Verhalten der Großmächte allein am Buchstaben völkerrechtlicher ‚Gesetze' zu messen. In einer Welt, die nicht perfekt ist, müssen Staatsmänner auf situationsspezifische Bedrohungen reagieren. Eine realistische Betrachtung internationaler Politik verbietet es daher, Staaten, die nicht nach Maßgabe des Vertragsvölkerrechts gehandelt haben, als Delinquenten zu behandeln. Schließlich gilt es zu berücksichtigen, dass die Staatsmänner mächtiger Staaten immer in einem Kontext von widerstrebenden Interessen anderer Großmächte handeln. Und in diesem Kontext unterliegen sie und ihre Praxis zuerst dem Gebot politischer Klugheit und erst sekundär den Postulaten des Vertragsvölkerrechts. Das Vertragsvölkerrecht als eine Autorität in und für sich zu betrachten, als ein Kompendium abstrakter Normen und Regeln mit Bindungswirkung, das außerhalb eines bestimmten politischen Kontextes steht und von dort seine Wirkungen auf die Großmächte und ihre Politik entfacht, verkennt die Gegebenheiten der internationalen Politik und verleitet zu falschen Schlüssen und Reaktionen.

Das Völkerrecht und die Intervention der USA in Kuba 1961
Im Jahr 1960/61 sah sich die Regierung der USA vor das Problem gestellt, eine angemessene politische Reaktion auf die kommunistische Revolution in Kuba zu finden. Die Machtergreifung durch die Revolutionsführer Fidel Castro, Ernesto Che Guevara, Raúl Castro und Huber Matos hatte im Januar 1959 ihren sichtbaren Ausdruck in der Vertreibung des bisherigen Staatschefs Fulgencio Batista und der Besetzung der Städte Santa Clara und Santiago de

---

[48] Ebda., 58.

Cuba gefunden. Bis August 1960 hatten die neuen Machthaber alle ausländischen Eigentumsrechte in Kuba verstaatlicht. Das betraf den Besitz von kubanischen Landgesellschaften, den Plantagenbesitz der Castro-Familie selbst, aber vor allem betraf es den Landbesitz US-amerikanischer Kreise. Schließlich sympathisierte die neue kubanische Regierung offen mit dem Regime der Sowjetunion. Die Regierung der USA fühlte sich seit der kubanischen Revolution im Jahr 1959 immer mehr zu Maßnahmen gedrängt, um die Linie der kubanischen Regierung zu beeinflussen und reagierte zunächst mit einem Handelsembargo gegen Kuba. Die Verstaatlichung US-amerikanischer Besitztümer und die Hinwendung Kubas an die Sowjetunion waren für die USA jedoch entscheidende Anlässe für ein härteres Vorgehen. Im März 1960 fasste die amerikanische Regierung den Plan, ‚Exilkubaner' unter der Anleitung der CIA in Florida und Guatemala als Guerilla-Kämpfer auszubilden. Die US-Regierung erwartete, dass sie mit Hilfe dieser Kräfte einen Stimmungswandel unter der kubanischen Bevölkerung und schließlich sogar einen politischen Umsturz in Kuba herbeiführen könnte. Nach einer Reihe vorbereitender Luftschläge auf kubanische Verteidigungsanlagen landeten im April 1961 ca. 1500 Exilkubaner und zwei Infanterieeinheiten der CIA in der ‚Schweinebucht' an der südlichen Küste des Landes.

Zwar waren die kubanischen Verteidigungskräfte vor Ort zunächst überfordert und ergaben sich den Interventionskräften. Allerdings stellte sich sehr schnell heraus, dass die eingeschleusten Guerillakämpfer ohne weitere Verstärkung durch US-Truppen nicht erfolgreich sein würden. Die kubanische Armee setzte schwere Panzerkräfte aus Beständen der Sowjetunion ein und schuf so ein Übergewicht zugunsten der Verteidigungsstreitkräfte. In diesem Zusammenhang ist entscheidend, dass der neue US-amerikanische Präsident Kennedy sich gegen eine massive militärische Unterstützung der eingeschleusten Guerilla-Kämpfer entschied, um die Infiltrationsbemühungen nicht in eine offene Intervention unter Führung der USA münden zu lassen. Bereits geplante Bombenschläge von US-Streitkräften aus der Luft wurden gestrichen, obwohl diese dazu beigetragen hätten, die kubanische Luftwaffe entscheidend zu schwächen. Zudem wurde auf Veranlassung Kennedys davon Abstand genommen, US-amerikanische Interventionstruppen zum Einsatz zu bringen, die bereits mit Hilfe von Transportschiffen vor die Küste Kubas gebracht worden und landungsbereit waren. Die Kennedy-Regierung nahm somit ein Scheitern der Invasion in Kauf, setzte in der Folge jedoch verdeckte Operationen gegen Kuba fort, die zu einem nicht unerheblichen Teil zu den Spannungen beitrugen, die in die Kuba-Krise (‚Raketenkrise') von 1962 mündeten.

Aus realistischer Sicht stellt sich die Frage, warum die Regierung der USA sich zwischen März 1960 und April 1961 zwar für den Beginn einer (inoffiziellen) Intervention in Kuba entschieden hatte, dann aber vor einer Ausweitung der Intervention in Kuba zurückgewichen war. Aus realistischer Sicht sah sich die US-Regierung zu keinem Zeitpunkt vor die Entscheidung gestellt, das abstrakte völkerrechtliche Prinzip der Nichtintervention sowie die daraus abzuleitenden Ge- und Verbote einzuhalten. Aus realistischer Sicht lässt sich zwar nicht leugnen, dass das Prinzip der Nichtintervention als solches ‚existiert'. Nicht zuletzt wurde es seit Ende des 18. Jahrhunderts – durch beflissene Formaljuristen – in die Völkerrechtslehrbücher geschrieben. Außerdem lässt sich beobachten, dass Staatsmänner nie müde wurden, Lippenbekenntnisse abzugeben, die ihre Interventionshandlungen als völkerrechtskonform erscheinen lassen (sollten)[49]. Freilich gilt es zu beachten, dass in der Geschichte der internationalen Politik sowohl die Anrufung des Prinzips der Nichtintervention als auch die Praxis der Nichtintervention immer politischen Zielen bestimmter Staaten gedient haben. Rufe nach einem Interventionsverbot geschahen niemals allein um des Völkerrechts willen. Entweder hatte die Geltendmachung des Prinzips der Nichtintervention durch einen Staat der Diskreditierung der Praxis eines anderen Staates, oder der Hinweis auf einen Verstoß gegen das Prinzip hatte der Rechtfertigung des eigenen Verhaltens gedient.

Um die unvollständige und am Ende auch gescheiterte Intervention der USA in Kuba erklären zu können, ist es zunächst wichtig, den größeren soziopolitischen Kontext der internationalen Politik zu betrachten. Die Zeit nach dem 2. Weltkrieg war eine ‚revolutionäre Phase' und ähnelte der Periode der Napoleonischen Kriege. Zahlreiche Staaten waren von Revolution bedroht, standen vor Regierungsumstürzen und erfuhren eine Veränderung der außenpolitischen Orientierung. Das wiederum bedeutete, dass die de facto existierende internationale Ordnung einschließlich der von den Großmächten hergestellten Einflußsphären bedroht war, insofern neue außenpolitische Orientierungen in einer Reihe von Staaten Loyalitätstransfers und einen Bruch zwischen den bisher bestehenden Bündnissen herbeiführen konnten. Für die Großmächte stand die Bewahrung ihrer Einflußsphären und damit ihre Machtposition auf dem Spiel. Es ist vor diesem Hintergrund nicht überraschend, dass China seit dem 2. Weltkrieg in einer Reihe von Ländern zugunsten revolutionärer Kräfte interveniert hatte, um seinen Einfluß auf diese Länder zu steigern. Genauso wenig kann es überraschen, dass die Sowjetunion und die USA versucht hatten, ihrerseits in diversen Ländern diejenigen Kräfte zu unterstützen, die ihnen einen größeren Einfluß im Land versprachen. Diese Entwicklung hatte zur Folge, dass sich die Großmächte immer mehr in einen Wettlauf um Einflussgebiete verstrickten, der sie in Konkurrenz und Konflikt zueinander brachte.

Für eine Erklärung des Sachverhalts ist weiterhin wichtig, dass die Großmächte seit dem Ende des 2. Weltkriegs immer mehr vor dem Problem standen, Konflikte durch den Einsatz von militärischer Gewalt nicht ‚gewinnen' zu können. Im Nuklearzeitalter verbietet sich jedweder Konfliktaustrag zwischen den Groß- bzw. Atommächten mit militärischen Mitteln. Sollte der Wettlauf um Einflussgebiete zwei oder mehrere Großmächte in einen Konflikt verstricken, ist es für keine der beteiligten Seiten ratsam, den Kampf um das entsprechende Land mit militärischen Mitteln entscheiden zu wollen, weil dies in letzter Konsequenz den Einsatz von atomaren Massenvernichtungswaffen nach sich ziehen könnte. Die Entscheidung der USA zur Vorbereitung und Durchführung einer Intervention in Kuba anno 1961 lässt sich demnach auf das US-amerikanische Streben nach Macht- und Einflußgewinn in der Region zurückführen. Der Einflußverlust der USA nach Absetzung des früheren Präsidenten Batista durch die Revolutionäre um Castro und Che Guevara war der entscheidende Anlaß diesbezüglich. Die Entscheidung der USA, die einmal begonnene Intervention im Angesicht starken Widerstands nicht auszuweiten und erfolgreich zu Ende zu führen, muß auf Erwägungen politischer Klugheit zurückgeführt werden. Einerseits wäre es höchst unklug gewesen, offen als Interventionsmacht gegenüber einem mit der Sowjetunion befreundeten Staat aufzutreten, andererseits schien es geboten, die Schutzmacht Kubas nicht über Gebühr und

---

[49] Hans J. Morgenthau, To Intervene or Not To Intervene, *Foreign Affairs*, vol. 45 (1967), 425-436, 425.

an zwei Fronten gleichzeitig zu provozieren. Nicht zuletzt schwelte im gleichen Zeitraum die zweite Berlin-Krise, die im August 1961 mit dem von der Sowjetunion gebilligten Mauerbau durch Berlin ihr vor-läufiges Ende fand.

Die USA und die Sowjetunion verständigten sich angesichts spezifischer Bedrohungen – und über indirekte Formen der Kommunikation – auf eine Aufrechterhaltung der ‚friedlichen Koexistenz', eines quasi-völkerrechtlichen Arrangements, dessen Normen und Regeln aus Gewohnheit der Großmächte resultierten, ungeschrieben waren, aber dennoch Bindungswirkung entfachten und mit den abstrakten Regeln des Vertragsvölkerrechts nicht unbedingt in Einklang zu bringen waren.

Das Völkerrecht und die Intervention der USA in Vietnam 1964/65
Politische Klugheit und Völkerrecht stehen nicht immer und zwangsläufig in einem Gegensatz. Im Gegenteil kann es die Maxime der politischen Klugheit mit sich bringen, die Ge- und Verbote des Völkerrechts zu beachten. Aus Sicht des politischen Realismus ist es für Staatsmänner in der Regel unausweichlich, faktische Zusammenhänge sowohl gegenüber der eigenen Bevölkerung als auch gegenüber der Weltöffentlichkeit so darzustellen, dass die außenpolitischen Maßnahmen der Regierung im Mantel der Legalität erscheinen. Alle Regierungen, auch und vor allem die Regierungen der Großmächte, tun in der Regel so, als ob ihr Tun gerechtfertigt wäre. Es kann für Regierungen jedoch manchmal eine wichtige Frage sein, ob und wenn ja, wann der Verweis auf das Völkerrecht nicht nur zum Schein geschehen, sondern tatsächlich auch ernst genommen werden soll. Auch wenn die Regierungen der Großmächte sehr oft darauf angewiesen sind, dass die von ihnen dargelegten Sachverhalte der internationalen Politik die daraufhin ergriffenen außenpolitischen Maßnahmen als gerechtfertigt erscheinen lassen, stellt sich für sie hin und wieder auch die Frage, ob und wenn ja, wann sie den geschriebenen und ungeschriebenen Normen des Völkerrechts einen Vorrang vor evtl. zu eng definierten nationalen Interessen einräumen sollen. In diesem Fall dient das Völkerrecht als eine Quelle der Information, welche Maßnahmen vielleicht noch ‚besser' sind, um nationale Interessen zu befriedigen. Aus Sicht des politischen Realismus stellt sich für die Großmächte immer die Frage, welche Konsequenzen mit ihrem außenpolitischen Tun für sie und das Staatensystem verbunden sind. Es stellt sich also aus realistischer Perspektive immer die Frage, ob ein Bruch des Völkerrechts, oder ob eine Einhaltung des Völkerrechts im konkreten Fall klüger ist, gemessen daran, ob und inwieweit die eigene Machtposition und das Gleichgewicht der Mächte darunter leiden.

Nach einer offiziellen Verlautbarung der US-amerikanischen Regierung an den Kongress wurden am 4. August 1964 im Golf von Tonking zwei US-Kriegsschiffe, die *USS Turner Joy* und die *USS Maddox*, angeblich von nordvietnamesischen Schnellbooten außerhalb der Zwölfmeilenzone unter Torpedobeschuss genommen. Der Hintergrund dieser Verlautbarung war ein Bericht, der von der US-amerikanischen *National Security Agency* (NSA) ‚produziert' und in dem eine Konfrontation zwischen zwei Schnellbooten der nordvietnamesischen Küstenwache und den zwei amerikanischen Kriegsschiffen als unprovozierter Angriff auf die amerikanischen Schiffe dargestellt wurde. In dem Bericht der NSA wurde verschwiegen, dass die *USS Maddox* bereits am 2. August in einen Zwischenfall mit drei nordvietnamesischen Schnellbooten verwickelt war, die mit Hilfe von Flugzeugen der *USS Ticonderoga* auf

2.3 Heuristik

Distanz gehalten bzw. manövrierunfähig geschossen wurden. Am 5. August gab US-Präsident Lyndon Johnson in seiner Eigenschaft als Oberbefehlshaber der amerikanischen Streitkräfte den Befehl, eine Reihe von nordvietnamesischen Marinestützpunkten zu bombardieren. In einer Fernsehansprache begründete er den Befehl mit dem Recht der USA auf Selbstverteidigung gegen die ‚unprovozierten' nordvietnamesischen Angriffe. Der Bericht der NSA bildete die Grundlage für eine am 7. August 1964 verabschiedete gemeinsame Resolution der beiden Häuser des US-Kongresses, die ‚Tonking-Resolution', die so vage formuliert war, dass Johnson nahezu vollständige Handlungsfreiheit hatte, auf den Zwischenfall vom 4. August zu reagieren.

Nachdem pro-kommunistische Guerillas damit begonnen hatten, Basen der US Army in Südvietnam zu attackieren, votierten einflussreiche *hardliner* in der US-Regierung immer entschiedener für eine Bekämpfung der Aufständischen in Südvietnam und eine Bombardierung Nordvietnams, um dem dortigen Kommunistischen Regime sowie den anderen kommunistischen Großmächten in der Region, der Sowjetunion und China, Stärke und Entschlossenheit zu demonstrieren. Zwar war in Kreisen der US-amerikanischen Regierung anerkannt, dass Nordvietnam, Russland und China, trotz ihrer gemeinsamen kommunistischen Ideologie, durchaus gegensätzliche und sogar konkurrierende außenpolitische Interessen verfolgten. Dennoch wurden die militärischen Aktivitäten der USA nach außen hin mit einem *empty slogan*, nämlich dem Verweis auf die Notwendigkeit der Eindämmung des Kommunismus in der Region begründet. Diese Rhetorik sollte den Eindruck erwecken, dass für ‚freie Staaten' in Nordostasien eine ähnliche Bedrohung vorlag wie anno 1947 in Europa, als der Sowjetkommunismus sich anschickte, eine Gefahr für die demokratischen Staaten Westeuropas zu werden. Die Operation *Rolling Thunder* erstreckte sich zunächst auf eine Bombardierung des *Hô-Chí-Minh*-Pfads von Nord- nach Südvietnam, um schließlich in eine Luft-offensive gegen die kommunistische ‚Demokratische Republik Vietnam' zu münden. Intention und Ausmaß dieser ersten Offensive wurden dem amerikanischen Volk verschwiegen, genauso wie die kontinuierliche Ausweitung der Intervention in Südvietnam, die sich ab dem 8. März 1965 als ein Krieg ohne offizielle Kriegserklärung darstellte. Aus realistischer Perspektive – und einer ex post facto vollzogenen Beurteilung – war der gegen die kommunistischen Kräfte in Nord- und Südvietnam begonnene Krieg unklug, weil er nicht den nationalen Interessen der USA diente bzw. den nationalen Interessen der USA sogar zuwiderlief; und weil er die USA zwang, moralische Verbrechen und unnötige militärische Risiken in Kauf zu nehmen, um die angestrebten Ziele zu erreichen[50].

Die konterrevolutionäre Kriegführung (*counter-insurgency warfare*) der USA gegen pro-kommunistische Guerillas in Südvietnam stand von Beginn an vor dem Problem, militärische Maßnahmen gegen einen Gegner zu richten, der unsichtbar war, insofern er sich im ‚normalen' Volk verbergen konnte bzw. vom ‚normalen' Volk gar nicht zu unterscheiden war. In diesem Zusammenhang beging die US-Regierung den Fehler, zu glauben, dass der Widerstand gebrochen werden könnte, wenn nur die Verbindungen zwischen den Kommunisten in Nordvietnam und den pro-kommunistischen Verbänden in Südvietnam gekappt werden würden. Das eigentliche Problem lag aber in Südvietnam selbst. Das südvietnamesi-

---

[50] Vgl. Hans J. Morgenthau, U.S. Misadventure in Vietnam, *Current History*, vol. 54 (1968), 29-34, 29.

sche Volk hatte seine Identität bereits gegen andere Großmächte verteidigt, sei es die ehemalige Kolonialmacht Frankreich, oder sei es die expandierende Großmacht China. Es stand Einmischungen fremder Mächte feindlich gegenüber und sympathisierte umso mehr mit den pro-kommunistischen Widerstandskräften, je höher die Verluste waren, die die US-Armee unter der Zivilbevölkerung hervorrief. Die Kräfte des Viet Kong wurden von der vietnamesischen Bevölkerung auch deshalb unterstützt, weil sie sozioökonomische Reformen in die Wege geleitet hatten, die ihnen die Loyalität der Bevölkerung sicherten. Die USA sah sich zusehends in einen Krieg verwickelt, in dem militärische und politische Ziele nicht zu erreichen waren. Auf der Seite der Südvietnamesen trug der Krieg dazu bei, dass sich das Volk und die Widerstandskämpfer in der Auseinandersetzung mit den amerikanischen Besatzern immer mehr einigten. Auf der Seite der USA diente der Krieg schließlich nur noch der Dezimierung des Gegners. Die USA konnte jedoch kein Interesse an einem Krieg haben, in dem der Gegner sich immer fanatischer zu den Idealen sozialer Revolution und/oder nationaler Befreiung bekannte, und der keinem außenpolitischen Zweck diente, weil er nicht im politischen Sinn ‚gewonnen' werden konnte[51].

Die USA lief außerdem Gefahr, durch die Schwächung des südvietnamesischen Volkes ein Machtvakuum zu schaffen, das Begehrlichkeiten auf der Seite anderer Großmächte wie China und der Sowjetunion weckte. Für den Fall, dass Südvietnam durch den Krieg als nationale Einheit geschwächt würde, blieb der USA nur die Alternative zwischen ständiger Präsenz als Schutzmacht und dem Bekenntnis zur Rolle der USA als Bollwerk gegen den Kommunismus, oder dem Abzug aus der Region bei gleichzeitiger Inkaufnahme eines Macht- und Einflussgewinns auf der Seite Chinas oder der Sowjetunion. Vielleicht noch entscheidender, die USA beging horrende Verbrechen an der Zivilbevölkerung Südvietnams, die einen hohen Prestigeverlust zur Folge hatte. Die USA beanspruchte für sich selbst, ein Hort der Freiheit zu sein und der restlichen Welt als ein Beispiel für eine vorbildliche Demokratie zu dienen. Der Kampf einer hochgerüsteten Supermacht gegen einen zurückgebliebenen Agrarstaat mündete jedoch offensichtlich in einen Krieg, in dem die südvietnamesische Bevölkerung gegen kommunistische Infiltrationsversuche ‚geschützt' wurde, während dasselbe Volk unter Missachtung seines freien Willens systematisch dezimiert wurde. Problematisch daran war einerseits, dass die USA ihren Ruf als Wohltäter der Menschheit aufs Spiel setzte, indem sie sich in einen Krieg verstrickte, der „politically aimless, militarily unpromising, and morally dubious"[52] war. Andererseits riskierte die USA immer mehr, in eine Auseinandersetzung mit China hineingezogen zu werden. Bereits die Korea-Krise in den 1950er Jahren hatte gezeigt, dass China nicht tatenlos zusehen würde, wenn sich fremde Großmächte in die Region einmischten. Angesichts des Status' Chinas als Atommacht, schien ein Nuklearkrieg nicht ausgeschlossen.

Aus Sicht der realistischen Theorie hätte das Postulat politischer Klugheit der US-Regierung geboten, zwischen dem Recht auf Selbstverteidigung, der ideologischen Verpflichtung auf Anti-Kommunismus und dem Recht Südvietnams auf Selbstbestimmung ab-

---

[51] Vgl. Hans J. Morgenthau, We are Deluding Ourselves in Vietnam, *New York Times Magazine* (18. April 1965).

[52] Vgl. Hans J. Morgenthau, U.S.-Misadventure in Vietnam, a.a.O., 34.

zuwägen. Die im machtpolitischen Sinn ‚beste' Lösung wäre gewesen, den Krieg gegen Vietnam früher zu beenden. Vor allem gemessen an den Folgen für die Machtposition der USA war die Entscheidung für den Vietnam-Krieg keine rationale Entscheidung, da sie dem Anspruch der USA, von anderen Staaten als stabilisierender Faktor wahrgenommen zu werden, zuwiderlief. Der offiziell verlautbarte Respekt vor dem Recht auf nationale Selbstbestimmung des vietnamesischen Volkes hätte die nationalen Interessen der USA am besten befördert. Nicht nur wären die Machtansprüche Chinas in der Region durch die Südvietnamesen selbst mit großer Wahrscheinlichkeit eingedämmt worden. Auch das Ansehen der USA wäre zum Teil wiederhergestellt worden, weil die Entscheidung für den Abzug aus Vietnam die amerikanische Verpflichtung auf das Prinzip des Anti-Kommunismus nicht in Zweifel gezogen hätte, und weil sie von der ‚Weltöffentlichkeit' sogar als weise empfunden worden wäre.

Das Völkerrecht nach ‚realistischer' Lesart
Das Völkerrecht ist ein wichtiges Mittel zur Beschränkung von Machtpolitik, wenn man nicht den Fehler macht, das Völkerrecht als eine Sammlung von formalen Vorschriften zu verstehen. Namentlich die im 19. und 20. Jahrhundert zur Blüte gekommene (liberale) Philosophie des Legalismus hat nicht nur zur Verstümmelung juristischen Wissens geführt, sie hat auch und gerade unter politischen Praktikern zu einer gefährlichen Verengung des Blicks beigetragen. Insbesondere die juristische Methode des formalen Positivismus hat dazu geführt, dass das Recht nur noch als ein in sich geschlossenes System positiver Regeln wahrgenommen wird. Die juristische Suche gilt immer mehr solchen Regeln, die in gesatzten Statuten und/oder gerichtlichen Entscheidungen zu finden sind. Derart irregeführt, glauben viele Entscheidungsträger, dass das gültige und damit herrschende Völkerrecht mit einem Blick in sogenannte Rechtsquellen und ohne eine Berücksichtigung des politischen Kontexts gefunden werden kann. Mit diesem Blick auf eine rein fiktive Erscheinung übersehen Verwaltungsjuristen und Entscheidungsträger, dass nicht alle schriftlich festgehaltenen Regeln des Völkerrechts geltendes Recht sind, und dass es geltende Regeln gibt, die nicht schriftlich festgehalten wurden. Dasjenige Völkerrecht, das eine Beschränkung konkurrierender Machtpolitiken darstellt, ist ein ‚funktionales Recht'[53] und steht im Dienst der ordnungspolitischen Sache kluger und verantwortlicher Großmächte. Dieses Völkerecht ist in gewissem Sinne ein ‚Machtrecht' und kann nur gefunden und verstanden werden, wenn man 1) die fundamentalen Prinzipien identifiziert, die zusammengenommen die ethische Substanz des Völkerrechtssystems konstituieren, und in deren Licht konkrete Ge- und Verbote zum Wohl des Staatensystems interpretiert werden müssen; 2) das politische Milieu berücksichtigt, in dem ökonomische Interessen, soziale Spannungen und Machtaspirationen einen formativen Kontext für konkrete Sachverhalte liefern, die nach einer Regulierung durch völkerrechtliche Ge- und Verbote rufen; und 3) das Gewohnheitsrecht betrachtet, das aus dem zwischenstaatlichen Verkehr der Großmächte entspringt und nicht aus Legislativtätigkeiten oder formalen Konstruktionen wie *opinio iuris*, ‚stillschweigender Konsens', oder ‚Anerkennung'.

---

[53] Vgl. Hans J. Morgenthau, Positivism, Functionalism, and International Law, *American Journal of International Law*, vol. 34 (1940), 260-284, 274.

2.3.3 Kontrollfragen

- Was ist politische Macht?
- Wann ist Machtpolitik klug bzw. unklug?
- Wie lässt sich kluge/unkluge Machtpolitik erkennen?
- Inwiefern sorgt das Gleichgewicht der Mächte für Frieden?
- Wie beschränkt das Völkerrecht nationale Machtpolitik?
- Warum gibt es keine Alternative zum prekären Gleichgewicht?

3 Die Logik der Bilder und das Problem der Analyseebene

Der klassische Realismus fragt danach, wie und warum es in der internationalen Politik, trotz gewisser Pathologien in der menschlichen Natur, zu Frieden kommt. Realisten haben zu zeigen versucht, daß Krieg aus unvernünftigen Entscheidungen resultiert, und daß Frieden als ein Gleichgewichtszustand zu verstehen ist, der auf kluge machtpolitische Handlungen zurückgeht. In einer während der 1950er Jahre einsetzenden Debatte haben amerikanische Wissenschaftler wie z.B. Kenneth N. Waltz darauf hingewiesen, daß die menschliche Natur nur einer und nicht einmal der entscheidende Grund für den Ausbruch von Kriegen ist. Aus der politischen Ideengeschichte, so das Argument, lassen sich noch zwei weitere Vorstellungen von Kriegsursachen ableiten. Neben der menschlichen Natur lassen sich auch die Beschaffenheit des Staates und/oder die des internationalen Systems als mögliche Kriegsursachen denken. Jeder dieser Vorstellungen, d.h. jedes Bild von möglichen Kriegsursachen, gehorcht dabei einer eigenen Logik: ‚die Logik der Bilder' von internationaler Politik[54]. Unter vielen Vertretern des *mainstreams* der Disziplin hat die Übersetzung dieser Logiken in theoriegeleitete und methodische Analysen das berühmt gewordene ‚Problem der Analyseebenen'[55] aufgeworfen.

Das mögliche Problem dieses Problems liegt darin, dass die Unterscheidung zwischen zwei Analyseebenen den Gegenstandsbereich der internationalen Beziehungen von vornherein als zwei abgeschlossene Räume konzipiert: den Raum der Außenpolitik und den Raum der internationalen Politik. Zudem weist die Dichotomie der beiden Analyseebenen zwei unterschiedliche Ursachen-komplexe als unabhängige Variablen aus: innerstaatliche und systemische Ursachen. Die Rigidität, mit der die Ebenen und ihre Ursachen von diversen Autoren unterschieden wurden, schien keine Möglichkeit vorzusehen, innerstaatliche und systemische Faktoren bei der Erklärung von Politikergebnissen miteinander zu verknüpfen – auch deswegen, weil die relevanten Untersuchungsergebnisse seitdem von vornherein als außenpolitische Entscheidungen oder als systemische Interaktionsprozesse konzipiert wurden. Ursprünglich war die Unterscheidung zwischen zwei Analyseebenen gedacht als eine Vereinfachung, die methodologisch und konzeptuell saubere Analysen erleichtern sollte. In der Zwischenzeit scheint allerdings selbst im *mainstream* der Disziplin jeder etwaige Kon-

---

[54] Vgl. Kenneth N. Waltz, *Man, the State, and War: A Theoretical Analysis* (New York: Columbia Univ. Press, 1959).
[55] Vgl. David Singer, The Level-of-Analysis Problem in International Relations, *World Politics*, vol. 14 (1961), 77-92.

sens über die Eignung der Unterscheidung brüchig geworden zu sein. Tatsächlich spricht viel dafür, dass Ursachen für relevante Ergebnisse der internationalen Beziehungen immer auf mehreren Ebenen liegen und sich als solche gegenseitig verstärken[56].

3.1 Die Logik der Bilder von internationaler Politik

3.1.1 Das erste Image

Wissenschaftler, die internationale Beziehungen aus dem Blickwinkel des ersten Bildes (*1st Image*) wahrnehmen, lokalisieren die primären Ursachen für relevante politische Geschehnisse im Wesen und/oder im Verhalten des Menschen. Eine charakteristische Erscheinung der internationalen Beziehungen wie z.B. ‚Krieg' ist aus dieser Sicht bedingt durch Egoismus, durch aggressive Impulse und/oder durch Dummheit. Da solche Eigenschaften nicht erworben, sondern angeboren und damit ‚wesentlich' für den Menschen sind, ist es völlig unbegründet, von einem leichten und schnellen Ausweg aus dem Dilemma des Krieges auszugehen. Allerdings gibt es zwei unterschiedliche Einschätzungen dahingehend, wie – auf der Basis dieser Diagnose – Wissenschaftler an die Theoriebildung schreiten und wie Entscheidungsträger das Problem lösen sollten: eine eher pessimistische und eine eher optimistische.

Pessimisten, die *children of darkness*, negieren die Möglichkeit, daß die asozialen Anlagen des (politischen) Menschen durch Erziehung und institutionelle Mechanismen geformt werden können. Sie insistieren darauf, daß die soziale Wirklichkeit oft nur schön und geordnet erscheint. Momentan funktionierende Mechanismen, die das Übel der Welt in Schranken halten, mögen für sich genommen wertvoll und sogar begrenzt zuverlässig sein. Dennoch ist zu erwarten, daß ein allgemeiner und permanenter Gleichklang zwischen den Kräften an dem sich immer wieder manifestierenden Defekt in der Natur des Menschen scheitert: die Leidenschaften des Menschen verführen immer wieder zu Egoismus und triebgesteuertem Handeln. Und wenn das nicht reicht, dann entsteht spätestens aus dem Wettbewerb zwischen Egoisten um knappe Güter Konflikt. Optimisten, die *children of light*, gehen davon aus, daß die Wirklichkeit geordnet werden kann. Existierende Schwierigkeiten sind nur oberflächlich und temporär. Eine starke Regierung ist in der Lage, die freie Entfaltung der konflikthaften menschlichen Neigungen durch entsprechende Maßnahmen zu kontrollieren. Die Triebhaftigkeit des Menschen kann durch Erziehung und entsprechende Einrichtungen gezähmt werden. Die Förderung der guten Eigenschaften im Menschen vermag sein Konfliktverhalten zu ändern und schlussendlich sogar den endgültigen Abschied von Krieg und Zerstörung zu ermöglichen.

---

[56] Vgl. Michael Brecher, International Studies in the Twentieth Century and Beyond: Flawed Dichotomies, Synthesis, Cumulation: ISA Presidential Adress, *International Studies Quarterly*, vol. 43 (1999), 213-264.

In beiden Sichtweisen des ersten Images wird davon ausgegangen, daß Krieg aus dem menschlichen Trieb resultiert. Nach Waltz greifen beide dieser Vorstellungen vom Menschen als primärer Kriegsursache zu kurz. Auf der einen Seite begehen *1st Image*-Theoretiker den ‚psychologistischen Irrtum': Ergebnisse wie z.B. Krieg werden nicht ‚verursacht' durch die Neigungen und Verhaltensweisen des Menschen. Krieg kann nicht einfach als Resultat aggregierter Verhaltensweisen verstanden und durch Verweis auf die psychischen Attribute einzelner Akteure erklärt werden. Auf der anderen Seite begehen 1st Image-Theoretiker auch oft den ‚soziologistischen Irrtum': Krieg resultiert nicht alleine aus dem ungezügelten Wettlauf egoistischer Akteure um knappe Güter. Wenn das so wäre, könnte die Umgebung der Akteure, d.h. v.a. ein System politischer Institutionen, diesen Wettlauf regulieren. Die Betonung von Neigung und Wettbewerb konzentriert sich laut Waltz nur auf sekundäre Faktoren. Das erste Image lässt die primär wichtigen Ursachen des Krieges völlig außer acht. Bei der Entstehung von Kriegen sind Faktoren im Spiel, die nur aus einer umfassenderen Perspektive sichtbar werden, die auch das zweite Image mit seiner Betonung der Rolle des Staates bzw. seiner internen Organisation nicht zu liefern vermag.

3.1.2 Das zweite Image

Wissenschaftler, die internationale Beziehungen aus dem Blickwinkel des zweiten Bildes (*2nd Image*) wahrnehmen, relativieren die Natur des Menschen als unabhängige Variable und betonen stattdessen die interne Organisation der Staaten. Nicht persönliche Neigungen, sondern die Art der Regulierung von Triebhandeln und Wettbewerb im Innern der Staaten sind ursächlich für Krieg. Der entscheidende Impuls kommt in diesem Bild von der Konstitution der Staaten. Für Anhänger einer eher pessimistischen Sichtweise hat der Staat die Aufgabe, Stabilität zwischen konkurrierenden Gruppen zu wahren. Zu diesem Zweck, um im Innern des Staates Einheit herzustellen, führen Machthaber Krieg gegen andere Staaten. Anhänger einer eher optimistischen Sichtweise führen Krieg auf die fehlende Kontrolle von Regierungen zurück und betonen die Wichtigkeit der Teilhabe vernünftiger Schichten an der Außenpolitik.

2nd Image-Pessimisten sind nicht einhellig der Meinung, dass Krieg immer auf den Versuch eines Herrschers zurückzuführen ist, im Innern Einheit herzustellen. Abweichende Meinungen bedienen sich gern der Argumentationsfiguren von Hobbes und betonen die Unfähigkeit von menschlichen Individuen, sich in einer Art Gesellschaft zusammenzuschließen und so Stabilität und Ordnung zu garantieren. Individuen brauchen einen starken Staat, der sie daran hindert, sich gegenseitig zu zerfleischen. Ein starker Staat mit absolutem Herrscher würde z.B. stärkere Akteure davon abhalten, schwächere zu vernichten, indem er seine Kraft letzteren zur Verfügung stellt, um das existierende Ungleichgewicht auszugleichen. Ein starker Staat, der so in der Lage ist, trotz der widerstreitenden Interessen seiner Bürger Stabilität nach innen zu wahren, ist auch in der Lage, die Funktionen zu übernehmen, die notwendig sind, um für Stabilität zwischen Staaten zu sorgen. Starke Staaten sind aufgrund ihrer Erfahrungen mit der Konstellation in ihrem Inneren in der Lage, flexibel auf Ungleichgewichte zwischen sich und anderen Staaten zu reagieren. Schwache Staaten bergen dagegen die Gefahr, daß sich die Instabilität in ihrem Innern ständig in die Welt der zwischenstaatlichen Beziehungen übersetzt. Krieg ist nach dieser abweichenden Meinung ein Resultat innerstaatlicher Instabilität.

Optimisten betonen die zivilisatorische Wirkung wirtschaftlicher Tätigkeit zwischen den von willkürlichen Gängelungen befreiten Besitzbürgern im Inneren des Staates. Der profitorientierte Austausch von Waren ermöglicht den Bürgern die Vermehrung ihres Eigentums und vergrößert gegenseitige Abhängigkeiten. Aufgrund ihrer gegenseitigen Abhängigkeit legen Unternehmer und Handeltreibende zu ihrem eigenen Vorteil immer mehr tugendhafte Verhaltensweisen an den Tag und entwickeln eine bürgerliche Moral – und sei es auch nur aus dem Grund, daß sie dadurch bessere Geschäfte machen. Unternehmer und vermögende Bürger handeln auf der Basis einer grundlegenden (bürgerlichen) Interessenharmonie: sie lehnen den Einsatz von Gewalt ab, weil jeder Krieg einen Verlust von Hab und Gut, möglicherweise sogar des eigenen Lebens mit sich bringt. Damit sich der liberale bürgerliche Impuls mäßigend in der Außenpolitik niederschlägt, bedarf es einer Rückbindung der Herrschaft an die bürgerlichen Interessen. Die Bürger entreißen Herrschern und dem Adel die absolute Regierungsgewalt und errichten eine bürgerliche Volksherrschaft. Die Einrichtung von sich gegenseitig kontrollierenden politischen Institutionen (Legislative, Exekutive, Judikative) sorgt dafür, daß Staatsaufgaben durch eine gewaltengeteilte Regierung und damit im Sinne der bürgerlichen Vernunft wahrgenommen werden. In ihrem Außenverhalten sind solche ‚demokratischen' Staaten friedfertig; einerseits, weil sie von anderen demokratischen Staaten nicht als Aggressoren wahrgenommen werden wollen; andererseits, weil die Regierung solcher Staaten unter dem Postulat handelt, das bürgerliche Staatsvolk nicht unter den Folgen des Krieges leiden zu lassen. Allerdings unterscheiden sich nicht-interventionistische von interventionistischen bürgerlichen Staaten in ihrem Außenverhalten: erstere lehnen den Einsatz von kriegerischer Gewalt kategorisch ab und heißen Gewalt nur zum Zweck der Selbstverteidigung gut; letztere verstehen kriegerische Gewalt als legitimes Mittel, um nicht-demokratische Staaten zu demokratisieren. Im Namen der Demokratisierung führen interventionistische liberale Staaten immer wieder Kriege gegen autokratische Staaten, deren Machthaber sie als illegitim einschätzen. Der Krieg dient dem Zweck, den Völkern in solchen Staaten die Freiheit zu bringen. Auf lange Sicht, so die Erwartung, hilft die Demokratisierung von immer mehr nicht-demokratischen Staaten dabei, die Zone des ‚demokratischen Friedens' auszuweiten.

Nach Waltz ist das Problem von *2nd Image*-Theorien dasselbe wie bei *1st Image*-Theorien: die Aussage, dass Staaten für den Lauf der Dinge in den internationalen Beziehungen verantwortlich sind, ist nicht falsch, aber sie ist unvollständig. Staatliches Handeln ist zu einem gewissen Teil abhängig von der Beschaffenheit des Staates. Das ist aber für die Erklärung staatlichen Handelns bzw. zwischenstaatlicher Interaktionen nicht genug. Auch die Umwelt, in der sich Staaten befinden, beeinflusst die Verhaltensweisen der Staaten. Vom Inneren der Staaten auf Vorkommnisse der inter-nationalen Beziehungen in toto zu schließen, ist unzureichend, wenn man nicht den Einfluß der Umwelt bzw. des internationalen Systems auf Staaten untersucht hat.

3.1.3 Das dritte Image

Wissenschaftler, die internationale Beziehungen aus dem Blickwinkel des dritten Bildes (*3rd Image*) beobachten, betonen den Umstand, daß es im Bereich der zwischenstaatlichen Beziehungen keine zentrale Regierung mit Sanktionsgewalt gibt. Die anarchische Umwelt der Staaten übt einen nicht zu unterschätzenden Einfluß auf das Denken und Handeln der Staaten aus. Zum einen führt die unsichere Lage dazu, daß Staaten von innen heraus eine Einheit bilden. Furcht vor den Unwägbarkeiten des zwischenstaatlichen Verkehrs bringt die Staatsangehörigen dazu, nach außen mit einer Stimme zu sprechen. Zum anderen bedeutet Anarchie, daß dieser kollektive Wille selbst nicht unter einer höheren Autorität steht. Gerade weil jeder Staat am Ende Richter in eigener Sache ist, besteht immer die Gefahr, daß ein Staat Gewalt anwendet, um seine Ziele zu erreichen. Und weil potentiell jeder Staat zu jedem beliebigen Zeitpunkt Gewalt anwenden kann, müssen alle Staaten ständig darauf vorbereitet sein, den Einsatz von Gewalt durch Anwendung von Gegengewalt abzuwehren; andernfalls riskieren sie ihr Überleben. Diese Dilemmasituation, die durch den für alle gleichermaßen virulenten Zustand der Anarchie bedingt ist, lässt Staaten keine Wahl. Sowohl demokratische als auch nicht-demokratische Staaten stehen unter einem für sie gleichermaßen schicksalhaften Einfluß des Sicherheitsdilemmas. Die interne Verfasstheit der Staaten erweist sich so lange als irrelevant, bis alle Staaten einen Gemeinwillen verfolgen, sich in ihrem Außenverhalten selbst auferlegten Beschränkungen unterordnen, und diese durch Zwangsmaßnahmen einer höheren Instanz sanktionieren lassen. Ob eine solche Konstellation existiert bzw. im Entstehen begriffen ist, hängt ab von der Einschätzung auf Seiten wissenschaftlicher Beobachter. Auch diesbezüglich lassen sich zwei Einschätzungen unterscheiden.

Pessimisten betonen den für sie unbestreitbaren Sachverhalt, daß Staaten niemals mit einer Stimme sprechen und gemeinsam Frieden herstellen, da sie keinen Grund haben, sich gemeinsam gegen eine äußere Gefahr zu verteidigen. In einem anarchischen Zustand sind sich Staaten, ganz gleich ob demokratisch oder autokratisch verfasst, selbst die größten Feinde. Der Umstand, daß jeder Staat einen souveränen Willen besitzt und angesichts der systembedingten Unsicherheit immer zuerst sein eigenes Überleben im Auge hat, bringt es mit sich, daß das internationale Milieu fragmentiert. Konflikte und Zusammenstöße zwischen Staaten sind vorprogrammiert. Ein einzelner Staat ist in der Lage, durch die Umsetzung seines partikularen Willens eine gewalttätige Reaktion auf der Seite anderer Staaten hervorzurufen. Anders ausgedrückt: die Anarchie des zwischenstaatlichen Verkehrs verhindert das Heraufziehen einer grundlegenden Interessenharmonie zwischen Staaten. Dabei sind zwar die konkreten Aktionen einzelner Staaten immer die entscheidenden Anlässe für Konflikte und Krieg, aber ohne die anarchische Struktur würden Staaten überhaupt nicht in die Situation kommen, solche Anlässe zu liefern. Optimisten betonen dagegen die Möglichkeit, daß die großen Mächte Einigung darüber herstellen, eine Föderation zu bilden und damit eine neue überstaatliche Autorität einzurichten. In dieser Föderation, in der sowohl demokratische als auch nicht-demokratische Staaten teilnehmen können, sorgt eine Institution mit Legislativfunktion für verbindliche Regeln; eine Institution mit Sanktionsgewalt übernimmt die Aufgabe, Regelverletzungen zu ahnden; und als eine stabile Gemeinschaft hält die Föderation jeden Staat davon ab, nach eigenem Belieben aus der Föderation auszutreten, wenn er seine Interessen dem Kollektivwillen unterzuordnen hat.

3.2 Das Problem der Analyseebenen

Angestoßen durch die Differenzierung zwischen verschiedenen Bildern und motiviert durch die wachsende Unzufriedenheit mit der in den 1950er Jahren vorherrschenden Fokussierung auf den einheitlichen Staat und seine Außenpolitik haben Wissenschaftler der IB in den 1960er Jahren begonnen, einerseits das Milieu der Staaten, das sogenannte internationale System, zu ihrem Analyseobjekt zu machen, und andererseits die Konzeption des Staates als *black box* zu hinterfragen. Für die Befürworter einer systemaren Analyse ist internationale Politik mehr als die Summe nationaler Außenpolitiken. Zusätzlich zum Modell der ‚Außenpolitik' braucht man ein analytisches Modell zur Erforschung der ‚internationalen Politik', um Faktoren und Ursachen zu erkennen, die mit einem Fokus auf die ‚Analyseebene' des staatlichen Akteurs nicht in den Blick kommen. Die Befürworter einer anspruchsvolleren Analyse außenpolitischer Entscheidungen auf der Ebene des staatlichen Akteurs haben dagegen versucht, die objektivistische Herangehensweise an Verhaltensweisen und die diesen zugrunde liegenden Ursachen zu überwinden. Mit dieser Differenzierung zwischen der ‚systemaren' und der ‚subsystemaren' Analyseebene sowie objektivistischen und phänomenologischen Untersuchungen auf letzterer Analyseebene sind besondere Akzentsetzungen in der Beschreibung von Phänomenen, ihrer Erklärung sowie ihrer Prognose einhergegangen[57].

3.2.1 Die systemare Ebene der Analyse

Die Vorstellung vom Gegenstandsbereich der internationalen Beziehungen als ein komplexes Beziehungssystem hat es erlaubt, den Blick auf Tendenzen und typische Interaktionsmuster zwischen allen relevanten Staaten zu richten. Die Analyse auf der systemaren Ebene bietet dabei den Vorteil großer Reichhaltigkeit. Das deskriptive Erkenntnisinteresse gilt den charakteristischen Handlungs- und Interaktionsmustern zwischen Staaten, z.B. ‚Krieg', ‚Kooperation', ‚Organisation' usw. Der Nachteil dieser Fokussierung besteht in einem relativen Mangel an Detail, insofern eben nicht die Entscheidungen einzelner Staaten in den Blick genommen werden. Das kausale Erkenntnisinteresse gilt den Gründen für das Zustandekommen typischer Handlungsmuster. Diese Gründe bleiben notwendigerweise relativ abstrakt, da dem System als einem imaginären Raum der entscheidende Einfluß auf das Handeln der Staaten eingeräumt wird. Systemtheoretische Erklärungen tendieren dazu, die Wirkung des Systems auf die Akteure zu überschätzen und den Einfluß der Akteure auf das System zu unterschätzen. Akteure der internationalen Politik erscheinen nicht nur als gleichförmige, sondern auch als quasi-determinierte Elemente eines eigenwilligen Systems. Ihr Handlungsspielraum ist extrem eingeschränkt. Sie erweisen sich als eindimensionale Akteure, die ihr

---

[57] Wie bereits oben erwähnt, erstreckte sich die Diskussion über die Analyseebenenproblematik nicht nur auf Argumente pro und contra die Ebene des internationalen Systems und die Ebene des außenpolitischen Akteurs erstreckte. Mit zunehmender Unzufriedenheit über die Konzeption des Staates als *black box* wurde außerdem die Rolle von Einzelpersonen sowie die Rolle von Gruppen bzw. (bürokratischen) Institutionen in der Außenpolitik thematisiert. Die Diskussion über die Analyseebenen der IB erstreckte sich streng genommen auf Ursache-Wirkung Beziehungen zwischen Strukturen, Verhaltensweisen und Beziehungen auf vier Akteursebenen. Vgl. Ulrich Menzel, *Zwischen Idealismus und Realismus*, a.a.O., 93.

Verhalten nach vorgegebenen Zwängen ausrichten, ohne dabei von eigenen Motiven geleitet zu sein. Unterschiede zwischen den Akteuren in kultureller, ideologischer, oder konstitutioneller Hinsicht spielen demnach so gut wie keine Rolle für die Erklärung. Vermeintliche Regelmäßigkeiten in den Handlungsmustern zwischen Staaten dienen zur Voraussage, daß sich diese oder ähnliche Regelmäßigkeiten auch in Zukunft beobachten lassen werden.

3.2.2 Die subsystemare Ebene der Analyse

Der Blick auf die internationale Politik als Summe nationaler Außenpolitiken erlaubt es, Entscheidungen von Staaten zu untersuchen. Die Analyse auf der subsystemaren Ebene bietet den Vorteil großer Detailgenauigkeit. Der Nachteil dieser Herangehensweise besteht im relativen Mangel an Reichhaltigkeit. Das deskriptive Erkenntnisinteresse gilt nicht typischen Interaktionen und Handlungsmustern zwischen mehreren Staaten, sondern typischen und besonderen Entscheidungshandlungen einzelner Staaten. Das kausale Erkenntnisinteresse gilt den Gründen für das Zustandekommen charakteristischer Entscheidungen. Wissenschaftler, die sich darum bemühen, die Ursachen außenpolitischer Handlungen objektivistisch zu bestimmen, stehen jedoch oft vor dem Problem, all diejenigen Aspekte ausklammern zu müssen, die nur bei einer phänomenologischen Herangehensweise berücksichtigt werden können.

Objektivistische Analysen basieren auf der Prämisse, dass die Ursachen für außenpolitische Handlungen in gegebenen und für alle Akteure gleichermaßen vorliegenden Faktoren liegen, z.B. in nationalen oder gesellschaftlichen Interessen. Die wissenschaftliche Erklärung besteht darin, komplexe empirische Sachverhalte zunächst mit Hilfe abstrakter analytischer Konzepte (Staat, Interesse, Macht usw.) zu vereinfachen und diese Konzepte dann im Sinne von Abhängigkeitsbeziehungen darzustellen. Mit der realistischen Theorie kann man in diesem Sinn davon sprechen, daß Staaten in ihrem Außenverhalten von einem im Sinne von Macht definierten Interesse getrieben werden und in der großen Regel bestrebt sind, Machtvorsprünge ausgleichen. Die relevanten Entscheidungsträger werden dabei vereinfachend als ‚Staat' konzipiert, die vielfältigen Orientierungen und Motive werden vereinfachend als ‚nationales Interesse' konzipiert; der Inhalt dieser Motive wird vereinfachend als ‚Machtstreben' konzipiert; und das Ergebnis solcher Handlungen wird vereinfachend als ‚Gleichgewicht' konzipiert. Die Erklärung liegt hier in dem analytischen Satz, daß Staaten ein Gleichgewicht herstellen, weil ihr nationales Interesse sie nach Macht streben lässt. Die analytischen Konzepte des Satzes, nämlich ‚Staat', ‚Gleichgewicht', ‚Interesse', ‚Macht', sind rein formal und beziehen sich als solche – gemessen am zugrunde liegenden wissenschaftstheoretischen Anspruch – auf objektive Sachverhalte.

Phänomenologische Analysen führen Ursachen zurück auf das Phänomenale, d.h. auf das, was konkrete Menschen mit ihren Sinnesorganen wahrnehmen. Nicht objektive Faktoren sondern diejenigen Kräfte, die von kompetenten Menschen auch wahrgenommen und in einem ganz spezifischen Sinn verstanden werden, wirken ursächlich auf das politische Verhalten. Aus dieser wissenschaftstheoretischen Perspektive kommt keine wissenschaftliche Erklärung umhin, die Rolle von Erkenntnis und Wahrnehmung auf der Seite relevanter politischer Akteure zu problematisieren. Berücksichtigt wird also, daß Akteure die Welt, in der sie sich befinden, auf eine ganz bestimmte Art und Weise wahrnehmen, und daß sie aufgrund der sich aus dieser Wahrnehmung ergebenden Möglichkeiten und Erfordernisse handeln. Für Wissenschaftler, die eine phänomenologische Herangehensweise präferieren, steht es außer Zweifel, daß bei der Suche nach Ursachen nicht so sehr entscheidend ist, was Wissenschaftler sehen, sondern wie die untersuchten Akteure die Welt in ihrem jeweiligen Handlungskontext verstehen[58]. Dabei ist oft strittig, ob die immateriellen Kräfte der internationalen Politik überhaupt empirisch fassbar sind. Wie nämlich soll man als Analyst herausfinden, was die relevanten Akteure der internationalen Politik tatsächlich wahrgenommen und verstanden haben? Noch grundsätzlicher könnte man sogar noch den Akteur selbst hinterfragen. Denn es ist keineswegs geklärt, ob die Akteure der internationalen Politik tatsächlich mit Hilfe so abstrakter analytischer Konzepte wie der Kategorie des ‚Staates' bzw. der ‚Nation' bestimmt werden sollten. Oft scheint es nicht nur plausibler sondern auch lohnender für heuristische Zwecke, die entscheidenden Akteure als Individuen bzw. als Gruppen/Institutionen zu konzipieren, die sich von Wahrnehmungen leiten lassen und im Sinne von Routinen verhalten, die auf einer viel konkreteren Handlungs-/Interaktionsebene angesiedelt sind, als derjenigen des Staates. Aus phänomenologischer Sicht besteht die Erklärung dann nicht nur aus einem analytischen Satz mit rein formalen Kategorien, vielmehr werden die Sichtweisen und evtl. sogar die Konzepte der Akteure als ursächlich für Handlungen, Interaktionsverläufe und Resultate dieser Handlungen/Interaktionen ausgewiesen.

3.2.3 Zusammenfassung

Die systemare Analyseebene erlaubt eine umfassendere und vollständigere Beschreibung internationaler Politik mit Hilfe ‚sparsamer' Annahmen und ‚eleganter' Aussagen über den Gegenstandsbereich des internationalen Systems. Die qua Annahmen am weitesten verbreiteten Interaktionsmuster zwischen Staaten (Konflikt, Kooperation), können wahrgenommen und erklärt werden, ohne dass Wissenschaftler auf eine Vielzahl von Konzepten zurückgreifen müssen. Das heißt natürlich auch, dass andere Interaktionen, wie z.B. die Reproduktion von Abhängigkeit und Unterentwicklung, die dem relevanten Muster qua Annahme nicht entsprechen, ipso facto als irrelevant eingestuft und ignoriert werden. Der Mangel an Reichhaltigkeit systemarer Analysen wird auf der subsystemaren Ebene ausgeglichen durch eine vergleichsweise größere Tiefe und detailliertere Darstellung relevanter Aspekte des Gegenstandsbereichs. Die Erklärung der Geschehnisse auf systemarer Ebene kann unergiebig bleiben, insofern zwischen typischen Interaktionen und Ergebnissen nur Korrelationen und keine Kausalitäten aufgezeigt werden. Demgegenüber bietet die Analyse auf subsystemarer Ebene den Vorteil, daß für außenpolitisches Entscheidungshandeln ursächliche Faktoren (in objektivistischer oder phänomenologischer Manier) herausgearbeitet werden können. Die Analyse auf der subsystemaren Analyse beschränkt sich allerdings auf das Entscheidungshandeln eines Staates oder weniger Staaten. Außenpolitische Untersuchungen erlauben keine Aussagen über das System als Ganzes.

---

[58] Ein Vergleich zwischen den Theorien von Hans J. Morgenthau und Stanley Hoffmann könnte dahingehend interpretiert werden, dass erstere eher das Resultat einer objektivistischen Herangehensweise und letztere eher das Resultat einer phänomenologischen Herangehensweise ist. Klar ist dabei natürlich, daß jeder Vergleich vereinfacht!

4 Neorealismus

Die Theorie des Neorealismus wurde in den 1970er Jahren von Kenneth N. Waltz entwickelt, um Fragen zu beantworten, die im Zuge der Diskussion über die Logik der Bilder und das Analyseebenenproblem auftauchten. Als eine *3rd Image* bzw. ‚systemische' Theorie sollte die neorealistische Theorie dazu beitragen, den Einfluß der Umwelt auf die Akteure der internationalen Politik konzeptuell und analytisch präziser zu fassen als der klassische Realismus, und andererseits die Schwächen bereits entwickelter systemischer Theorien bei der Erklärung von relevanten Ergebnissen des politischen Prozesses zu überwinden. Nach Waltz' Meinung waren verfügbare systemische Theorien nicht erfolgreich bei ihrer Lokalisierung der ursächlichen bzw. unabhängigen Variable, weil keine Theorie den entscheidenden Impuls für das Verhalten von Staaten mit einem Begriff kennzeichnen konnte, der sich nicht selbst wieder auf eine Eigenschaft des Staates bezog. Neorealisten sehen den Wert ihrer Theorie v.a. darin, dass sie einen Begriff anbietet, nämlich den Begriff der ‚Struktur', mit dem sich der entscheidende Grund für das Verhalten von Staaten als systemischer Einfluß ausweisen läßt. Mit Hilfe des ‚strukturellen Neorealismus' von Waltz wurde es möglich, Gesetzmäßigkeiten in der internationalen Politik zu beschreiben und mit Hinweis auf systemimmanente Kräfte auch anspruchsvoll, d.h. wissenschaftlich zu erklären.

Die neorealistische Theorie ist zur einflussreichsten theoretischen Perspektive der IB geworden. Zahlreiche Wissenschaftler haben versucht, sich über eine konstruktive Auseinandersetzung mit der Waltz'schen Theorie einen Namen zu machen[59]. Freilich hat die neorealistische Theorie auch drastische Kritik auf sich gezogen. So wurde bemerkt, dass Handlungen und Interaktionen im zwischenstaatlichen Milieu auf ihren Sinn verstanden werden müssen, weshalb die Festlegung auf einen rein materiellen Strukturbegriff als unabhängige Variable absolut irreführend sei[60]. Andere haben eingeworfen, dass Waltz' Neorealismus normative Sichtweisen völlig ausblendet, und/oder dass er materielle *capabilities* einfach mit politischer Macht gleichsetzt[61]. Wieder andere haben Waltz' Anspruch kritisiert, eine zeitlose

---

[59] Vgl. die Modifikation des ‚balance-of-power' Theorems durch die Figur des ‚balance-of-threat' von Stephen Walt, *The Origins of Alliances* (Ithaca: Cornell University Press, 1987); vgl. das Argument contra ‚balancing' und pro ‚bandwagoning' von Randall Schweller, Bandwagoning for Profit: Bringing the Revisionist State Back In, *International Security*, vol. 19 (1994); vgl. die Übertragung des Neorealismus in die Welt der internationalen politischen Ökonomie durch Robert Gilpin, *War and Change in World Politics* (Cambridge: Cambridge University Press, 1981); vgl. die Historisierung der Theorie durch Barry Buzan, Charles Jones & Richard Little, *The Logic of Anarchy. Neorealism to Structural Realism* (New York: Columbia University Press, 1993); und vgl. die Soziologisierung der Theorie durch Alexander Wendt, *Social Theory*, a.a.O.

[60] Vgl. Richard Ashley, The Poverty of Neorealism, *International Organization*, vol. 38 (1984), 225-286.

[61] Vgl. Friedrich Kratochwil, *Rules, Norms, and Decisions: On the Conditions of Practical and Legal Reasoning in International Relations and Domestic Affairs* (Cambridge: Cambridge University Press, 1989), 47.

Theorie formuliert zu haben. Tatsächlich seien die Ähnlichkeiten zwischen dem griechischen Stadtstaatensystem und dem modernen System der internationalen Beziehungen so oberflächlich, dass theoretische Aussagen, die sich auf beide Systeme beziehen, höchst banal anmuten[62]. In empirischer Hinsicht wurde kritisiert, dass es überhaupt keine eindeutigen Belege für die Waltz'sche Behauptung gibt, Staaten würden sich in *balancing*-Verhalten flüchten[63]. Schließlich wurde Waltz' Anspruch, eine formale Systemtheorie mit universaler Erklärungskraft aufzustellen, als höchst konservativ, modernistisch und regelrecht absurd bezeichnet[64].

4.1 Prämissen

4.1.1 Das internationale System ist eine ‚anarchische' Staatenwelt

Anarchie meint ein grundlegendes Ordnungsprinzip des internationalen Systems: es gibt keine zentrale Sanktionsinstanz. Jeder Akteur (=Staat) muß sich zuerst selbst helfen (Selbsthilfesystem). Jeder Staat übernimmt damit die gleiche Rolle im System (funktionale Gleichheit der Akteure). Die große Bedeutung, die Staaten ihrer Souveränität beimessen, schließt zudem aus, dass sich eine überstaatliche Instanz (=Hierarchie) herausbildet, die durch effektiven Zwang wirksam für Ordnung sorgt.

4.1.2 Akteure haben existenzielle Furcht

In einer anarchischen Welt kann sich kein Staat sicher sein, dass andere Staaten ihre militärischen Kapazitäten nicht zum Einsatz bringen (Sicherheitsdilemma). Das heißt nicht, dass alle Staaten zu jedem Zeitpunkt kriegerische Absichten haben. Es bedeutet, dass absolute Sicherheit unmöglich ist, da andere Staaten unter Umständen kriegerische Absichten haben. Staaten

---

[62] Vgl. Fred Halliday, *Rethinking International Relations. Realism and the Neoliberal Challenge* (London: Palgrave McMillan, 1994), 34.

[63] Vgl. John A. Vasquez, The Realist Paradigm and Degenerative versus Progressive Research Programs: An Appraisal of Neotraditional Research on Waltz's Balancing Position, *American Political Science Review*, vol. 91 (1997), 910.

[64] Vgl. Jim George, *Discourses of Global Politics: A Critical (Re-)Introduction to International Relations* (Boulder: Lynne Rienner, 1994), 119-120. Vgl. Hedley Bull, International Relations, *Times Literary Supplement* (January 4, 1980), 20: "Waltz's own, truly 'systemic' explanation proves to be an elaborate defence of world politics by the superpowers. [...W]hat this argument provides is a *reductio ad absurdum* of its own starting point. If this first, rigorously 'systemic' account of international politics leads to conclusions so much at loggerheads with common sense as that the superpowers are still dominating world politics and that this is in the best interest of all of us, this suggests that an explanation in terms simply of the abstract logic of the system of states is by itself quite inadequate."

leben in ständiger Furcht vor einem Angriff und legen größten Wert auf ihre Fähigkeit(en) zur Verteidigung.

4.1.3 Akteure besitzen unterschiedlich große Fähigkeiten, sich zu verteidigen

Die Fähigkeit eines Staates, sein Überleben zu sichern, bemisst sich im Nuklearzeitalter vorrangig an seiner Verfügung über Nuklearwaffen (daneben spielen auch biologische, chemische und konventionelle Waffen, Technologie sowie der Stand industrieller Entwicklung eine Rolle). Diese Fähigkeiten sind unterschiedlich verteilt. Daraus folgt, daß politische Maßnahmen aller Staaten wie von einer ‚unsichtbaren Hand' gelenkt primär darauf gerichtet sind, ihre Fähigkeiten zu erhöhen. Staaten unterliegen (strukturellen) Zwängen, sich primär auf eine Maximierung ihrer Fähigkeiten zu konzentrieren.

4.1.4 Akteure sichern ihr Überleben durch strategische Sicherheitspolitik

In einem anarchischen internationalen System wollen Staaten überleben und ihre Unabhängigkeit (Souveränität) behalten. Staaten kalkulieren erfolgversprechende Maßnahmen strikt nach instrumentellen Gesichtspunkten: ausschlaggebend ist die Nützlichkeit einer Strategie, gemessen an der Chance zu überleben. Staaten können Fehleinschätzungen unterliegen, weil und insofern sie in einer Welt leben, in der Informationen unvoll-ständig oder fehlerhaft sind. Alle potentiellen Gegner geben sich Mühe, ihre Stärke bzw. Schwäche zu verheimlichen und ihre Absichten zu verschleiern. Deshalb gilt umso mehr, bei der Wahl der richtigen Verteidigungsstrategie größte Sorgfalt walten zu lassen.

4.1.5 Im internationalen System kommt es zu einer Veränderung der Konstellationen

Das internationale System unterliegt Veränderungen, insofern sich seine Konstellationen verschieben. Aus bipolaren können multipolare Systeme werden und umgekehrt. Aus bi- und multipolaren können sich auch unipolare Systeme entwickeln. Unipolare Systeme sind jedoch immer Übergangserscheinungen und nie von langer Dauer. Staaten unterliegen dem Zwang, Ungleichgewichte auszugleichen, um die Entstehung von Hierarchien zu vermeiden. Unipolare Systeme bedeuten signifikante Ungleichgewichte und sind Vorstufen von Hierarchie. Das internationale System kennt somit Veränderungen innerhalb des anarchischen Systems, aber keine Veränderung bzw. Transformation des anarchischen Systems hin zu einem hierarchischen System.

4.2 Analytik und Aussagenlogik

4.2.1 Analytik

Internationales System
Staat
Materielle Struktur
 - Anarchie
 - Funktionale Gleichheit
 - Verteilung von Fähigkeiten
Wirkung der Struktur
 - Sozialisation
 - Wettbewerb
Sicherheitsdilemma
Selbsthilfe
Überlebenskampf

Nullsummenspiel
Relative Gewinne
Defensive Sicherheitspolitik
Balancing-Verhalten
 - Aufrüstung (Internal Balancing)
 - Allianzen (External Balancing)
Systemkonstellationen:
 - Bipolarität
 - Multipolarität
 (- Unipolarität)
Stabilität/Instabilität
Veränderung innerhalb des Systems

4.2.2 Aussagenlogik

Die neorealistische Theorie von Kenneth N. Waltz interessiert sich weder für eine wie auch immer geartete menschliche Natur, noch für die institutionelle Umgebung politischer Entscheidungsfindung. Der Einfluß von Faktoren auf der ersten und zweiten Analyseebene ist zwar nicht zu leugnen, dennoch müssen solche Faktoren, um einer ‚eleganten' systemischen Erklärung willen, ausgeblendet werden. Relevant für die Erklärung von typischen und immer wiederkehrenden Handlungsmustern ist primär das internationale System. Es besitzt eine Struktur, die das Verhalten aller Einheiten im System (=Staaten) bestimmt. Die Struktur darf nicht so verstanden werden, dass sie selbst bestimmte Ergebnisse produziert. Vielmehr honoriert sie ‚richtige' und bestraft ‚falsche' Verhaltensweisen[65]. Damit lenkt sie den Prozess der internationalen Politik in eine bestimmte Richtung. Der Begriff Struktur meint: das System ist anarchisch; die handelnden Einheiten sind gleich hinsichtlich ihrer Funktion für das System, nämlich ihr Überleben zu sichern (funktionale Gleichheit) und damit auch das System zu erhalten; die Verteilung von materiellen und quantifizierbaren Fähigkeiten bzw. *capabilities* (Nuklearwaffen, konventionelle Waffen, Technologie, wirtschaftliche Entwicklung) zu diesem Zweck ist unterschiedlich, insofern einige Staaten mehr Fähigkeiten besitzen, andere Staaten weniger. Die Struktur des internationalen Systems wirkt vermittels Sozialisation der Akteure und durch Wettbewerb. Unter Sozialisation ist die Anpassung staatlicher Verhaltensweisen an die Verhaltensweisen der besonders überlebensfähigen Staaten zu verstehen. In einem System, in dem alle ihr Überleben sichern müssen, wird automatisch der Staat bzw. werden automatisch diejenigen Staaten nachgeahmt, die den Überlebenskampf durch eine Maximierung von *capabilities* erfolgreich gestaltet haben. Staaten, die sich nicht an den

---

[65] Vgl. Kenneth N. Waltz, *Theory of International Politics* (Reading: Addison Wesley, 1979), 92.

4.2 Analytik und Aussagenlogik

Verhaltensweisen der erfolgreichen Staaten orientieren und falsche Strategien verfolgen, etwa indem sie sich auf Systeme kollektiver Sicherheit, vertraglich begründete Kooperationsformen, oder integrative Prozesse verlassen, setzen ihre Verteidigungsfähigkeit aufs Spiel und gehen irgendwann zugrunde. Unter Wettbewerb ist der Druck auf Staaten zu verstehen, sich gegen Konkurrenten um besagte Fähigkeiten zu behaupten. Die von Staaten zum Zweck der Selbsthilfe durchgeführten Maßnahmen laufen immer auf eine Steigerung der eigenen Fähigkeiten hinaus. Die Verhaltensweisen werden in dieser Hinsicht gleichförmig.

Im internationalen System existiert ein Sicherheitsdilemma: jede politische Handlung eines Staates steigert die Unsicherheit anderer Staaten betreffend die eigenen Chancen, zu überleben. Zugewinne an Fähigkeiten auf der Seite eines Staates nähren gleichzeitig das Gefühl größerer Verwundbarkeit auf der Seite eines anderen Staates. Gewinne an Fähigkeiten werden immer relativ beurteilt. Es handelt sich um ein Nullsummenspiel: der Gewinn von Fähigkeiten auf der Seite eines Staates geht einher mit dem Verlust von Fähigkeiten auf der Seite eines anderen Staates (relative Gewinne)[66]. Aufgrund dieser permanenten Unsicherheit, und aufgrund der Tatsache, dass die Politik aller Staaten darauf gerichtet ist, die Fähigkeiten zur Sicherung des eigenen Überlebens zu steigern, versuchen Staaten immer und vor allen anderen Dingen, ihre Position gegenüber anderen Staaten zu verbessern und relativ mehr Fähigkeiten zu gewinnen bzw. den Zugewinn an Fähigkeiten anderer Staaten auszugleichen. Dies mündet in das Interaktionsmuster des sogenannten *balancing*: Staaten steigern ihre Fähigkeiten durch einseitige Aufrüstung (*internal balancing*) oder durch die Bildung von temporären Verteidigungsbündnissen, d.h. Allianzen (*external balancing*). Die unausweichliche Konsequenz dessen ist, daß andere Staaten ebenfalls aufrüsten und/oder sich in Allianzen zusammenschließen. Internationale Politik ist ein Kampf um die beste(n) Position(en), gemessen einzig und allein daran, wer gegenüber wem mehr Fähigkeiten besitzt[67].

Bipolare Systeme, d.h. Systeme, in denen nur zwei Staaten oder Staatengruppen miteinander um einen Ausbau ihrer Fähigkeiten, um die beste Position konkurrieren, sind stabiler als multipolare Systeme, in denen drei und mehr Staaten bzw. Staatengruppen im Wettbewerb stehen. Bipolare Systeme bieten den Vorteil, daß es für zwei Akteure leichter ist, die Verteilung von *capabilities* und die Intentionen des Gegners einzuschätzen. Zwei konkurrierende Akteure können relativ leicht herausfinden, ob und inwiefern die jeweils andere Seite an Sicherheit gewonnen hat: neue und bessere Fähigkeiten müssen immer getestet werden, damit werden relative Gewinne an Sicherheit erkennbar; eine Ausdehnung der Einflusssphären bleibt nicht verborgen und wird umgehend mit Gegenmaßnahmen beantwortet – im bipolaren System gibt es keine Peripherie; und selbst kleine Verluste an Einfluß bzw. Fähigkeiten tragen noch nicht zu einer Destabilisierung des Systems als solchem bei[68], da Staaten Mittel und Wege finden, schnell und angemessen auf etwaige Lücken der eigenen Sicherheit zu reagieren. Zudem herrscht aufgrund der hoch ausgeprägten Zweitschlagsfähigkeit bei jedem Pol eine defensive Grundhaltung. Multipolare Systeme sind dadurch gekennzeichnet, daß

---

[66] Vgl. Kenneth N. Waltz, The Stability of a Bipolar World, *Daedalus*, vol. 93 (1964), 881-909, 882.

[67] Vgl. Kenneth N. Waltz, *Theory of International Politics*, a.a.O., 99.

[68] Vgl. Kenneth N. Waltz, The Stability of a Bipolar World, a.a.O., 883-885.

mindestens drei oder mehrere Staaten bzw. Staatengruppen auf die von allen Staaten betriebene Steigerung von Fähigkeiten durch eigene Anstrengungen reagieren. Die aufgrund der größeren Zahl von Akteuren und möglichen Koalitionen relativ große Unübersichtlichkeit multipolarer Systeme führt leicht dazu, daß sowohl die Fähigkeiten als auch die Intentionen anderer Staaten falsch eingeschätzt werden. Die Fähigkeiten anderer Staaten können über- oder unterschätzt werden. Dies kann zur Folge haben, daß die eigenen Fähigkeiten entweder übermäßig oder unzureichend verbessert werden, was jeweils zu einem Ungleichgewicht führt. Möglicherweise herrscht in einem multipolaren System keine Klarheit mehr, ob die Steigerung von Fähigkeiten anderer Staaten noch der Abwehr potentieller Feinde oder bereits einem geplanten Angriff dient. Der Interaktionsprozess des *balancing* gerät leicht aus den Fugen. Das multipolare System ist tendenziell instabiler, als das bipolare System.

Das internationale System verändert sich, insofern sich die Struktur des Systems, gemessen an der Verteilung von Fähigkeiten, verändert. Entweder entsteht ein bipolares System aus einem multipolaren System, oder es entsteht ein multipolares System aus einem bipolaren System. Denkbar ist auch die Entstehung eines unipolaren Systems. Unipolare Systeme sind jedoch Übergangserscheinungen und nie von langer Dauer, weil Ungleichgewichte früher oder später wieder ausgeglichen werden. Eine Veränderung des internationalen Systems ist nur vorstellbar als eine Veränderung innerhalb des Systems (*change within the system*), nicht jedoch als eine Veränderung des anarchischen Systems als solchem (*change of the system*).

4.3 Heuristik

Im Fokus des Neorealismus stehen solche Phänomene und Entwicklungen, die sich auf die Unsicherheit von Staaten und dadurch motivierte Strategien zur Überlebenssicherung zurückführen lassen. Die Grundannahmen der Theorie strukturieren den relevanten Wirklichkeitsausschnitt vor, indem Neorealisten immer davon ausgehen, daß die den internationalen Beziehungen inhärente Problematik in den strategischen Verhaltensweisen der Staaten zu finden ist. Das Ziel der Theorie ist einerseits, zu beschreiben, welche Staaten sich gegenseitig bedrohen und abschrecken; und andererseits, mit Verweis auf den Begriff der Struktur zu erklären, warum Staaten *balancing*-Verhaltensweisen an den Tag legen und mit welchem systemspezifischen Ergebnis. Zwei für den Neorealismus interessante Phänomene und Entwicklungen sind die ‚neue Unübersichtlichkeit/Instabilität in Europa' und die ‚Rolle der NATO' nach dem Ende des Ost-West-Konflikts, weil sie beide den überragenden Einfluß der Struktur auf die Verhaltensweisen der Staaten verdeutlichen.

4.3.1 Die multipolare Konstellation nach dem Ost-West Konflikt

Der Niedergang der Sowjetunion, die damit verbundene Auflösung des Warschauer Paktes und die strukturelle Veränderung des internationalen Systems wurde hervorgerufen durch eine zunehmende Überforderung der Sowjetunion, das bipolare Gleichgewicht auf dem hohen Niveau der gegenseitigen Abschreckungspolitik aufrechtzuerhalten. Die hohen Ausgaben sowohl für die kontinuierliche Weiterentwicklung militärischer Fähigkeiten als auch für den Erhalt des östlichen Staatenbündnisses ließen die Sowjetunion als Staat instabil werden. Schließlich erodierte nicht nur der sowjetische Staat sondern das durch politischen und militärischen Druck zusammengehaltene Bündnis des Warschauer Paktes. Die bipolare Struktur hat zunächst den Weg frei gemacht für eine multipolare Struktur. Die daraus resultierenden Folgen manifestierten sich in einer neuen Instabilität nicht nur, aber v.a. in Europa.

Das Machtvakuum und die neue Instabilität in Europa
Verantwortlich für dieses Resultat war ein Machtvakuum in Europa und der Welt, das zwar bereits durch die politische Aufwertung ehemaliger Mittelmächte wie Deutschland, Großbritannien und Frankreich gefüllt wurde, das aber genau deswegen in eine Konstellation mündete, die das internationale System relativ instabil hat werden lassen. Befördert wurde diese Instabilität insbesondere durch die Tatsache, daß mit dem Ende der Bedrohung durch das östliche Lager die Einheit des Westens schwand. Diese Einschätzung mutet auf den ersten Blick übertrieben pessimistisch an. Die westlichen Staaten haben schließlich untereinander Wirtschaftsbeziehungen unterhalten, um inner-staatlich Wachstum zu erzielen und das materielle Wohlergehen ihrer Bürger zu verbessern. Zumindest vordergründig scheint es so, also ob die grenzüberschreitenden Wirtschaftsbeziehungen zu Interdependenzverhältnissen führten, die ihrerseits Prozesse der Kommunikation und Kooperation nach sich zogen. Multilaterale Institutionen und Regime zur Verregelung des Freihandels sowie der internationalen Finanzpolitik könnten durchaus als Triebkräfte einer tendenziell friedlicheren Welt verstanden werden. Analog dazu könnte auch die Bildung eines gemeinsamen europäischen Marktes in Europa als ein Fortschritt in Richtung Frieden gedeutet werden. Schließlich hat seit Begin der europäischen Integration in den 1950er Jahren kein Staat mehr Krieg in Europa geführt. In Ergänzung dazu könnte man schließlich annehmen, daß die westliche Welt auf der Basis von Werten wie Demokratie und Menschenrechte fest geeint sei, weil die meisten westlichen Staaten demokratisch verfasst sind und daher friedliche außenpolitische Orientierungen an den Tag legen.

So plausibel diese Überlegungen vordergründig auch scheinen mögen, sie unterschätzen aus neorealistischer Sicht den fundamentalen Sachverhalt, daß die westlichen Staaten nicht zum Zweck wirtschaftlicher Gewinne und/oder aufgrund gleicher normativer Orientierungen kooperierten. Vielmehr schlossen sie sich unter dem Einfluß des alles überragenden Ost-West Konflikts zum Zweck der Verteidigung zusammen. Alle institutionellen Arrangements dienten dem Zweck, den durch die Bedrohung aus dem Osten hervorgerufenen Zusammenhalt in sicherheits- und wirtschaftspolitischer Hinsicht zu stabilisieren. Solange die sowjetische Einflusssphärenpolitik das Überleben westlicher Staaten bedrohte, trug die Verregelung der innerwestlichen Wirtschaftsbeziehungen, die Einrichtung eines gemeinsamen Marktes in Europa und die demokratische Binnenorganisation der Staaten dazu bei, die innere Stabilität des in der nordatlantischen Allianz militär-politisch zusammengefassten Blocks weiter zu festigen. Mit anderen Worten: die institutionellen Arrangements zwischen den westlichen Staaten wurden nicht eingerichtet, um zwischenstaatliche Kooperation zu befördern. Die Beförderung zwischenstaatlicher Kooperation war ein notwendiges Übel für jeden einzelnen

Staat, um im Angesicht der sowjetischen Bedrohung stärker zu werden und die Überlebenschancen zu steigern. In diesem Zusammenhang bedeutete das Ende der Bedrohung durch den Ostblock den Anfang einer unaufhaltsamen Desintegration des westlichen Blocks. Mit anderen Worten: das Verschwinden der übergreifenden Blockkonfrontation zwischen Ost und West hatte zu einer multipolaren Konstellation und damit zu einer neuen gefährlichen Unübersichtlichkeit in Europa geführt: Alle Staaten waren wieder mehr auf sich gestellt, ihr Überleben zu sichern. Die kurz- und mittelfristige Zukunft wird ein mehr an Konflikten, Krisen und sogar Kriegen bringen, weil
- die bipolare Konstellation einer relativ instabilen multipolaren gewichen ist;
- die militärische Gleichheit zwischen zwei Staaten(gruppen) verloren gegangen ist;
- die Verbreitung von nuklearen Waffen nicht mehr auf zwei Pole konzentriert ist.
- die Absichten der Staaten nicht mehr rein defensiv ausgerichtet sind[69];

Aus Sicht des Neorealismus liegt im Wegfall der Bedrohung durch die Sowjetunion und in der Entstehung einer neuen Struktur des internationalen Systems der Hauptgrund dafür, daß die Akteure ihre Überlebensstrategien neu bestimmten. Die fehlende Notwendigkeit, sich zur Abwehr eines übermächtigen gemeinsamen Feindes zusammenzuraufen, brachte es mit sich, daß die Absichten der Akteure nicht mehr rein defensiv ausgerichtet werden. Im Gegenteil steht zu erwarten, daß Mittelmächte wie z.B. Deutschland die Chance ergreifen, ihre eigenen Fähigkeiten durch aggressive Maßnahmen auszubauen, um so ihre Position gegenüber anderen Staaten aufzuwerten. Die Lehren aus der Geschichte lassen erwarten, daß Deutschland seine Position in Europa durch Entwicklung von Nuklearwaffen und durch Expansion nach Polen, Tschechien und Österreich aufwerten wird. Alleine die Präsenz von Akteuren wie z.B. Deutschland, die versuchen, ihr Überleben durch offensive Maßnahmen zu sichern, macht die Kalkulation der Risiken für alle schwieriger. Eng damit verbunden ist auch der Umstand, daß Nuklearwaffen in einer Welt, in der zahlreiche Mittelmächte um Statusgewinne wetteifern, ihre Bedeutung als Defensivwaffen verlieren. Der Ausbruch eines Nuklearkriegs ist umso unwahrscheinlicher, je größer die Zweitschlagkapazität ist. Bei Mittelmächten ist allerdings nicht so klar, ob ihre Zweitschlagkapazität wirklich vernichtend ist. Auf der Seite einiger Staaten wird es deswegen zu der Einschätzung kommen, daß Angriffskriege wieder führbar werden, weil nicht mehr mit vernichtenden Gegenreaktionen gerechnet werden muß, und weil der Ertrag von Kriegen lohnenswert erscheint. Die ‚Obsoleszenz von Kriegen' gilt in einem Milieu nicht mehr, in dem die Frage der Überlebenssicherung unter neuen Vorzeichen steht.

Die Fortexistenz und Weiterentwicklung der NATO
Der Wandel von Bi- zu Multipolarität hat zu einer Konstellation geführt, in der auch das Nordatlantik-Bündnis (NATO) eine neue Rolle spielt. Die NATO hatte über einen Zeitraum von 35 Jahren den Zweck, den Westen in verteidigungspolitischer Hinsicht zusammenzuschmieden und gegen eine potentielle Aggression durch die Sowjetunion und ihre Verbündeten zu verteidigen. Das inter-nationale System war strukturiert durch eine dyadische Kon-

---

[69] Vgl. John Mearsheimer, Back to the Future: Instability in Europe after the Cold War, *International Security*, vol. 15 (1990), 5-56, besonders 13-19.

fliktformation. Mit dem Wegfall der Bedrohung durch die Sowjetunion verschwand zwar ein Pol und damit der bis dato primäre Bündniszweck der Verteidigung gegen einen Angriff. In der Folge lockerte sich auch der Zusammenhalt zwischen den Bündnismitgliedern. Allerdings gab es für die Mitglieder der NATO zu keinem Zeitpunkt einen Grund, das Bündnis aufzulösen. Auch und gerade in einer multipolaren Welt dient die NATO ihren Mitgliedern als das ‚zweitbeste' Instrument für die Befriedigung ihrer strategischen Sicherheitsinteressen: einerseits erfüllt sie weiterhin den Zweck einer Verteidigungsallianz gegen Bedrohungen, die entweder von einem wiedererstarkenden Russland und/oder von bisherigen Schwellenmächten ausgehen, wenn und insoweit diese Akteure ihre Chance darin sehen, ihre Position zu verbessern und mittelfristig den Platz der Sowjetunion einzunehmen; andererseits dient die NATO ihren Mitgliedern als ein Forum, in dem eine stärker werdende Konkurrenz unter den Teilnehmern durch Gegenmachtbildung kontrollieren werden kann. Die Fortexistenz und Entwicklung der NATO hat nicht viel mit institutionellen Faktoren zu tun, sondern muß unter diesen Vorzeichen verstanden werden: die Erweiterung um neue Mitgliedstaaten, der Umbau der inneren Strukturen, die Ausweitung der Funktionen und die operative Rolle der NATO stehen in mehr oder weniger direkter Abhängigkeit von der neuen Struktur des internationalen Systems.

Ein Grund, die NATO nicht nur am Leben zu erhalten, sondern sie weiterzuentwickeln und auszubauen, bestand für NATO-Mitglieder wie die USA – und indirekt wohl auch Großbritannien – darin, ein wiedererstarkendes Russland und/oder ambitionierte Schwellenmächte auf dem Kontinent daran zu hindern, ihre Position zu Lasten des internationalen Gleichgewichts zu verbessern. Strategische Interessen an der Bewahrung des Gleichgewichts und gleichbleibend hohe Sicherheitsbedürfnisse einflußreicher Mitgliedstaaten gaben den Ausschlag dafür, die Hauptfunktion der NATO, nämlich kollektive Verteidigung, beizubehalten und diese Kernfunktion um nachrangige Aufgaben (Krisenprävention, Krisenmanagement und Konfliktnachsorge) zu ergänzen. In einer unübersichtlichen Konstellation erlaubt die NATO ihren Mitgliedern, die zur Verfügung stehende militärische Hardware bereits bei Verdachtsmomenten zu aktivieren, um so wahrscheinliche zu-künftige Spannungen in Osteuropa und anderen Teilen der Welt durch Abschreckung zu reduzieren. Auch die Osterweiterung im Frühjahr 1999 um drei (Tschechien, Ungarn, Polen) und dann 2004 noch einmal um sieben (Bulgarien, Rumänien, Estland, Lettland, Litauen, Slowakei, Slowenien) Staaten hatte den Grund, Russland von dem Versuch abzuschrecken, seine Sicherheit durch Annexion des ‚nahen Auslands' zu steigern und damit die Sicherheit Westeuropas zu gefährden.

Ein anderer Grund für die Fortexistenz und Weiterentwicklung der NATO bestand darin, dass die USA als einzig verbliebene Supermacht ein Instrument behalten wollte, um die von einigen Bündnismitgliedern in der Zukunft ausgehenden Bedrohungen in Schach halten zu können. Die USA hatte immer ein vorrangiges Interesse daran, über die NATO die zwischenstaatlichen Beziehungen in Europa kontrollieren zu können. In der neuen unübersichtlichen multipolaren Konstellation nach dem Ost-West Konflikt definierten einige europäische Bündnismitglieder ihre Sicherheitsinteressen neu und rückten von den USA, dem Verbündeten mit den meisten Fähigkeiten, ab. Einige Bündnismitglieder in Europa versuchten, sich aus der Umklammerung durch die USA zu lösen, indem sie eigene Verteidigungsfähigkeiten entwickelten. Die europäische sicherheits- und verteidigungspolitische Initiative (ESVI), der Aufbau europäischer Streitkräfte sowie der geplante Aufbau eines europäischen Pfeilers in der NATO waren sichtbare Ausflüsse dieser Bemühungen. Die USA verfolgte demgegenüber die Strategie, jede Pluralisierung und v.a. den Aufbau eines europäischen Pfeilers in der NATO zu verhindern. Die Einführung der sog. *Combined Joint Task Forces*, logistisch angebunden an die von der USA kontrollierte Kommandostruktur und abrufbar von jeder ‚Koalition der Willigen', unterminierte europäische Initiativen in Richtung mehr Eigenständigkeit. Die so herbeigeführte Flexibilisierung der bereits bestehenden Kommandostrukturen und Verteidigungsfähigkeiten verhinderte einerseits die Einführung einer europäischen Säule und stärkte andererseits die Position der USA. Im Ergebnis erreichte die USA nämlich, daß die Europäer selbst bei Aktionen, die sie in Eigenregie durchführen wollen, auf militärische Ressourcen zurückgreifen müssen, die von den USA zur Verfügung gestellt und qua Logistik kontrolliert werden können. Dieser Sachverhalt, wie auch das zunehmend unilaterale Vorgehen der USA bei der Verfolgung ihrer eigenen sicherheitspolitischen Ziele, hat zu einer Entfremdung innerhalb der Allianz geführt. Das entspricht jedoch der Logik zwischenstaatlicher Beziehungen in einer multipolaren Konstellation. Der Zusammenhalt im Bündnis wird schwächer, ohne zunächst das Bündnis als solches zu sprengen. Die USA hat aus strategischen Gründen die NATO am Leben erhalten und zu einem Instrument gemacht, mit dem sie die Außen- und Sicherheitspolitiken europäischer Staaten beeinflussen kann[70].

4.3.2 Die neue Unipolarität und die Kontinuität der internationalen Politik

Der Untergang der Sowjetunion hat einerseits zu einem Machtvakuum und zu neuer Instabilität geführt, andererseits war der Untergang der Sowjetunion auch der Beginn einer Transformation des internationalen Systems, an dessen vorläufigem Ende eine unipolare Konstellation steht. Aus Sicht des Neorealismus stellt sich der Wandel im internationalen System als eine Veränderung der Struktur dar, insofern die *capabilities* nach dem Untergang der Sowjetunion eine neue Verteilung erfahren haben, die teilweise noch gar nicht abgesehen werden kann. Die typischen Verhaltensweisen von Staaten lassen sich auf diese veränderten strukturellen Bedingungen zurückführen. Scheinbar neue Bedrohungen, wie z.B. solche, die aus dem internationalen Terrorismus resultieren, ändern nichts an der überragenden Rolle der Struktur des internationalen Systems. Die internationale Politik bleibt nach wie vor ein Kampf der stärksten Akteure um ihr Überleben. Die Verhaltensweisen der meisten Akteure spiegeln eine alte Einsicht wieder, dass nämlich in diesem Kampf einzig und allein eine gezielte Aufrüstung und die Bildung von Allianzen einigermaßen verlässlich für nationale Sicherheit sorgen.

Der Wandel vom bipolaren zum multipolaren zum unipolaren System
Die bipolare Konstellation des Ost-West Konflikts mündete zunächst in eine multipolare Konstellation. Und auch auf absehbare Zeit wird die internationale Politik multipolar strukturiert sein, insofern vier oder fünf große Mächte um Einfluß konkurrieren. Schließlich steht zu

---

[70] Vgl. Kenneth N. Waltz, Structural Realism after the Cold War, *International Security*, vol. 25 (2000), 5-41, 20.

erwarten, dass sich innerhalb der nächsten zehn Jahre, also bis ca. 2015, Deutschland oder ein westeuropäischer Staat, Japan, China und eventuell sogar Rußland mit den USA in einem Wettbewerb um Einfluß wieder finden. Diese Einschätzung basiert auf einem Vergleich dieser Staaten anhand einer Reihe wichtiger Kriterien, darunter vor allem eine hohe Bevölkerungszahl und ein großes Territorium, Ressourcen-vorkommen, ökonomische bzw. volkswirtschaftliche Leistungsfähigkeit, militärische Stärke, politische Stabilität und Kompetenz[71]. Innerhalb der neuen multipolaren Konstellation ist freilich zu beobachten, dass sich zwischenzeitlich eine US-amerikanische Führungsposition herauskristallisiert, weil die USA von den neuen Großmächten die wirtschaftlich und v.a. militärisch stärkste ist; und dass sich die neuen Großmächte von den USA distanzieren und ihr Heil in einem Bündnis der schwächeren Staaten suchen, weil die stärkere Seite immer dazu neigt, ihre Interessen den anderen Staaten aufzuzwingen[72]. Japan, China, Deutschland/Westeuropa und evtl. sogar Russland gewinnen wieder zunehmend an Einfluß und werden sich nicht uneingeschränkt den Interessen der USA beugen. Eine Quelle der Instabilität in diesem Zusammenhang wird sein, dass ehemalige Großmächte wie Deutschland, Japan und Russland ihre Rollen als Großmächte erst wieder erlernen müssen, während auf der anderen Seite die USA als primus inter pares vor der Schwierigkeit steht, mit den anderen Großmächten koexistieren und manchmal auch interagieren zu müssen, obwohl klar ist, dass kollektive Entscheidungen nur unter annähernd gleichstarken Partnern getroffen werden können. Mit anderen Worten, das neue internationale System ist zwischenzeitlich unipolar, aber nicht sehr lange; einerseits, weil sich die USA als imperiale Macht zu viele Aufgaben zumutet und sich langfristig selber schwächt; und andererseits, weil sich zukünftige Großmächte gegen die Hegemonie der USA verbünden[73]. Die Hegemonie der USA führt deshalb zu einem neuen Gleichgewicht, jedoch nur langsam, weil die USA immer noch bestimmte Leistungen erbringt, an die sich viele Staaten, vor allem diejenigen in ihrer früheren Einflusssphäre, gewöhnt haben und die sie nicht unbedingt selber schultern wollen.

Die Veränderung in der Struktur des internationalen Systems beeinflusst die internationale Politik. Die Übermacht der USA legt nahe, dass sich Frankreich, Großbritannien und Deutschland auf einen politischen und militärischen Zusammenschluß der Europäischen Union einigen, der dem bereits integrierten Binnenmarkt eine staatsähnliche Struktur gibt. Alternativ dazu könnte es auch dazu kommen, dass Deutschland als die stärkste Macht auf dem Kontinent seine Geduld mit dem Projekt der Europäischen Union verliert und sich anschickt, selbst die Führung einer Koalition der Willigen zu übernehmen. Die entscheidenden Entwicklungen finden jedoch in Asien statt. China verfügt neben seiner großen Bevölkerungszahl und seinem großen Territorium bereits seit längerem über ernst zu nehmende militärische Fähigkeiten. Chinesische Langstreckenraketen können nahezu jedes Ziel in Japan und in den USA erreichen und dort großflächige Zerstörungen hervorrufen. Die USA muß daher versuchen, ihre Sicherheit durch strategische Defensivaffen zu garantieren, weil Angriffe auf die USA jederzeit möglich, und weil die Androhung eines effektiven Zweitschlags

---

[71] Vgl. Kenneth N. Waltz, The Emerging Structure of International Poltitics, *International Security*, vol. 18 (1993), 44-79, 46-57.
[72] Vgl. ebda, 70.
[73] Vgl. Kenneth N. Waltz, Structural Realism after the Cold War, a.a.O., 27-8.

deswegen notwenig ist. Japan sträubt sich zwar noch, eine Großmacht auch im militärischen Sinn zu werden. Jedoch muß angesichts der Bedrohung durch China und auch wegen der Streitigkeiten zwischen Japan und China über die Senkaku-Inseln und die dortigen Erdgasvorkommen davon ausgegangen werden, dass Japan seine nationalen Interessen durch den Aufbau eigener militärischer Potentiale schützt. Schließlich sieht sich Japan auch mit den Interessen Russlands konfrontiert. Der Territorialstreit zwischen Japan und Russland um die fischreichen Kurilen-Inseln vor der Küste Sachalins währt bereits seit Jahrzehnten und ist nur ein Konfliktherd, der sich bei zunehmender Besinnung auf die jeweiligen nationalen Interessen Russlands und Japans weiter zuspitzen könnte. Kurz: die Verfolgung nationaler Interessen im Kontext zunehmender Konkurrenz ‚zwingt' die Großmächte zum Aufbau eigener militärischer Fähigkeiten, was dazu beiträgt, dass sich alle Großmächte in einem Wettlauf um Abschreckungspotentiale wieder finden.

Das Phänomen des Terrorismus und die Kontinuität der internationalen Politik
Am Morgen des 11. September 2001 flogen Islamisten und Mitglieder des terroristischen Netzwerks der *Al Kaida* mit zwei entführten Passagierflugzeugen in die Türme des World Trade Center in New York. Unmittelbar danach steuerten Mitglieder der *Al Kaida* ein weiteres entführtes Passagierflugzeug in den Ostflügel des Pentagon. Ein viertes Passagierflugzeug, das ebenfalls von Mitgliedern der *Al Kaida* entführt worden war, wurde auf dem Weg zum Regierungssitz des amerikanischen Präsidenten im Weißen Haus von der meuternden Besatzung zum Absturz gebracht.

Die Reaktion der US-amerikanischen Regierung bestand zunächst darin, den bis dato eingeschlagenen unilateralen Kurs kurz zu unterbrechen, um die dringendsten Fragen in einem multilateralen Ansatz zu lösen. Die USA brauchte polizeiliche und geheimdienstliche Informationen aus einer Reihe von Ländern in Europa und dem Nahen Osten, um die Herkunft der Terroristen zu erfahren und Schritte zur Zerschlagung des Netzwerks zu unternehmen. Das militärische Vorgehen der USA war dann jedoch schnell wieder durch Unabhängigkeit gekennzeichnet. Selbst Angebote der britischen Regierung, im Kampf gegen den Terrorismus zusammenzuarbeiten, wurden abgelehnt. Die Regierung der USA deklarierte ohne weitere Absprachen mit anderen Staaten einen weltweiten ‚Krieg gegen den Terrorismus'. Terroristen wurden für militärische Zwecke in den Stand von Soldaten erhoben. Gleichzeitig behandelte die US-Regierung die auf dem kubanischen Militärstützpunkt in Guantanamo bereits internierten Gefangenen nicht als Kriegsgefangene, sondern als Kriminelle. Die Genfer Konvention zum Schutz von Kriegsgefangenen wurde von den USA ohne Konsultation mit anderen Regierungen als nicht anwendbar erklärt. Weitere Beispiele für das unilaterale Vorgehen der USA waren die Durchführung militärischer Operationen in Afghanistan ohne die Einschaltung der NATO, und die einseitige Kündigung des ABM-Vetrags im Juni 2002, obwohl die US-Regierung noch im Oktober 2001 dazu bereit schien, sich mit Russland auf Modifikationen und eine neue Interpretation des Vertrages zu einigen.

Eine neorealistische Lesart und entsprechende Beschreibung der Geschehnisse sieht das Problem des Terrorismus als ein Phänomen, das der US-Regierung lediglich einen Vorwand lieferte, um all die Dinge tun zu können, die sie ohnehin tun wollte: die US-Regierung konnte den Kongress überreden, große Summen für die Entwicklung einer nationalen Raketenabwehr zu bewilligen; die US-Regierung konnte den ABM-Vertrag kündigen, ohne ernsthaften Widerstand im Kongress befürchten zu müssen; die US-Regierung konnte eine beträchtliche Steigerung des Verteidigungshaushaltes erreichen, um gegen die vergleichsweise schwachen Verbände der Terroristen vorzugehen. Selbst für starke Staaten wie die USA können Terroristen zwischenzeitlich lästig sein, insofern sie Regierungen zwingen, unbequeme Maßnahmen zu ergreifen. Eine wirkliche Bedrohung stellen Terroristen für die Sicherheit eines starken Staates allerdings nicht dar. Zwar lässt sich mit Blick auf die Anschläge am 11. September 2001 behaupten, die Terroristen hätten den außenpolitischen Kurs der USA beeinflusst, indem sie die US-Regierung zu einer noch stärkeren Betonung der militärischen Komponente ihrer Verteidigungspolitik veranlassten. Die Terroristen waren jedoch nur der Anlaß für diese Akzentuierung sicherheitspolitischer Strategien. Die Außenpolitik der USA wurde nicht bestimmt durch eine vermeintlich ‚neue Dimension' des Terrorismus. Terrornetzwerke wie *Al Kaida* sind mittlerweile in der Lage, große Zerstörungen hervorzurufen. Die Inhalte der US-Außenpolitik haben jedoch ihre Ursache in der Konstellation des internationalen Systems[74].

Es sind im wesentlichen drei Sachverhalte, die dafür verantwortlich sind, dass Staaten wie die USA gewohnte sicherheitspolitische Strategien auch im neuen Jahrtausend verfolgen – sogar noch konsequenter und kompromissloser als bisher. Erstens haben sich die enormen Machtunterschiede zwischen den Staaten nicht aufgelöst. Im Gegenteil lässt sich beobachten, dass diese Machtunterschiede seit dem Ende des Ost-West Konflikts immer noch größer geworden sind. Die USA besitzt gegenüber dem Rest der Welt mittlerweile eine Position, die sie als den alleinigen Hegemon ausweist. Kein Staat bzw. keine Staatengruppe scheint auf absehbare Zeit in der Lage, die Vormachtstellung der USA in ökonomischer, technologischer und militärischer Hinsicht zu gefährden. Die von der US-Regierung in den 1990er Jahren vorangetriebene Osterweiterung der NATO bewirkte zudem, dass ihre Einflusssphäre weiter nach Osten reicht. Der Zugriff auf strategische Stützpunkte an der Südflanke Russlands erleichtert der US-Regierung nun, Staaten wie China und Russland langsam einzukreisen. Im Zuge der Bedrohung durch den Terrorismus konnte die US-Regierung darüber hinaus – ohne nennenswerten Widerstand anderer Staaten – verlautbaren, dass sie jederzeit in der Lage und auch willens sei, weitere 15 Staaten unter ihren Einfluß zu bringen, wenn es die Herstellung ihrer nationalen Sicherheit gebiete. Das Erstarken des weltweiten Terrorismus hat nichts an diesem ersten fundamentalen Sachverhalt der internationalen Politik geändert: die ungleiche Verteilung von Macht. Das Verhalten der USA belegt im Gegenteil, dass die Auseinandersetzung mit dem Terrorismus willkommene Anlässe liefert, um ihren Vorsprung noch weiter auszubauen.

Ein weiterer fundamentaler Sachverhalt der internationalen Politik liegt in der Existenz nuklearer Waffen. Die meisten dieser Waffen befinden sich in den Händen der USA. Und obwohl die USA darüber wacht, dass keine Weiterverbreitung nuklearer Waffen stattfindet, entwickeln eine ganze Reihe von Staaten ebenfalls solche Waffen, weil sie sich von der nuklearen Übermacht der USA bedroht fühlen. Auch mit Blick auf das Vorhandensein nuklearer

---

[74] Vgl. Kenneth N. Waltz, The Continuity of International Politics, in: K. Booth & T. Dunne (eds.), *Worlds in Collision. Terror and the Future of the Global Order* (London: Palgrave McMillan, 2002), 348-353, 349.

Waffen und die davon ausgehenden Bedrohungen hat das Phänomen des Terrorismus nichts geändert. Im Gegenteil haben terroristische Anschläge dazu geführt, dass Staaten wie die USA von Plänen Abstand nehmen, ihre Atomwaffenarsenale zu reduzieren. Die Anschläge vom 11. September waren ein willkommener Anlaß für die USA, alte Pläne für ein weltraumgestütztes Raketenabwehrsystem wieder aufzunehmen und Gelder für die Entwicklung eines solchen Systems zu beantragen. Nicht nur veranlasst die von den USA forcierte Betonung der nuklearen Komponente seiner Verteidigung andere Staaten, ihrerseits Anstrengungen zur atomaren Aufrüstung zu unternehmen. Die Entwicklung eines Raketenschilds durch die USA motiviert andere Staaten, moderne Angriffswaffen zu entwickeln, um das Ausmaß der Verwundbarkeit der USA zu erhalten und wenn möglich sogar zu erhöhen. Schließlich ist die Entwicklung von nuklearen Offensivraketen billiger, als die Entwicklung von effektiven Defensivwaffen; außerdem sind nukleare Offensivwaffen weitaus effektiver, als die Abwehrraketen eines Verteidigungssystems. Schon die kleinste Lücke in so einem System kann verheerende Konsequenzen für den entsprechenden Staat nach sich ziehen. Der Aufwand für die Errichtung eines wirksamen Verteidigungsschilds ist vergleichsweise enorm. Terrorismus ändert also nichts am zweiten fundamentalen Sachverhalt internationaler Politik: strategische Nuklearwaffen bestimmen weiterhin die militärischen Beziehungen zwischen Staaten – wahrscheinlich sogar noch viel stärker als das bisher der Fall war, weil die konsequent forcierte Aufrüstung der USA immer mehr andere Staaten zur Nachahmung veranlasst[75].

Der dritte fundamentale Sachverhalt der internationalen Politik liegt in der ständigen Wiederkehr von Krisen – in vielen von diesen Krisen sind große Mächte wie die USA direkt oder indirekt involviert. Argentinien, Tschetschenien, Nord- und Südkorea, Indonesien, Taiwan und zahlreiche andere Fälle liefern reichlich Anschauungsmaterial dafür, was passiert, wenn sich ein starker Staat zur Sicherung seiner eigenen Position in die Belange solcher Staaten politisch und/oder militärisch einmischt: es kommt zur Krise in der entsprechenden Region. Das Phänomen des Terrorismus ändert nichts an diesem dritten fundamentalen Sachverhalt der internationalen Politik, dem wiederholten Ausbruch von Krisen. Tatsächlich ist es so, dass der Terrorismus selbst ein Resultat des internationalen Systems ist. Seit dem Zusammenbruch der Sowjetunion kann kein kleiner bzw. schwacher Staat mehr versuchen, sein Heil darin zu suchen, zwei Supermächte gegeneinander auszuspielen. Vielmehr ist es nun so, dass kleine/schwache Staaten sich gegen den einzigen übermächtigen Staat im internationalen System, die USA, wenden. Und ihre Waffe in diesem Kampf ist der Terrorismus. Da der Terrorismus somit selbst ein Resultat des internationalen Systems ist, beschleunigt er höchstens andere systeminduzierte Entwicklungen, die bereits im Werden sind. Der Terrorismus tritt nicht als Grund für Verhaltensweisen von Staaten auf; er stellt keine Bedrohung für Staaten dar; er ändert nichts an den zwei fundamentalen Sachverhalten der internationalen Politik; und er beeinflusst nicht die Wiederkehr von Krisen. Der alleinige Grund für den Primat strategisch orientierter Sicherheitspolitik auf allen Seiten liegt nach wie vor in der Struktur des internationalen Systems. Sie allein sorgt seit tausenden von Jahren für die Kontinuität des Systems.

---

[75] Vgl. ebda., 352.

4.3.3 Kontrollfragen

- Was ist die Struktur des internationalen Systems?
- Warum kommt es zu Selbsthilfe?
- Warum kommt es zu *balancing* (und nicht zu *bandwagoning*)?
- Was heißt Stabilität?
- Inwiefern ist der klassische Realismus reduktionistisch?
- Warum bleibt das internationale System nicht lange unipolar?
- Warum ändert der Terrorismus nichts an internationaler Politik?

5   Neoliberalismus

Die neoliberale Theorie der internationalen Beziehungen hat sich einerseits aus liberalen Prämissen und andererseits in Auseinandersetzung mit dem Realismus/Neorealismus entwickelt. Zur neoliberalen Theorie, bzw. dem ‚neoliberalen Institutionalismus' oder auch ‚Neo-institutionalismus' oder neuerdings (und genauso irreführend wie anmaßend[76]) manchmal auch bloß ‚Institutionalismus', gehören der Interdependenz-Ansatz und die funktionale (auch: ‚rationale') Regimetheorie. Vertreter der neoliberalen Theorie fragen danach, warum es im internationalen System zwischen egoistischen Akteuren zu Kooperation kommt und welche Auswirkungen kooperative Verhaltensweisen auf die Teilnehmer haben[77]. Die neoliberale Beschreibung widmet sich Formen kooperativer Verhaltensweisen zwischen Staaten in einem anarchischen internationalen System; die neoliberale Erklärung konzentriert sich auf die Interessenkonstellation zwischen Staaten als rationalen Akteuren. Die Gründe für kooperatives Verhalten von Staaten liegen in rationalen Interessen an Nutzenmaximierung. Die Interessenkonstellation zwischen Staaten wird zur unabhängigen Variable, das kooperative Verhalten der Staaten wird zur abhängigen Variable. Institutionen besitzen die Eigenschaft von intervenierenden Variablen, insofern sie die Interessenkonstellation beeinflussen.

Kritikpunkte richteten sich gegen eine ganze Reihe von Aspekten der neoliberalen Theorie. Einigen erschien es als reiner Opportunismus, dass die ersten einflußreichen Protagonisten der Theorie erst dann damit begannen, sich mit dem Phänomen der Kooperation aus politikwissenschaftlicher Sicht zu beschäftigen, als sich Vertreter der US-amerikanischen politischen Praxis mit den Möglichkeiten und Grenzen zwischenstaatlicher Kooperation auseinandersetzten. Andere störten sich daran, dass die neoliberale Theorie im Grunde nur eine vereinfachte und in wenigen Punkten modifizierte Version des ökonomischen Neo-Institutionalismus darstellt. Mithin spricht genauso viel – oder wenig – für Erklärungen aus der Perspektive des ‚soziologischen' oder des ‚historischen' Institutionalismus. Diese beiden Perspektiven bemühen sich ebenfalls um Erklärungen für Kooperation, stützen sich dabei aber jeweils auf Annahmen betreffend das Zusammenspiel zwischen Strukturen und Akteuren wie sie in der Soziologie bzw. Geschichtswissenschaft für sinnvoll gehalten werden. Ein damit zusammenhängender Kritikpunkt bezog sich auf den Hochmut, mit dem neoliberale Theoretiker ‚ihr' aus ökonomischen Theoremen abgeleitetes Forschungsprogramm als eines

---

[76] Unter der Bezeichnung ‚Institutionalismus' ist seit je her die Perspektive der sogenannten ‚Englischen Schule' bekannt. Vgl. Hidemi Suganami, The Structure of Institutionalism: An Anatomy of British Mainstream International Relations, *International Relations*, vol. 7 (1983), 2363-2381.

[77] Vgl. Robert O. Keohane, *After Hegemony: Cooperation and Discord in the World Political Economy* (Princeton: Princeton University Press, 1984), besonders 49-64.

priesen, das auch solchen Kooperationstheorien zum Vorbild gereichen würde, die ihre Erklärungen weniger auf materielle Interessen als auf ideelle und kognitive Faktoren stützten. Stein des Anstoßes war für Kritiker die offensichtliche Willkür, mit der soziologische und historische Herangehensweisen im Vergleich mit ökonomischen als unwissenschaftlich herabgewürdigt wurden[78].

Die vielleicht fundamentalste Kritik richtete sich auf die Inkonsistenz, mit der die neoliberale Theorie über Jahre hinweg propagiert wurde und wird: Interdependenz war für Vertreter der Theorie sowohl Ursache, als auch Wirkung von Kooperation; selbst Kooperation wurde von Neoliberalen oft mit Verweis auf intersubjektiv geteilte Normen begründet, obwohl Akteure für die Zwecke der Theorie als rationale Egoisten gelten, die sich dadurch auszeichnen, dass sie Interessen bzw. Präferenzen immer schon besitzen, und obwohl Verweise auf ideelle/kognitive (und damit nicht messbare) Faktoren von denselben Neoliberalen als unwissenschaftlich deklariert wurden .

5.1 Prämissen

5.1.1 Das internationale System ist ‚anarchisch' (in einem eher technischen Sinn)

Anarchie bedeutet, daß im internationalen System eine Instanz mit quasi-legislativer Entscheidungsbefugnis fehlt. Anarchie heißt nicht ‚Kampf aller gegen alle'. Anarchie bezieht sich auf das Fehlen einer Instanz, die regulierend tätig wird. Anarchie bedeutet nicht zwangsläufig Unordnung und Unsicherheit. Anarchie bezieht sich auf den Umstand, daß souveräne Staaten selbst Mittel und Wege finden müssen, um Regeln zu setzen und zu überwachen, um so Kooperation zu fördern und den zwischenstaatlichen Verkehr zu ordnen.

5.1.2 Die Akteure stehen in (asymmetrischen) Interdependenzbeziehungen

Staaten sind aufgrund zunehmender Spezialisierung wechselseitig voneinander abhängig. Das Ausmaß ihrer Abhängigkeit bemisst sich nach den für sie entstehenden Kosten plus der damit verbundenen Fähigkeit, diese Kosten zu regulieren. Staaten, die entstehende Kosten mit geringem Aufwand regulieren können, sind empfindlich; Staaten, die entstehende Kosten nur mit relativ hohem Aufwand regulieren können, sind verwundbar. Immer mehr Staaten

---

[78] Zum Problem ‚Interdependenz', vgl. Beate Kohler-Koch, Interdependenz, in: V. Rittberger (Hg), *Theorien der internationalen Beziehungen. Bestandsaufnahme und Forschungsperspektiven* (Opladen: Leske & Budrich, 1990), 110-129; zum Problem von Normen als intersubjektiv begründete Variablen, Friedrich V. Kratochwil & John G. Ruggie, International Organization: A State of the Art on an Art of the State, *International Organization*, vol. 40 (1986), 753-775.

werden im Zuge weltweiter Transaktionen voneinander abhängig, wobei die gegenseitigen Abhängigkeiten in einem Politikfeld wie z.B. dem des Handels oft asymmetrisch sind, insofern einige Staaten empfindlich und andere Staaten verwundbar sind. Allerdings sind Staaten, die in einem Politikfeld nur empfindlich sind, in der Regel in einem anderen verwundbar – und umgekehrt.

5.1.3 Die Akteure streben nach Kooperation

Abhängigkeiten im Sinne von Verwundbarkeitsstrukturen bedeuten, daß Staaten überfordert sind, die ihnen entstehenden Kosten alleine zu regulieren. Staaten sehen sich gewissermaßen ‚gezwungen', die ihnen entstehenden Kostenwirkungen durch eine Veränderung des Interaktionsrahmens plus der dazugehörigen Normen und Regeln zu regulieren. Staaten treten in Verhandlungen und richten dauerhafte Kooperationsformen ein. Eine auf Dauer gestellte, d.h. institutionalisierte Kooperation erlaubt es Staaten, ihre gegenseitigen Abhängigkeiten zu ihrem eigenen Vorteil auszubeuten. Dabei können alle Staaten von Kooperation ‚gewinnen'.

5.1.4 Die Akteure wollen ihren Nutzen steigern

Staaten achten nicht primär darauf, daß sie relativ mehr gewinnen als andere Akteure. Staaten wollen aus Kooperation mit anderen Staaten für sich Nutzen ziehen. Ihr Hauptaugenmerk ist nicht darauf gerichtet, ihre Position zu verbessern sondern überhaupt etwas, d.h. ‚absolut' zu gewinnen. Ihr Interesse gilt nicht der Steigerung ihres Einflusses bzw. der Sicherung ihres Überlebens. Ihre Intention richtet sich auf die Kontrolle von Ergebnissen zwischenstaatlicher Interaktion. Staaten sind Nutzenmaximierer (*utility maximizer*) bzw. -befriediger (*utility satisficer*).

5.1.5 Internationale Institutionen dienen den Akteuren als Instrumente

Staaten kalkulieren strikt nach instrumentellen Gesichtspunkten. Um die Chancen auf mögliche absolute Gewinne trotz unvollständiger und/oder fehlerhafter Informationen nicht aufs Spiel zu setzen, richten Staaten auf der Basis gemeinsamer Ziele und Verhaltenserwartungen Kommunikations- und Verhandlungssysteme (=Regime) ein. Diese institutionalisierten Kommunikationssysteme bestehen aus Prinzipien, Normen, Regeln und Verfahren und helfen Staaten dabei, sich an allgemein verbindlichen Vorgaben zu orientieren und so ihre Unsicherheit gegenüber den Intentionen und Motiven anderer Staaten zu reduzieren. Damit stabilisieren Regime Erwartungen in reziprokes Verhalten und sichern den Fortbestand von Kooperation selbst im Falle von Enttäuschungen.

5.2 Analytik und Aussagenlogik

5.2.1 Analytik

Internationales System
Anarchie
Staaten
Interdependenz
   - komplexe Interdependenz
   - asymmetrische Interdependenz
Kostenwirkungen
   - Empfindlichkeit
   - Verwundbarkeit
Handlungsspielraum
Problembereiche/Politikfelder
Verhandlungen
Kommunikation

Problemverknüpfung (issue-linkage)
Kooperationsbedarf
Regime
   - Prinzipien
   - Normen
   - Regeln
   - Verfahren
Institutionen
Information
Effizienz
Macht als Verhandlungsmacht
   - Agenda-Setting
   - Ergebniskontrolle

5.2.2 Aussagenlogik

Neoliberale Theoretiker wie R. Keohane und J. Nye gehen davon aus, daß sich die internationalen Beziehungen nicht auf sicherheitspolitisch motivierte Interaktionen reduzieren lassen. Die Welt der internationalen Beziehungen ist zwar anarchisch, aber das meint aus neoliberaler Perspektive in erster Linie, daß es keine zentrale Institution gibt, die verbindliche Regeln setzt. Das Problem in diesem Kontext besteht darin, dass Staaten nicht immer wissen, wie sie sich zu ihrem eigenen Vorteil verhalten sollen. Das Problem ist nicht so sehr das Sicherheitsdilemma, sondern das durch einen Mangel an Information bedingte Dilemma kollektiver Handlung: obwohl alle von Kooperation profitieren, erschwert Unwissenheit über die Strategien der anderen die Entscheidung pro Kooperation.

    Internationale Beziehungen sind gekennzeichnet von einem Zustand zunehmender Interdependenz[79] – vor allem zwischen den fortgeschrittenen Industriestaaten. Interdependenz bedeutet wechselseitige Abhängigkeit. Für wechselseitig abhängige Staaten sind die Interessen und Handlungen anderer Staaten externe Kräfte, die oft Kostenwirkungen verursachen und so den staatlichen Handlungsspielraum beeinträchtigen. Reduziert zum Beispiel ein Staat – egal aus welchen Motiven – die Lieferung von bestimmten Gütern, kommt es in einem anderen Staat zu einer Versorgungslücke, einem Mangel, und damit zu Kosten. Letzterer Staat muß die Versorgungslücke wieder schließen, und das ist kostenintensiver als Nichtstun. Der Handlungsspielraum eines Staates bemisst sich danach, ob und unter welchem Aufwand er eine Lücke schließen kann. Ist ein Staat in der Lage, den Mangel alleine und durch relativ geringen Aufwand zu kompensieren, liegt Interdependenz-Empfindlichkeit vor; ist derselbe

---

[79] Robert O. Keohane, *After Hegemony*, a.a.O., 6.

Staat nur unter sehr hohem Aufwand und alleine vielleicht gar nicht mehr in der Lage, die Lücke zu schließen, liegt Interdependenz-Verwundbarkeit vor. Empfindlichkeit meint den Grad der Reaktionsfähigkeit innerhalb eines gegebenen politischen Rahmens – es kann relativ schnell und effizient auf entstehende Kosten bei gleichbleibenden Rahmenbedingungen reagiert werden. Verwundbarkeit meint den Grad der Reaktionsfähigkeit, der die Suche nach Alternativen jenseits herrschender Rahmenbedingungen lenkt – es kann nicht mehr schnell und effizient innerhalb bestehender Rahmenbedingungen reagiert werden. Interdependenz-Verwundbarkeit lässt eine Änderung des politischen Rahmens notwendig erscheinen. Empfindlichkeit und Verwundbarkeit sind Indikatoren für das Ausmaß der Abhängigkeit eines Staates, sie definieren gleichzeitig die relative Machtposition eines Staates zu anderen Staaten.

Interdependenz bezieht sich nicht so sehr auf eine Situation, in der wechselseitige Abhängigkeiten Staaten schon vollständig durchdrungen haben, so dass sie aufgrund ihrer Verflochtenheit nicht mehr als politische Akteure in Erscheinung treten. Diese Situation der komplexen Interdependenz ist eine idealtypische Verkürzung der internationalen Beziehungen, ein Gedankenexperiment und nicht zu verstehen als eine eigene Theorie. Komplexe Interdependenz beschreibt eine Konstellation, in der die westlichen Industriestaaten militärischer Macht eine untergeordnete Bedeutung beimessen und keine klaren außenpolitischen Prioritäten mehr besitzen, weil der transnationale Vergesellschaftungsprozess schon so weit gediehen ist, dass klassische Dimensionen der zwischenstaatlichen Beziehungen sowie das genuin ‚Politische' daran aufgehört haben zu existieren[80]. Diese Situation ist weitaus seltener zu beobachten, als eine, in der ungleiche Abhängigkeiten zwischen Staaten bestehen. Der Begriff Interdependenz bezieht sich deswegen in der Regel auf eine Situation asymmetrischer Abhängigkeit, in denen einige Staaten in bestimmten Problembereichen weniger und andere Staaten mehr miteinander verflochten sind. Außenpolitik steht noch im Dienst nationaler Interessen und dient der Kostenreduzierung. Weniger stark abhängige, d.h. empfindliche Akteure besitzen größere außenpolitische Handlungsspielräume gegenüber stark abhängigen, d.h. verwundbaren Akteuren. Weniger stark abhängige Akteure können eine asymmetrische Interdependenzbeziehung nutzen, um ihre Interessen an einer Senkung der Kosten gegenüber einem stark abhängigen Staat durchzusetzen. Sie besitzen einen Vorsprung hinsichtlich ihrer Fähigkeit, die von ihnen gewünschten Ergebnisse zu erzielen. Dieser (Macht-)Vorsprung bedeutet jedoch nicht zwangsläufig, dass Asymmetrien in interdependenten Beziehungen auch größere Möglichkeiten der Ergebniskontrolle mit sich bringen. Ein größerer Handlungsspielraum kann nur selten unmittelbar für eine Kontrolle der Ergebnisse genutzt werden. Der Grund dafür liegt im unterschiedlichen Grad der gegenseitigen Abhängigkeiten in mehreren vitalen Sach- oder Problembereichen (*issue areas*) bzw. Politikfeldern (*policy areas*). Ein hinsichtlich des Erhalts von Rohstoffen lediglich empfindlich abhängiger Staat kann hinsichtlich der Versorgung mit hochtechnologischen (*dual use*) Gütern verwundbar sein. Die relativ große Macht zur Ergebniskontrolle im einen Bereich wird durch seine relative Ohnmacht zur Ergebniskontrolle im anderen Bereich ausgeglichen. Da fast alle Staaten in einigen Sachbereichen empfindlich und gleichzeitig in anderen Sachbereichen

---

[80] Vgl. Robert O. Keohane & Joseph Nye, Power and Interdependence Revisited, *International Organization*, vol. 41 (1987), 725-753, 737.

verwundbar sind, können *issue area*-spezifische Machtvorsprünge durch eine Verknüpfung von Sachfragen aus verschiedenen Bereichen (*issue-linkage*) relativiert werden.

Das am besten geeignete Verfahren, um mit dem gegebenen Handlungsspielraum konkrete Ergebnisse zu erreichen und Kosten zu regulieren, ist Verhandeln in eigens dafür bereitgestellten Arenen der Kommunikation und Entscheidungsfindung[81]. Die im Rahmen von Verhandlungen ausgeübte Macht manifestiert sich als die Fähigkeit eines Akteurs, andere durch Überredung, Druck oder auch Drohungen dazu zu bringen, etwas zu tun, was sie sonst nicht tun würden. Asymmetrische Interdependenzbeziehungen bringen es mit sich, daß Staaten ihre Vorteile verstärkt in Verhandlungen wahrzunehmen versuchen. Dabei setzen sie unterschiedlich ausgeprägte Abhängigkeiten im Sinne von Machtressourcen für die Einflussnahme und Realisierung konkreter Ergebnisse ein. Verhaltensregulierende und ergebnissteuernde Verhandlungssysteme, die sogenannten Regime, basieren auf gemeinsamen Prinzipien und Normen, ferner beinhalten sie konkrete Regeln und Verfahren zur Kommunikation und Entscheidungsfindung. Regime sind internationale Institutionen und als solche sind sie sowohl Resultate interdependenter Beziehungen als auch Einflußfaktoren für diese Beziehungen. Regime stellen den Teilnehmern Informationen zur Verfügung, die ihre Bereitschaft zu Kooperation erhöht. In ihrer Eigenschaft als Verhandlungssysteme ‚intervenieren' internationale Regime zwischen der Machtstruktur des internationalen Systems und den interessegeleiteten Interaktionen zwischen Staaten. Die Struktur des Systems, d.h. die zwischenstaatliche Machtverteilung, beeinflusst die Natur des Regimes, insofern die mächtigeren Staaten oft für die Einrichtung von Regimen verantwortlich zeichnen[82]. Einmal errichtet, setzt das Regime dann für alle Staaten Schranken bzw. eröffnet Möglichkeiten für Staaten, ihre Interessen über Verhandlungen in konkrete Ergebnisse zu übersetzen.

Grundsätzlich gilt in Zeiten asymmetrischer Interdependenz, daß die Macht eines Staates durch seine Fähigkeit definiert ist, Abhängigkeiten anderer Staaten im Rahmen von Verhandlungen für seine eigenen Zwecke auszunutzen. Macht hat nicht mehr primär etwas mit militärischer Stärke und einer hervorgehobenen Position zu tun. Nicht zuletzt die Realisierung politischer Interessen durch Krieg ist angesichts der damit verbundenen Kosten (Reputationsverlust) für den Wiederaufbau und die abermalige Einrichtung effizienter Transaktionsbeziehungen verhältnismäßig teuer. Der Anreiz zur Selbsthilfe wird durch den Glauben aller Staaten an die Möglichkeit von Kooperationsgewinnen überlagert. Der militärische Aspekt internationaler Politik rückt in den Hintergrund. Allerdings ist es nicht so, daß militärisch starke Staaten überhaupt keinen Vorsprung mehr haben. Solche Staaten besitzen immer noch ein beträchtliches Maß an Einfluß darauf, ob Verhandlungssysteme (Regime) zur Regulierung entstehender Transaktionskosten eingerichtet, welche Sachbereiche als Verhandlungsmaterien festgelegt, und welche Staaten als Teilnehmer zu den Verhandlungen zugelassen werden. Zwar schaden sich militärisch starke Staaten auch selbst, wenn sie sich der Einrichtung von Verhandlungsarenen zur kooperativen Bewältigung anfallender Transaktionen versagen. Allerdings ist davon auszugehen, daß militärisch starke Staaten bei der Regulie-

---

[81] Vgl. Robert O. Keohane, *After Hegemony*, a.a.O., 52: "Frequently, of course, negotiation and bargaining take place, often accompanied by other actions that are designed to induce others to adjust their policies to one's own."

[82] Vgl. ebda., 63.

rung von Transaktionskosten darauf achten, ob sie durch internationale Regime nicht mehr an Macht einbüßen als ihnen lieb ist.

Interdependente Beziehungen sind nicht frei von Verteilungskonflikten[83]. Grundsätzlich gilt, dass alle Staaten aus einer Teilnahme an einem Regime zunächst überhaupt einen Vorteil für sich ziehen wollen: sie wollen ihre Kosten senken, d.h. sie wollen absolute Gewinne erzielen. Und internationale Regime eröffnen diese Möglichkeit, indem es allen an den Verhandlungen beteiligten Staaten möglich wird, an einer für sie nützlichen Verregelung der zur Diskussion stehenden Sachfragen mitzuwirken. Dennoch achten Staaten auch immer darauf, daß sie ihren Anteil an Kooperationsgewinnen vergrößern. Zunehmende Interdependenz kann dazu führen, daß die Zahl der Verhandlungssysteme immer weiter zunimmt und das Netz der Verregelung politischer Probleme dichter wird. Dabei entsteht nicht zwangsläufig eine ‚neue heile Welt' der Kooperation, die eine ‚alte böse Welt' internationaler Konflikte ersetzt. Konflikte bleiben erhalten und werden zunächst ‚nur' in die Gremien von Verhandlungssystemen verschoben. Die Politik der ökonomischen (und auch ökologischen) Interdependenz umfasst selbst dann Wettbewerb, wenn aus der Kooperation für alle Staaten große Vorteile zu erwarten sind. Freilich ‚zivilisiert' das Verhandeln in Regimen den Konfliktaustrag im Vergleich zur Kommunikation mit Massenvernichtungswaffen beträchtlich. Mit Hilfe von Regimen regulieren Staaten den regellosen Zustand der Anarchie.

5.3 Heuristik

Im Fokus des Neoliberalismus stehen solche Phänomene und Entwicklungen, die sich auf die Motivation der Staaten zur Kostenreduzierung zurückführen lassen. Dabei strukturieren die Grundannahmen der Theorie den relevanten Wirklichkeitsausschnitt vor, indem sie den Blick darauf lenken, daß die den internationalen Beziehungen inhärente Problematik immer in den strategischen Verhaltensweisen egoistisch denkender Staaten zu finden ist: Entscheidungen auf der Seite eines Staates rufen bei einem anderen Staat Kosten hervor und werfen das Dilemma kollektiver Handlung auf: Misstrauen erschwert eine Entscheidung zum beiderseitigen Vorteil. Das Ziel der Theorie ist einerseits, zu beschreiben, wie Staaten ihre gegenseitigen komparativen Kostenvorteile durch kooperative Interaktionen ausnutzen; und andererseits, zu erklären, warum Staaten sich kooperativ verhalten. Dynamische Verhandlungs- und kommunikationssysteme (Regime) wirken auf die Interessenabwägung der Staaten, indem sie
- Transaktionskosten senken,
- Informationen über Motive und Veraltensweisen anderer Staaten übermitteln,
- Transparenz hinsichtlich der Einhaltung von Normen und Regeln herstellen sowie
- Sanktionierung abweichender Verhaltenswiesen ermöglichen.
Regime entfalten eine spezifische Wirkung
- auf die Teilnehmer – Informationen verändern die Kalkulationen der Akteure;
- das Politikfeld – die Erreichung gemeinsamer Ziele verändert den Sachbereich;

---

[83] Vgl. ebda., 252-257.

- die normativ-institutionelle Struktur des internationalen Systems – die Regelungsdichte nimmt zu.

Zwei aus Sicht des Neoliberalismus interessante, weil mit dem analytischen Instrumentarium des Realismus bzw. des Neorealismus nicht überzeugend zu erklärende, Phänomene sind einerseits das Zustandekommen von Kooperation und die Einrichtung von Regimen, und andererseits die Wirkung von Regimen auf die Teilnehmer an Kooperationsprozessen. Das Zustandekommen von Kooperation lässt sich gut veranschaulichen mit einem Blick auf die ‚Einrichtung' und die ‚Fortdauer des GATT-Regimes' trotz der Wirtschaftskrise während der 1970er Jahre und mit einem Blick auf die Einrichtung eines ‚Ölverbraucher-Regimes' ebenfalls während der 1970er Jahre. Die Wirkung von Regimen lässt sich gut veranschaulichen mit Blick auf die ‚Fortexistenz der NATO nach dem Ende des Ost-West Konflikts' und andererseits mit einem Blick auf die ‚Rolle des Nonproliferationsregimes' seit den frühen 1960er Jahren.

5.3.1 Die Entstehung von Kooperation

Die Einrichtung des GATT-Regimes
Im Unterschied zur realistischen Sichtweise ist es aus Sicht der neoliberalen Theorie nicht ausreichend, darauf zu verweisen, daß ein hegemonialer Staat Regime begründet und die Normen und Regeln des Regimes gegenüber anderen Staaten durchsetzt. Ferner ist es nicht zutreffend, daß sich internationale Regime auflösen, wenn der Hegemon seine hervorgehobene Machtposition verliert. Die Entstehung und Stabilität eines Regimes ist auf Ursachen zurückzuführen, die in einer interdependenten Welt zu finden sind, in der selbst starke und einflussreiche Staaten Einschränkungen ihres Handlungsspielraums erfahren. Die Entstehung von Regimen gründet sich – analytisch ausgedrückt – auf ein rationales Interesse der Akteure, ihre Kosten aus wechselseitigen Abhängigkeitsverhältnissen mittel- bis langfristig durch Einrichtung von Verhandlungs- und Regelsystemen zu senken. Dazu braucht es die Einsicht in den ‚Bedarf' an institutionalisierter Kooperation.

Aus Sicht der neoliberalen Theorie kann die Einrichtung des GATT-Regimes folgendermaßen beschrieben werden: die bis 1914 forcierte Liberalisierung des Welthandels wurde unterbrochen von einer Phase des Protektionismus (1914-1939), der einen rapiden Abfall des wirtschaftlichen Wachstums bewirkte und der innerhalb von wenigen Jahren zu großen Weltwirtschaftskrisen und zwei Weltkriegen führte. Staaten litten sowohl unter den Kostenwirkungen protektionistischer Politik als auch unter den dadurch mitbedingten Konsequenzen. Der zweite Weltkrieg war zwar keine unmittelbare Folge dieser Kostenwirkungen, aber er war durch sie mitbedingt. Die Unterzeichung des ‚Allgemeinen Übereinkommens über Tarife und Handel' (GATT) im Jahr 1947 war der offizielle Abschluß von Verhandlungen über die Einrichtung einer internationalen Handelsorganisation (ITO), mit der die bis 1914 florierende Weltwirtschaft durch eine abermalige Liberalisierung des Welthandels wieder angekurbelt werden sollte. Forciert durch zwei mächtige Staaten, USA und Großbritannien, einigten sich am Ende insgesamt 23 Staaten wenigstens auf eine Reduzierung der Zollsätze, der Ein- und Ausfuhrbeschränkungen sowie weiterer Restriktionen für grenzüberschreitende

Handelstätigkeiten, um so ihre Interessen an einer Steigerung ihres binnenwirtschaftlichen Wachstums zu befriedigen. Von den USA wurde – zu ihrem eigenen Vorteil – das Ziel des freien Welthandels ausgerufen und die Notwendigkeit einer allmählichen Reduzierung diskriminierender Handelspraktiken betont. Die Unterzeichnerstaaten unterwarfen sich in der Folge nicht nur der Pflicht zur Meistbegünstigung. Sie paraphierten in diversen Verhandlungsrunden ('Genf' 1947; 'Annecy' 1949; 'Torquay' 1950/51; 'Genf' 1955/56; 'Dillon' 1961/62; 'Kennedy' 1964-67; 'Tokio' 1973-79; 'Uruguay' 1986-94) auch entsprechende Verträge, mit denen unter anderem die durchschnittliche Tarifhöhe für Manufakturen von 40% in den 1930er Jahren auf 3% in den 1990er Jahren gesenkt wurde. Das allgemeine Übereinkommen war zwar von Beginn an 'nur' eine Kompromisslösung. Diese basierte freilich auf einem rationalen Interessenkonsens aller Unterzeichnerstaaten, woraus sich ein arbeitsfähiges Regime zur Koordinierung nationaler Handelspolitiken entwickelte.

Aus neoliberaler Sicht ist für die Erklärung wichtig, daß das Regime des GATT zwar zurückgeht auf den Einfluß der USA, daß es aber dennoch auf einer zwischen 23 rationalen Akteuren geteilten Interessenbasis stand. Kein Staat war während der 1930er und 1940er Jahre in der Lage, die durch Protektionismus hervorgerufenen Kosten alleine zu senken. Die USA übernahmen die Rolle des Sponsors von Verhandlungen über Wege zur Reduzierung von Kostenwirkungen. Aber nicht die Stärke der USA war der Grund für das Zustandekommen des Regimes, sondern der Umstand, daß unter den beteiligten Staaten sowohl Konsens über das Prinzip 'Freihandel' herrschte, als auch, daß alle beteiligten Staaten sich übereinstimmend zur Erwartung (Norm) 'nicht-diskriminierender' Handelspraktiken bekannten. Die auf der Basis dieses gemeinsamen normativen Nenners vereinbarten Regeln des Regimes reichten von der Pflicht zur 'Meistbegünstigung' bis hin zu detaillierten Vorschriften für den Im- und Export. Das Regime entstand somit nicht nur aufgrund der überragenden Machtposition der USA. Der Grund für die Einrichtung des GATT ist v.a. in einer weithin geteilten rationalen Interessenbasis zwischen empfindlichen und verwundbaren Staaten zu sehen, den Welthandel zu liberalisieren, um den daraus entstehenden Nutzen für die eigene Volkswirtschaft zu steigern. Der Grund dafür, dass das GATT auch in Krisenzeiten weiter bestand, lag im Vorteil, den die Staaten mit einer fortgesetzten Teilnahme verbanden. Ohne das GATT wären alle Staaten gezwungen gewesen, Handelsgewinne über bilaterale Verhandlungen zu erreichen. Die Aufrechterhaltung war deswegen eine viel günstigere Alternative. Zudem erlaubte das GATT eine schnellere Verbreitung von Informationen über Intentionen und Strategien der Teilnehmer – auch und gerade in Krisenzeiten. Das GATT bot eine Reihe von Vorteilen, die mit den rationalen Interessen aller Teilnehmer korrespondierten. Deswegen herrschte eine kollektive Neigung vor, das GATT als Verhandlungsplattform beizubehalten.

Der Bedarf an einem Regime zur Koordinierung des Ölverbrauchs
Bei der Entstehung z.B. des 'Ölverbraucher-Regimes' sind aus neoliberaler Sicht folgende Sachverhalte wichtig: die erdölimportierenden Länder bekamen seit 1973/4 ihre Abhängigkeit von Öllieferungen zu spüren, nachdem die erdölexportierenden Länder die Förderung von Öl reduziert und die weltweiten Ölmärkte mit weniger Öl beliefert hatten. Zwischen Oktober und Dezember 1973 sanken die Vorräte auf den Weltmärkten um 7%. In der Folge stiegen die Preise für verfügbares Öl. Die großen erdölimportierenden Länder reagierten auf die Krise in einer unkoordinierten und wettbewerbsorientierten Art und Weise: jeder Staat

versuchte, die aus fehlenden Ölimporten und gestiegenen Ölpreisen entstandenen Kosten durch egoistische Maßnahmen zu regulieren. Großbritannien und Frankreich verlangten von ‚ihren' Ölfirmen bevorzugte Behandlung; Italien, Spanien und Belgien verhängten Ausfuhrbeschränkungen für Öl; Japan, Deutschland und die USA erhöhten die Ölpreise auf den heimischen Käufermärkten. Diese unkoordinierten Schritte führten in der Konsequenz zu einem Ergebnis, das kein Staat wollte. Denn genau durch diese unkoordinierte Herangehensweise der einzelnen erdölimportierenden Staaten, nämlich bei der Regulierung der anfallenden Kosten einseitige und kurzsichtige, weil nur den eigenen kurzfristigen Nutzen kalkulierende, Maßnahmen zu ergreifen, verschlimmerten sie die Situation für alle Staaten: die offiziellen Ölpreise vervierfachten sich zwischen Oktober 1973 und Januar 1974.

Aus Sicht der neoliberalen Theorie lag ein ‚Dilemma kollektiver Handlung' vor[84]. Alle erdölimportierenden Länder hatten eigentlich ein vorrangiges Interesse daran, die Vorräte auf den Weltmärkten zu erhöhen und die Ölpreise zu senken. Ihre egoistischen und unkoordinierten Handlungsweisen bewirkten aber genau das Gegenteil. Es fehlte eine Institution, die den beteiligten Staaten über entsprechende Verhaltensrichtlinien die für sie günstigsten Handlungsoptionen auswies, und die über die Einübung von Rollenverständnissen Erwartungssicherheit gegenüber den Verhaltensweisen der anderen Staaten herbeiführen konnte. Nur deswegen, weil kein Staat wusste, wie sich die anderen in der Situation verhalten würden, suchten alle Staaten ihr Heil in egoistischen Strategien, die am Ende zu einer Verschlimmerung der Situation für alle führten. In diesem Zusammenhang ergriffen die USA Anfang 1974 die Initiative und beriefen eine internationale Energiekonferenz in Washington ein, die zu einer Vereinbarung über ein internationales Energieprogramm führte, dessen wichtigster Bestandteil die Einrichtung der Internationalen Energiebehörde im November desselben Jahres war. Die USA hatten ein vorrangiges Interesse an einer Koordinierung einzelstaatlicher Energiepolitiken, einerseits weil nicht-abgestimmte Maßnahmen und daraus resultierende Konflikte zwischen den Industrieländern schwerwiegende Konsequenzen für die Weltwirtschaft hatten, andererseits weil die Uneinigkeit im Lager der westlichen Industriestaaten eine Gefährdung des US amerikanischen Einflusses sowie der Stabilität existierender Sicherheitsbeziehungen gehabt hätte. Die westlichen Industriestaaten hatten ihrerseits ein Interesse an einer Institution zur Koordinierung einzelstaatlicher Außenpolitiken, weil sich gezeigt hatte, daß die von ihnen ergriffenen Maßnahmen nicht geeignet waren, ihre Verwundbarkeit gegenüber ausbleibenden bzw. teueren Öllieferungen zu lindern. Bis zum Ende des Jahres 1978 traten alle westlichen Industriestaaten außer Frankreich der Behörde bei und selbst Frankreich unterhielt enge Beziehungen zur Organisation, die am Sitz des OECD-Hauptquartiers in Paris eingerichtet wurde. Die von vier Arbeitsgruppen im Rahmen der Behörde unternommenen Aktivitäten waren darauf gerichtet, verschiedene Mechanismen zu etablieren: ein System zur Ölversorgung im Notfall; ein Informationssystem zur Beobachtung des Ölmarktes; ein Bündel von langfristigen Maßnahmen zur Reduzierung des Ölverbrauchs und ein gemeinsames System zur Erforschung und Entwicklung von Energie. Ein wichtiges Instrument bei der Herstellung solcher Systeme war die Ausarbeitung von allgemeinen Regeln, z.B. derjenigen, die im ‚Energie Management-Handbuch' festgelegt wurden, und die Prozeduren festlegten, wie im Notfall auf Versorgungsengpässe reagiert werden

---

[84] Vgl. Robert O. Keohane, *After Hegemony*, a.a.O., 223.

sollte. Den Regierungen der westlichen Industriestaaten, den großen internationalen Ölkonzernen und der Energiebehörde wurden Pflichten auferlegt, um Krisen durch konzertierte Maßnahmen zu lösen.

Der Hauptgrund für die Einrichtung der Energiebehörde lag darin, daß alle westlichen Industriestaaten ihre Verwundbarkeit gegenüber den erdölexportierenden Ländern sowie die Unzulänglichkeit unkoordinierter Maßnahmen erkannten. Jeder Staat perzipierte einen Bedarf an Koordination von energiepolitischen Maßnahmen, um die für ihn anfallenden Kosten zu senken.

5.3.2 Die Wirkung von Regimen

Die Fortexistenz der NATO nach dem Ende des Ost-West Konflikts
Die Nordatlantische Vertragsorganisation (NATO) wurde 1949 mit der Unterzeichung des Nordatlantikvertrages gegründet. Ihr primäres Ziel bestand darin, ein mächtiges westliches Bollwerk gegen die politische und militärische Bedrohung durch die Sowjetunion herzustellen, die ihre Einflusssphäre seit Ende des 2. Weltkriegs bis in die Mitte Europas ausgedehnt hatte. Die Teilnehmer an diesem Bündnis waren nicht mehr nur europäische Staaten, von denen sich einige bereits 1948 im ‚Brüsseler Pakt' zusammengeschlossen hatten, sondern auch die neue Supermacht USA und Kanada. Gleichzeitig sollte die NATO verhindern, dass Deutschland noch einmal zu einer Bedrohung für die Staaten Europas wird. Die politische Geschäftsgrundlage der NATO bestand – im übertragenen Sinn – darin, ‚to keep the Soviets out, the Germans down, and the Americans in'. Unabhängig von diversen Strategiewechseln (von *strategic ambiguity* zu *massive retaliation* zu *flexible response*) und Erweiterungsrunden, belief sich das operative Geschäft der NATO während der ganzen Zeit des Ost-West Konflikts darauf, die Freiheit und Sicherheit der Mitglieder durch Abschreckung, Aufrüstung und ständige Abwehrbereitschaft zu garantieren. Am 9. November 1989 wurde die Berliner Mauer geöffnet. Gut 40 Jahre nach der Gründung der NATO begann damit eine Entwicklung, die innerhalb von ca. zwei Jahren in einen kompletten Wegfall der Geschäftsgrundlage der NATO mündete: nicht nur erlangte Deutschland seine volle Souveränität und die Sowjetunion zog sich aus dem Herzen Europas zurück, am 1. April 1991 löste sich das von der Sowjetunion organisierte Bündnis des Warschauer Paktes auf und am 25. Dezember 1991 sogar die Sowjetunion selbst.

Trotz des Wegfalls der Bedrohung durch die Sowjetunion, löste sich die NATO jedoch nicht auf. Im Gegenteil bemühten sich die NATO-Mitglieder um eine Anpassung der NATO an die neue Konstellation. Die Ausgaben für die Entwicklung und Aufrechterhaltung konventioneller und atomarer Waffenbestände wurden drastisch gekürzt, die Mittel für die Durchführung gemeinsamer Übungen und Ernstfallsimulationen wurden sichtlich reduziert, die militärische Infrastruktur der NATO wurde in drei multinationale Einheiten aufgeteilt und das strategische Programm der NATO wurde verändert, insofern sich die militärische Verteidigung nicht mehr gegen einen klar definierten Feind richtete, und insofern das Tätigkeitsfeld der NATO um politische Aspekte wie Krisenmanagement und Stabilitätsförderung ergänzt wurde. Außerdem wurde die NATO bereits während des Jahres 1991 zu einem Forum weiterentwickelt, das den ehemaligen Staaten der Sowjetunion mit dem Nordatlantischen Kooperationsrat (NAKR) Möglichkeiten bot, um im Rahmen diplomatischer Treffen über Fragen der gesamteuropäischen Sicherheitspolitik zu debattieren. Zudem wurde 1994 mit dem *Partnership for Peace* (‚P4P')-Programm ein Mechanismus geschaffen, der es den ehemaligen Staaten der Sowjetunion ermöglichte, mit den NATO-Staaten militärisch zusammenzuarbeiten, sei es im Rahmen gemeinsamer Manöver, sei es bei der Ausrichtung und Bewaffnung nationaler Streitkräfte, oder sei es im Rahmen friedenserhaltender und friedensschaffender Missionen der NATO. Kurz: die NATO hatte sich trotz des Wegfalls ihrer ursprünglichen Geschäftsgrundlage nicht aufgelöst, sondern einen Anpassungsproze0 durchlaufen.

Aus Sicht des Neoliberalismus ‚beweist' dieser Sachverhalt, dass Institutionen Wirkungen entfachen. Der Grund dafür, warum die Mitgliedstaaten die NATO nicht auflösten, liegt für Neoliberale darin, dass entsprechende Wirkungen von der Institution NATO auf die Teilnehmer ausgehen. Entscheidend ist in diesem Zusammenhang, wie neoliberale Wissenschaftler die NATO ‚sehen'. Für Vertreter der neoliberalen Theorie stellt sich die NATO in diesem Zusammenhang nämlich weder als klassische Verteidigungsallianz noch als formale internationale Organisation dar. Aus Sicht der neoliberalen Theorie ist die NATO mehr als eine rein zweckgebundene Allianz, die es den Teilnehmern erlaubt, Verteidigungsressourcen zu bündeln, um im Angesicht einer militär-politischen Bedrohung die eigenen Überlebenschancen zu steigern. Gleichzeitig ist die NATO weniger als eine internationale Organisation, deren bürokratischer Apparat eigene Interessen verfolgt und unabhängig von den Staaten operiert. Die NATO ist vielmehr eine Institution, ein Kompendium von Prinzipien, Normen, Regeln und Verfahren, das über Zeit zu bestimmten Rollenverständnissen und entsprechenden Verhaltensweisen unter den NATO-Mitgliedern beigetragen hat. Ein grundlegendes Prinzip der NATO war seit ihrer Gründung die gemeinsame Verteidigung der demokratischen Staaten in Westeuropa und Nordamerika gegen Bedrohungen durch die Sowjetunion. Normative Erwartungen der Teilnehmer richteten sich auf die Formulierung und Umsetzung angemessener sicherheits- und verteidigungspolitischer Strategien zum Schutz des Bündnisgebiets. Regeln beinhalteten z.B. Bestimmungen zur Stärke konventioneller NATO-Streitkräfte im Bündnisgebiet sowie deren Verteilung und Zusammensetzung aus nationalen Verbänden[85]. Verfahren bzw. Prozeduren bestanden und bestehen in den vielfältigen Gremien der NATO, angefangen bei politischen Gremien des Nordatlantikrats, bis hin zu militärischen und technischen Gremien auf Verwaltungsebene der Außen- und Verteidigungsministerien. Als ein Regime und eine internationale Institution verband die NATO nach 1990 die Regierungen der Mitgliedstaaten auf mehreren politischen Ebenen und in diversen Politikfeldern, insofern alle NATO-Mitglieder untereinander Erwartungen an eine Orientierung aller an gemeinsamen Strategien in Bereichen der politischen und militärischen Sicherheit hegten, ohne dass ihre Souveränität davon beeinträchtigt würde.

Für die Beantwortung der Frage, warum die NATO-Mitglieder die NATO nach 1990 nicht auflösten, wird eine Berücksichtigung ihrer Rolle bei der Senkung von Transaktions-

---

[85] Vgl. John Duffield, International Regimes and Alliance Behavior: Explaining NATO Conventional Force Levels, *International Organization*, vol. 46 (1992), 819-855, 835.

kosten und der Generierung von Verhaltenserwartungen wichtig. Die NATO trug sowohl über ihre Verhandlungsplattformen als auch über bestimmte Normen dazu bei, dass die Mitglieder keine Notwendigkeit sahen, sicherheitspolitische Maßnahmen in einer neuen Konstellation grundlegend neu zu organisieren. Die eingerichteten Verfahren der NATO erleichterten nach 1990 den Dialog über angemessene Maßnahmen, insofern in den verschiedenen Gremien auf einer Vielzahl von Ebenen schnell Klarheit über die veränderte Situation hergestellt und insofern eine Abstimmung über geeignete politische und militärische Maßnahmen befördert werden konnte. Die NATO minderte damit die Kosten für die Regierungen der Mitgliedstaaten, denn die Arenen zur Kommunikation und Entscheidungsfindung mussten nicht extra eingerichtet werden. Außerdem wussten die Verhandlungspartner aufgrund der bis dato entstandenen gemeinsamen Erwartungen und Zielvorstellungen inter se bereits in etwa, wie sie die neue Situation einschätzen mussten bzw. welche neuen Maßnahmen zur Bewältigung der Situation geeignet waren. Obwohl sich die Situation seit ihrer Einrichtung fundamental geändert hatte, stellte die NATO immer noch Leistungen bereit, die ihr die Wertschätzung der Mitglieder eintrugen und ihren Fortbestand als nützlich erscheinen ließ. Die Frage nach den Gründen für die Fortexistenz der NATO lässt sich mit Verweis auf ihre Wirkungen auf die Teilnehmer beantworten: die NATO existierte schon und leistete den Teilnehmern hilfreiche Dienste bei der Kommunikation über sicherheits- und verteidigungspolitische Herausforderungen. Die NATO war eine kostengünstige Alternative zu völlig neuen sicherheitspolitischen Arrangements. Zudem lieferten entstandene Normen allen Teilnehmern Informationen darüber, wie die neuen Herausforderungen zu deuten und welche Strategien angemessen waren. Die Teilnehmer passten ihre Verhaltensweisen an, insofern sie davon Abstand nahmen, eine neue organisatorische Infrastruktur einzurichten, um die Situation zu bewältigen. Stattdessen benutzten sie die NATO als Plattform, um mit neuen Akteuren über neue Anliegen zu kommunizieren[86].

Die Rolle des Nonproliferationsregimes

Der Rüstungswettlauf zwischen den beiden Supermächten USA und Sowjetunion gab in den frühen 1960er Jahren Anlaß zu Befürchtungen, dass sich das *know how* zur Herstellung atomarer Waffen nicht auf ein paar wenige Kernwaffenstaaten begrenzen lasse; dass die Welt in absehbarer Zeit von dreißig und mehr Staaten mit Nuklearwaffen bevölkert werde; und dass ein Nuklearkrieg eine zwangsläufige Folge dieser Entwicklung sei. Aus Sicht der beiden Supermächte bestand die Gefahr darin, dass kleinere Atommächte durch ihr Verhalten einen ‚katalytischen Krieg' vom Zaun brechen könnten, in den die Supermächte gegen ihren Willen hineingezogen werden würden[87]. In diesem Kontext unterstützte die US-Regierung einen irischen Vorschlag zur vertraglichen Regelung des Besitzes und der Verbreitung von Kernwaffen, für den sie auch die sowjetische Regierung gewinnen konnte. Angesichts der Gefahren aus einer ungehemmten Verbreitung atomarer Waffen, schien es der USA und der Sowjetunion vorteilhafter, sich auf ein gemeinsames Regelwerk zu verständigen, als einem quasi-

---

[86] Vgl. Robert McCalla, NATO's Persistence after the Cold War, *International Organization*, vol. 50 (1996), 445-475, 464.
[87] Vgl. Harald Müller, Die Zukunft der nuklearen Ordnung, *Aus Politik und Zeitgeschichte* 48/2005 (28. Nov. 2005), 3-9, 3.

‚natürlichen Trend', nämlich dem Erwerb der modernsten Waffenkategorie auf Seiten vieler Staaten, durch Untätigkeit auch noch Vorschub zu leisten. Der Nichtverbreitungsvertrag wurde am 1. Juli 1968 von den USA, der Sowjetunion und Großbritannien unterzeichnet und trat 1970 in Kraft. Nicht unterzeichnet haben den Vertrag Indien, Pakistan und Israel. Nordkorea trat dem Vertrag 1985 bei, erklärte aber im Januar 2003 seinen Austritt und testete im Oktober 2006 eine Atombombe. Der Nichtverbreitungsvertrag war zunächst für 25 Jahre gültig und wurde 1995 verlängert.

Der Nichtverbreitungsvertrag ist nur das auffälligste Element eines Regimes, basierend auf Prinzipien, Normen, Regeln und Verfahren. Zu den Prinzipien gehören z.B. das ‚Kriegsgefahrprinzip' (die Verbreitung von Nuklearwaffen erhöht die Kriegsgefahr); das ‚Kernenergienutzenprinzip' (die friedliche Nutzung von Kernenergie ist mit einer Nichtverbreitungspolitik vereinbar); das ‚Verknüpfungsprinzip' (der Ausbau von Kernwaffenarsenalen befördert die Verbreitung von Nuklearwaffen); und das ‚Verifikationsprinzip' (Verpflichtungen zur friedlichen Nutzung von Kernenergie bedürfen internationaler Kontrollen). Normative Erwartungen der Regimeteilnehmer richteten sich auf den Verzicht zur Herstellung und den Erwerb von Kernwaffen, die Nichtweitergabe von *know how* und/oder Materialien zur Entwicklung von Kernwaffen und die Bereitschaft, Inspektionen atomarer Anlagen zu dulden, Nuklearexporte zu limitieren, Lieferungen zu koordinieren und beim Handel mit Kernenergie zusammenzuarbeiten. Die Regeln des Regimes umfassen Vorschriften betreffend den Atomexport, Verifikationsprozesse sowie die Sicherheit von Kernmaterial in grenzüberschreitendem Transport. Die Verfahren des Regimes umfassen u.a. Revisionsprozeduren, Teilnahmeprozeduren, Konfliktregelungsprozeduren und Informationsprozeduren[88].

Die Wirkung des Nonproliferationsregimes bestand in einer Änderung der Exportpolitik auf der Seite vieler Regimeteilnehmer und hängt eng mit den Funktionen zusammen, die das Regime für die Teilnehmer erfüllte. Einerseits etablierten sich im Rahmen der Kommunikation über die Nichtverbreitung von Kernwaffen Erwartungen hinsichtlich des Verhaltens der Regimeteilnehmer betreffend die Nutzung und den Export von Atommaterial. Die Ungewissheit über Verhaltensweisen der Teilnehmer in der Zukunft wurde durch solche Normen reduziert. Andererseits verringerte das Regime spezifische Transaktionskosten, „[…] insbesondere Versicherungskosten, die Konstruktion von Kommunikationskanälen, den Entwurf von Ad-Hoc-Regeln sowie Seitenzahlungen (beispielsweise an obstinate Alliierte)."[89] Die Normen können als notwendige Bedingungen für einen veränderten Umgang vieler Regierungen mit Atommaterial angesehen werden, insofern alle Regimeteilnehmer die Dringlichkeit von Exportbeschränkungen für sich anerkannten. Hinreichende Bedingungen lagen in den Regeln, die von der ‚London Suppliers Group' angesichts des indischen Atomtests am 18. Mai 1974 in der Wüste von Rajasthan ausgearbeitet wurden. Besagte Regeln bedeuteten für die Regierungen der Teilnehmerstaaten in der Konsequenz, dass sie Entscheidungen über die Art und Weise der Umsetzung von Regimenormen im Einklang mit konkreten Kriterien treffen mussten, die für alle galten. Die Londoner Richtlinien wurden nämlich zur Grundlage

---

[88] Vgl. Harald Müller, Regimeanalyse und Sicherheitspolitik: Das Beispiel Nonproliferation, in: Beate Kohler-Koch (Hg), *Regime in den internationalen Beziehungen* (Baden-Baden: Nomos, 1989), 277-313, insbesondere 282-290.

[89] Vgl. ebda., 278.

für eine Reihe von exportbeschränkenden Gesetzen und Verordnungen, die alle Teilnehmerstaaten erlassen mußten. Nicht zuletzt die (damalige) EG nahm die Londoner Richtlinien in den Kanon der Gemeinschaftspolitik auf, um Wettbewerbsverzerrungen im europäischen Markt, und um Atomexporte in unerwünschte Zielstaaten zu verhindern[90]. Da außerdem vielfältige Verfahren, etwa die Gremien der internationalen Atomenergiebehörde, den Teilnehmerstaaten des Regimes erlaubten, die Einhaltung der Regeln – unter Rückgriff auf immer ausgefeiltere Hilfsmittel wie z.B. Satellitenaufklärung – zu überwachen und etwaige Verletzungen der Exportbeschränkungen zum Thema zu machen, konnten Kosten für Versicherungen gegen Regimeverletzungen und die Einrichtung von Überwachungsgremien gespart werden. Von Ausnahmen (z.B. Irak 1991) abgesehen, setzten die Regimeregeln Maßstäbe für kommunikative Interaktionen in ständigen Gremien, die auf die Teilnehmer disziplinierend wirkten.

5.3.3 Kontrollfragen

- Was ist Interdependenz?
- Wie und warum kommt es zu Kooperation?
- Welche Rolle spielt Macht in Interdependenz?
- Welche Funktionen besitzen Regime/Institutionen?
- Wie entstehen und wie wirken internationale Regime?
- Inwiefern ist die neoliberale Theorie eine systemische Theorie?

---

[90] Vgl. ebda., 295.

6 Neofunktionalismus

Integrationstheorien bzw. integrationstheoretische *conventions* (Föderalismus, Kommunikationstheorie à la Deutsch, Neofunktionalismus)[91] zeichnen sich aus durch die Problematisierung zweier zentraler Gesichtspunkte: die Beziehung zwischen Ökonomie und Politik sowie die Rolle des Staates als Organisationsform moderner Gesellschaften[92]. Integrationstheorien teilen die Ausgangsüberlegung, dass Regierungen in einem Bereich, wie z.B. dem der Wirtschaft, zusammenarbeiten und Institutionen einrichten, die den Kooperationsprozess steuern. Die einflussreichste *convention*, der Neofunktionalismus, leitete daraus die Hypothese ab, dass die von Regierungen eingerichteten Entscheidungsmechanismen eigene Dynamiken entfalten und staatliche Regulierung in immer mehr Sektoren ersetzen. Aufgrund einer ‚verbesserten' Bewältigung von Staatsaufgaben in einem Bereich, würden sich immer mehr loyale Befürworter sogenannter supranationaler Lösungen auch für andere Sektoren finden. Allmählich würden souveräne Staaten in der Bürokratie der internationalen Behörde verschmelzen und eine prozedurale Problembewältigungsgemeinschaft bilden[93]. Neofunktionalisten suchten nach Erklärungen für den Beginn von Integrationsprozessen und für die ihnen innewohnende Dynamik. Selbst prominente Vertreter der Theorie waren sich jedoch nie so ganz sicher, worauf sich die Beschreibung konzentrieren sollte[94]. Ebenso vorsichtig waren ihre Bemerkungen zu den mutmaßlichen Ursachen von Integration; Erklärungen konnten sich auf eine ganze Reihe von ‚unabhängigen Variablen' stützen. Besonders hilfreich für die Erfassung dieser Variablen schienen die ‚bewertenden Konzepte' des *spill over*, der *elite responsiveness* und des *bargaining style*.

Kritiker der neofunktionalistischen Theorie haben betont, dass Staaten aufgrund der prekären Situation in einem anarchischen Milieu und/oder aufgrund national(istisch)er Gesinnungen unter Entscheidungsträgern keine Integration außen- und sicherheitspolitischer Bereiche zulassen[95]. Andere Kritikpunkte richteten sich auf die der Theorie zugrunde liegende (elitäre) Vorstellung von ‚Pluralismus'. Konkurrierende Interessengruppen stünden in einem labilen Gleichgewichtszustand, zerstörten den Staat in seinem Wesenskern und reduzierten

---

[91] Zum Begriff *integrationist conventions*, vgl. Ernst B. Haas, The Study of Regional Integration: Reflections on the Joy and Anguish of Pretheorizing, *International Organization*, vol. 24 (1970), 607-646, 622.

[92] Vgl. Ben Rosamond, *Theories of European Integration* (Houndmills: Palgrave, 2000), 1.

[93] Vgl. Ernst B. Haas, *Beyond the Nation-State. Functionalism and International Organization* (Stanford: Stanford Uni-versity Press, 1964), 39.

[94] Vgl. Haas, The Study of Regional Integration, a.a.O., 630.

[95] Vgl. Kenneth N. Waltz, *Theory of International Politics*, a.a.O., 104-108. Vgl. Stanley Hoffmann, Obstinate or Obsolete? The Fate of the Nation-State and the Case of Western Europe, *Daedalus*, vol. 95 (1966), 862-915, 867-869.

jedes supranationale politische System zu einer ‚Zweckapparatur', die nur der Realisierung exklusiver Interessen dient[96]. Das Ungleichgewicht zwischen konkurrierenden Interessengruppen sei bedingt durch Unterschiede in der sozialen Basis, im politischen Einfluß der Apparate und in der Verfügung über Geldmittel. Supranationale Mechanismen glichen oligarchischen Systemen, in denen einflussreiche Interessenverbände hegemoniale Strukturen für eine ‚Politik der Vorherrschaft'[97] missbrauchten. Unorganisierten Gruppen sei der Zugang zu staatlichen und supranationalen Entscheidungsmechanismen komplett verbaut. Dieser Umstand, dass nämlich Kinder, Studenten, Alte, Selbständige, Arbeitslose, Kranke etc. vom Wettbewerb um politische Einflussnahme zugunsten der eigenen Wohlfahrtsmaximierung ausgeschlossen sind, werde als Ursache für Legitimationsdefizite überhaupt nicht berücksichtigt.

6.1 Prämissen

6.1.1 Internationale Beziehungen sind eingebettet in Vergesellschaftungsprozesse

Staaten unterhalten zwar dem Namen nach zwischenstaatliche Beziehungen, treten aber nicht selbst als Akteure auf. Die staatlichen Arenen und Entscheidungsprozesse dienen organisierten und einflussreichen gesellschaftlichen Gruppen als Plattformen und Mechanismen für die Realisierung ihrer Interessen. Die Verfolgung organisierter gesellschaftlicher Interessen geschieht nicht nur im Rahmen innerstaatlicher, sondern zunehmend auch im Rahmen überstaatlicher Entscheidungsprozesse. Der Pluralismus von Interessen sowie ein zunehmender Wettbewerb zwischen Gruppen um die Realisierung ihrer Interessen über Entscheidungsprozesse in und außerhalb von Staaten intensivieren die transnationale Vergesellschaftung und verändern die internationalen Beziehungen.

6.1.2 Die Akteure sind Gruppen mit spezifischen Interessen

In den pluralistischen Systemen der westlichen Industriestaaten sind private und politische Interessengruppen die relevanten Akteure im politischen Prozess. Innerhalb der staatlichen Gesellschaften stehen eine Vielzahl von privaten Gruppen mit unterschiedlichen Vorstellungen und Interessen in Konkurrenz zueinander und kämpfen um politischen Einfluß, um ihre eigene Wohlfahrt zu steigern. Gruppen verfolgen ausschließlich ihre eigenen Interessen an

---

[96] Vgl. Hans-Jürgen Bieling & Jochen Steinhilber, Hegemoniale Projekte im Prozeß der europäischen Integration, in: Bieling & Steinhilber (Hg.), *Die Konfiguration Europas: Dimensionen einer kritischen Integrationstheorie* (Münster: Westfälisches Dampfboot, 2000), 102-130.

[97] Vgl. Stephen Gill, The Emerging World Order and European Change: The Political Economy of European Union, in: R. Miliband & L. Panitch (Hg.), *The Socialist Register: New World Order?* (London: Merlin Press, 1992), 157-196.

der Lösung von Sachfragen, die aus ihrer Sicht einer ganz bestimmten Lösung harren. Die Regierung ist selbst eine Interessengruppe.

6.1.3 Akteure politisieren Sachfragen in institutionalisierten Kommunikationskanälen

Interessengruppen benutzen verfügbare Kommunikationskanäle, um ihre Interessen an der Lösung von ‚technischen' Sachproblemen vernehmbar zu artikulieren (= ‚Politisierung'). Sie bilden Koalitionen, oft über staatliche Grenzen hinweg, um die Dringlichkeit supranationaler Aufgabenerledigung zu betonen, und um politische Entscheidungsträger zu überreden, ‚überstaatliche' Entscheidungsmechanismen einzurichten, in denen ‚Experten' Sachprobleme ohne parteitaktische Kalküle und in technokratischer Manier durch supranationale Verwaltungsentscheidungen effizienter lösen können.

6.1.4 Supranationale Problemlösungen entfalten nicht-intendierte Konsequenzen

Erfolge bei der supranationalen Aufgabenbewältigung in einem spezifischen Sachbereich durch technokratische Entscheidungsfindung entfalten nicht-intendierte Konsequenzen: einerseits steigt der Druck zur technokratischen Verregelung angrenzender Sachbereiche, andererseits ‚lernen' Interessengruppen aus erfolgreicher supranationaler Problemlösung, insofern sie die Problemlösungskapazität technokratischer Verfahren erkennen. Akteure hegen Erwartungen, daß Probleme in angrenzenden Sachbereichen ebenfalls durch supranationale Lösungsversuche erfolgreich bearbeitet werden können.

6.1.5 Integration führt zu einer politischen Gemeinschaft

Interessengruppen entwickeln Vertrauen, Erwartungen und sogar Loyalitäten zu den überstaatlichen Mechanismen zur Problemlösung. Supranationale Lösungen von Sachfragen in einem Bereich dienen u.U. als Modell für die Problemlösung in anderen Bereichen. Insofern Gruppen in noch nicht vergemeinschafteten Bereichen supranationale Problemlösungen staatlicher Regulierung vorziehen, springt der supranationale Lösungsansatz über in andere Sachbereiche. Mit Zunahme supranationaler Entscheidungsmechanismen entsteht allmählich eine neue bürokratische Organisation und Problembewältigungsgemeinschaft – Regierungen können diesen Prozess jedoch unterbrechen.

6.2 Analytik und Aussagenlogik

6.2.1 Analytik

Interdependenz
Eliten/Interessengruppen
Pluralismus/Konflikte
Wohlfahrt
Entscheidungsfindung im pol. System
Interessenartikulation
Politisierung von Sachfragen
Problembereiche
Aufgabenerledigung
Staat als Transmissionsriemen
Gesetzgebung
Souveränitätstransfer
Vergemeinschaftung
Prozess
Kompetenzübertragungen

Internationale Organisation
Funktionales Recht
Nicht-Intendierte Konsequenzen
Übersprung (spill over)
 - Vernetzung von Problemlösungen
   (funktionaler spill over)
 - Loyalitätstransfers pol. Gruppen
   (politischer spill over)
 - Informelle Einbindung privater
   Gruppen und offizieller Akteure
   (erzeugter spill over)
Vertiefung
Erweiterung
Integrationsunterbrechung (stop and go)
Integrationsrückschritt (spill back)

6.2.2 Aussagenlogik

Nach dem Dafürhalten von Funktionalisten und Neofunktionalisten ist es irreführend, davon auszugehen, daß Staaten als einheitliche Akteure in den internationalen Beziehungen in Erscheinung treten. Neofunktionalisten gehen davon aus, dass Staaten in ihrem innerstaatlichen Raum von einem wettbewerbsorientierten Pluralismus einflussreicher gesellschaftlicher Eliten bzw. Gruppen mit bestimmten Interessen gekennzeichnet sind[98]. In der neofunktionalistischen Vorstellung nehmen auch politische Eliten und sogar Regierungen an diesem Wettbewerb teil. Alle organisierten Gruppen versuchen, ihre jeweiligen Interessen an der Steigerung der eigenen Wohlfahrt über eine Beeinflussung der Entscheidungsfindung im politischen System zu verwirklichen. Dabei kommt es zwangsläufig dazu, dass die Steigerung der Wohlfahrt einer Interessengruppe (z.B. der Arbeitgeber) wenigstens für eine gewisse Zeit mit einer Beeinträchtigung der Wohlfahrt anderer Interessengruppen (z.B. der Gewerkschaften) einhergeht. Pluralismus heißt immer auch Konflikt. Die Tatsache, daß gesellschaftliche und politische Gruppen mit verschiedenen Interessen ihre Anliegen politisieren, auf den politischen Entscheidungsprozeß einwirken und unterschiedlich viel Einfluß auf die Gesetzgebung ausüben, bedeutet, daß staatlicher Politik kein nationales Interesse im engeren Sinn des Wortes zugrunde liegt. Regierungspolitik besteht zu einem ganz wesentlichen Teil im Ausgleich

---

[98] Vgl. Leon Lindberg, *The Political Dynamics of European Economic Integration* (Stanford: Stanford University Press, 1963), 9.

6.2 Analytik und Aussagenlogik

der konkurrierenden Interessen, ganz besonders in der Lösung vieler technischer Probleme, den sogenannten Sachfragen. Je mehr Interessengruppen versuchen, ihre spezifischen Interessen an der Lösung von Sachfragen über Teilnahme an diesem innerstaatlichen Problemlösungsprozeß zu realisieren, desto weniger kann von einem nationalen Interesse die Rede sein. Vor allem in den modernen Industriestaaten sind es oft gut organisierte gesellschaftliche Eliten, nämlich wirtschaftliche Interessengruppen wie die Industrie- und Handelskammern, die Sachfragen politisieren und – durch direkte oder indirekte Lobbyarbeit – großen Einfluß auf die politische Entscheidungsfindung und Gesetzgebung ausüben. Zusammengeschlossen in großen Wirtschaftsverbänden, versuchen Interessengruppen der Industrie und/oder des Handels politische Parteien und Regierungen für ihre Ziele einzunehmen. Sie versuchen, unter den tonangebenden politischen Eliten einen tragfähigen Konsens über Problemlösungsbedarf herzustellen und wirtschaftliche Sachprobleme einer nach ihrer Meinung effizienten Lösung zuzuführen. Solche Verbände organisieren sich und operieren zusehends transnational, indem sie Koalitionen über staatliche Grenzen hinweg bilden. Als transnationale Interessengemeinschaften üben sie u.U. noch mehr Einfluß auf innerstaatliche Rechtspolitik aus.

Diese innerstaatlich gebündelte und über grenzüberschreitende Zusammenarbeit verstärkte Einflussnahme wirtschaftlich motivierter Interessengruppen kann im Ergebnis dazu führen, daß eher technisch anmutende Probleme z.B. in der Industrieproduktion bzw. dem Vertrieb von Industriegütern nicht mehr durch nationale Gesetze, sondern durch eine von Wirtschaftsexperten koordinierte Sachpolitik auf supranationaler Ebene gelöst werden. Die Voraussetzung dafür ist geschaffen, wenn sich Regierungen dem Druck dieser Interessengruppen beugen und die Zuständigkeit für die Lösung von wirtschaftlichen Sachfragen auf eine internationale Behörde übertragen. Der gebündelte ‚wirtschaftliche Sachverstand' von Interessengruppen aus mehreren Ländern bewegt die Regierungen wirtschaftlich bedeutender Staaten dazu, ausgewählte Gesetzgebungs- und Regulierungskompetenzen auf die internationale Behörde zu übertragen. Die dort getroffenen Entscheidungen führen wirtschaftliche Probleme in ausgewählten Sektoren einer staatenübergreifenden Lösung zu, die aus rein sachspezifischen Gesichtspunkten effizient und wünschbar ist. Die erfolgreiche Befriedigung spezifischer Bedürfnisse an effizienter Sachpolitik in einem wirtschaftlichen Problemfeld – z.B. dem der Bergbau- oder der chemischen Industrie – durch die von einer internationalen Behörde vorgenommenen Regulierungen zeitigt dann unter Umständen nicht-intendierte Konsequenzen: die Problemlösung in einem wirtschaftlichen Bereich wirft Probleme in anderen Wirtschaftssektoren auf, z.B. in der Verpackungsindustrie oder der Verkehrsindustrie; oft sind davon ganz andere Sachbereiche betroffen (Finanzen, Soziales, Umwelt). Je nach dem Dafürhalten der betroffenen Interessengruppen bedürfen die dort entstehenden Sachfragen ebenfalls einer effizienteren Regulierung durch die internationale Behörde. Mithin führt also die erste erfolgreiche Aufgabenbewältigung durch die internationale Behörde zu Handlungsbedarf in angrenzenden Sachbereichen und veranlasst andere Interessengruppen, diesen ‚supranationalen Ansatz' z.B. mit Blick auf Fragen der Verpackung und/oder des Verkehrs bzw. auf den Feldern der Finanz-, Sozial-, oder Umweltpolitik zu verfolgen. Wenn und insofern es solchen gesellschaftlichen Gruppen ihrerseits gelingt, Regierungen zu Kompetenzübertragungen für diese Bereiche zu bewegen, zieht die erste supranational vollzogene Problemlösung in einem Bereich weitere Schritte solcher Art in anderen Bereichen nach sich. Die von einer Gruppe zur Lösung von Problemen in einem Sektor angestoßene Regulierung vernetzt sich mit und ‚springt über' auf Interessengruppen mit Erwartungen an eine effiziente Problemlösung in einem angelagerten Sektor (funktionaler *spill over*).

Der Erfolg supranationaler Problemlösung(en) kann dazu führen, daß nicht nur gesellschaftliche Eliten sondern sogar die jeweiligen Regierungen der Staaten selbst einen Wert in technokratischer Regulierung sehen und die Arbeit der internationalen Behörde wertschätzen. Politische Eliten wenden sich u.U. aus eigenem Antrieb dem supranationalen Ansatz zu, weil sie Loyalitäten für die internationale Verwaltungsbürokratie entwickelt haben (politischer *spill over*). Sie favorisieren selbst immer mehr supranationale Lösungen für gesellschaftliche Sachprobleme und rufen nach der Setzung von supranationalem funktionalen Recht. Politische Eliten sorgen auf der Basis ihrer neuen Identifikation mit supranationaler Problemlösung durch freiwillige Kompetenzabtretungen dafür, daß immer mehr Sektoren für den Zugriff internationaler Entscheidungsprozesse geöffnet werden. Darüber hinaus ist oft zu beobachten, daß die auf internationaler Ebene tätigen Beamten und politischen Eliten ebenfalls positive Erwartungen an und Loyalitäten für die internationale Bürokratie entwickeln. Sie versuchen, politische Eliten und gesellschaftliche Interessengruppen vom Vorteil supranationaler Lösungen zu überzeugen und binden z.B. Wirtschafts- und/oder Sozialverbände direkt in die Kommunikations- und Entscheidungsprozesse auf supranationaler Ebene ein. Interessengruppen lassen sich u.U. von internationalen Verwaltungsbeamten und ihren Vorschlägen überzeugen, so dass der Bedarf an wirtschafts-, finanz-, oder sozialpolitischen Problemlösungen nicht mehr von gesellschaftlichen Interessengruppen formuliert, sondern durch die Beamten auf internationaler Ebene erzeugt wird (erzeugter *spill over*). Oft werden Interessengruppen von supranational ‚denkenden' Akteuren und bereits im Vorfeld geplanter Regulierungen in informelle Gespräche eingebunden, so daß der für die Lösung von Problemen nötige Sachverstand aus der supranationalen Verwaltungsmaschinerie heraus nachgefragt wird. Entscheidungen resultieren in letzter Konsequenz aus Kommunikationsprozessen, die informell und auf verschiedenen supranationalen Ebenen, aber nicht mehr unbedingt innerhalb der vorgesehenen Institutionen ablaufen.

Der zunehmende Übersprung von Erwartungen und Loyalitäten auf der Seite von Interessengruppen in immer mehr Sektoren, begleitet von entsprechenden Kompetenzübertragungen durch die nationalen Regierungen, bedeutet eine allmähliche Vertiefung der Integration. Es entsteht allmählich eine neue politische Gemeinschaft – nicht im Sinne einer Werte-, oder gar ‚Schicksalsgemeinschaft', sondern im Sinne einer Problembewältigungsgemeinschaft, eines staatenübergreifenden Entscheidungszentrums, in das gesellschaftliche und politische Eliten positive Erwartungen mit Blick auf ihre Wohlfahrtsmaximierung setzen. Des weiteren kommt es u.U. zu Begehrlichkeiten auf der Seite von Regierungen, deren Staaten noch nicht Teilnehmer des Integrationsprozesses sind. Geglückte Integrationsfortschritte und die damit verbundenen Gewinne für die Teilnehmer an internationaler Integration nähren den Wunsch auch unter Nichtmitgliedern, dem Integrationsprozess beizutreten. Aus der Sicht von Nichtmitgliedern scheint der Beitritt zu einem funktionierenden wirtschaftlichen Integrationsprozess, nachgerade im Zeitalter der Interdependenz und transnationalen Vergesellschaftung, ein lohnenswertes Unterfangen. In diesem Fall springen positive Erwartungen und evtl. sogar Loyalitäten in einem geographischen Sinn über den bisherigen Integrationsraum hinaus. Je nach Vorliegen eines Konsenses unter den Mitgliedern betreffend die geographische Ausweitung der Integration kommt es zur Erweiterung um beitrittswillige Staaten Es ist freilich nicht gesagt, dass Integration zwangsläufig und automatisch in Richtung einer vertieften bzw. erweiterten Gemeinschaft voranschreitet. Einzelne Regierungen können jederzeit feststellen, dass die Souveränität der Staaten – wenigstens vorläufig – zu weit ausgezehrt und/oder dass die geographische Ausdehnung der Gemeinschaft an ihr Ende gekommen ist. Integrationsunterbrechungen (*stop-and-go*) und u.U. sogar Integrationsrückschritte (*spill back*) sind möglich[99].

6.3 Heuristik

Im Fokus des Neofunktionalismus stehen die Initiativen gesellschaftlicher und politischer Eliten bzw. einflußreicher Interessengruppen, die sich von einer überstaatlichen Koordinierung von Sachaufgaben größere Wohlfahrtsgewinne versprechen. Besonderes Augenmerk gilt dabei den nicht-intendierten Konsequenzen von Entscheidungen internationaler Institutionen. Neofunktionalisten nehmen an, daß eine für die internationalen Beziehungen immer wichtiger werdende Problematik im Zusammenspiel der strategischen Verhaltensweisen einflussreicher und transnational vernetzter Interessengruppen zu finden ist. Durch eine gezielte Einflussnahme auf die nationalen politischen Systeme verlagern diese Gruppen die Vorbereitung und Durchführung regulierender Maßnahmen immer mehr auf eine supranationale Ebene, auf der die Kommunikations- und Entscheidungsprozesse nicht von so vielen unterschiedlichen Interessen und Veto-Spielern blockiert werden, wie die Verfahren im Rahmen der nationalen politischen Systeme. Im Resultat führen solche Prozesse zu einer allmählichen Überwindung nationaler Staatlichkeit und der Entstehung einer supranationalen Problembewältigungsgemeinschaft. Diese und andere Grundannahmen der Theorie strukturieren den relevanten Wirklichkeitsausschnitt vor. Mit Hilfe der neofunktionalistischen Theorie lässt sich beschreiben, welche inter- und supranationalen Institutionen Regierungen einrichten, um Sachprobleme ‚besser' regulieren zu können, und welche Konsequenzen sich daraus ergeben – d.h., inwiefern sich die Entscheidungsfindung für immer mehr Politikfelder auf die Ebene der internationalen Institutionen verlagert, so dass allmählich eine supranational operierende Entscheidungsinstanz entsteht, die als politisches System *sui generis* über den Mitgliedstaaten steht und sie überwölbt. Mit Hilfe der Theorie kann und soll erklärt werden, warum die Regierungen pluralistisch verfasster Staaten immer mehr Kompetenzen an die supranationale Organisation abtreten und vormals staatliche Zuständigkeiten zusammenlegen bzw. ‚vergemeinschaften'. Zwei für den Neofunktionalismus interessante Phänomene sind der Beginn von Integration, wobei vor allem der Zeitpunkt interessiert, an dem der Prozess in Richtung Gemeinschaftsbildung ‚abhebt' (*takeoff*), und die der Integration innewohnende Dynamik von Überspringen (*spill over*) und sektoralen Vernetzungen.

---

[99] Vgl. Leon Lindberg & Stuart Scheingold, *Europe's Would-Be Polity: Patterns of Change in the European Community* (Englewood Cliffs: Prentice Hall, 1970), 199.

6.3.1 Der Beginn von Integration

Die Integrationsdynamik nach Gründung der Europäischen Gemeinschaft für Kohle und Stahl (EGKS)

Für Haas, den bekanntesten neofunktionalistischen Integrationstheoretiker, war interessant, daß sechs westeuropäische Staaten (Frankreich, Italien, Deutschland, Belgien, Niederlande, Luxemburg) nach dem 2. Weltkrieg damit begannen, wirtschaftliche Belange in der Schwerindustrie durch multilaterale Aushandlungsprozesse und sogar durch Zusammenlegung von sachpolitischen Zuständigkeiten zu organisieren. Im Sinne einer Beschreibung lässt sich zunächst festhalten, dass die Regierungen dieser sechs Staaten am 18. April 1951 mit dem Vertrag von Paris die Europäische Gemeinschaft für Kohle und Stahl (EGKS) gründeten. Die Vereinbarung trat am 23. Juli 1952 in Kraft und setzte gemeinsame Produktionsbedingungen und Kontrolle der Eisen- und Stahlproduktion durch eine supranationale Verwaltung fest. Die sogenannte ‚Hohe Behörde', die Vorgängerin der heutigen Kommission, war das ausführende Verwaltungsorgan der Gemeinschaft mit Sitz in Luxemburg. Die Hohe Behörde ermöglichte den Mitgliedstaaten einen zollfreien Zugang zur Eisen- und Stahlproduktion aller Mitgliedsländer der EGKS. Der Hohen Behörde oblag der Vollzug der Beschlüsse der EGKS, auch ‚Montanunion' genannt. Die sechs Unterzeichnerstaaten bestimmten acht Mitglieder der Hohen Behörde selbst, ein neuntes wurde von der Behörde gewählt. Die Mitglieder der Hohen Behörde entschieden mit einfacher Stimmenmehrheit über Belange der Eisen- und Stahlproduktion. Durch diese Vergemeinschaftung von vormals staatlichen Kompetenzen zur Regulierung wichtiger Abläufe im Kohle- und Stahlsektor öffneten die sechs Gründerstaaten die Bereiche der Schwerindustrie für die Regelung durch supranationales Recht. Für den Montansektor wurde eine gemeinsame Rechtsordnung mit zuständigen Organen, eben der Hohen Behörde, eingerichtet, deren Entscheidungen für alle Mitgliedstaaten verbindlich waren. Aus Sicht der neofunktionalistischen Theorie ist diese faktische Skizze relevant und wichtig, weil die Europäisierung der Stahl- und Energieerzeugung nur der Anfang eines dynamischen Integrationsprozesses war. Nahezu gleichzeitig fanden Versuche statt, die Bereiche der Verteidigung und der Außenpolitik der sechs Mitgliedsstaaten zu europäisieren. Diese Versuche scheiterten jedoch in den Jahren 1954 und 1955. Und obwohl diese Initiativen zunächst nicht zu einer weiteren Vergemeinschaftung von Sektoren führten, ist bemerkenswert, daß die sechs Gründerstaaten ab 1955 an der Errichtung einer Europäischen Wirtschafts- und einer Europäischen Atomgemeinschaft arbeiteten, deren Einrichtung sie mit den Römischen Verträgen 1957 auch vertraglich beurkundeten.

Mehrere Bedingungen ließen diese Entwicklung überhaupt möglich werden. Mit Ausnahme der Niederlande und Luxemburgs waren die nationalen Identitäten in diesen Staaten schwach aus-geprägt; politisch gab es keine bedeutenden Konfliktlinien mehr; die Gesellschaften in den jeweiligen Staaten unterschieden sich auch in kultureller Hinsicht nicht wesentlich; schließlich verfolgten auch die politischen Parteien ähnliche Programme[100]. Diese Voraussetzungen waren wichtige Rahmenbedingungen dafür, dass innerhalb der EGKS und anderer nach dem 2. Weltkrieg eingerichteter Institutionen kollektive Entscheidungen in

---

[100] Vgl. Ernst B. Haas, *The Uniting of Europe* (Stanford: Stanford University Press, 1958), 290-1.

Sachbereichen getroffen werden konnten, in denen sich einflussreiche gesellschaftliche Interessengruppen Wohlfahrtssteigerungen erhofften. Diese Voraussetzungen waren notwendige Bedingungen für Integration, sie stellten aber für sich genommen noch keine hinreichenden Gründe für die Vergemeinschaftung dar. Die zentrale Frage des Neofunktionalismus richtete sich deshalb auf die hinreichenden Gründe dafür, warum die Regierungen der sechs Staaten den gemeinsamen Markt für Stahlprodukte einrichteten und sogar weitere Zuständigkeiten auf internationale Verwaltungsorganisationen abtraten. Die inter- und supranationalen politischen Institutionen wurden erst durch Kompetenzübertragungen bzw. politische Akte der einzelnen Regierungen dazu befähigt, bestimmte Sektoren zu regulieren und sachpolitische Sichtweisen und Überzeugungen zur Grundlage verbindlicher Entscheidungen zu machen[101].

Für die neofunktionalistische Erklärung des Phänomens ist relevant, daß es trotz beträchtlicher Skepsis auf Seiten zahlreicher Akteure genug einflussreiche gesellschaftliche und politische Gruppen in den sechs Staaten gab, die verantwortlich dafür waren, dass die EGKS überhaupt eingerichtet wurde. Zu nennen sind v.a. die Initiativen von politischen Gruppen um Akteure wie Monnet und Schuman, die Vorschläge machten, wie die Produktionsbedingungen und der Vertrieb von Schwerindustrieprodukten verbessert werden könnten. Entscheidend war dann, den Vertrag zur Gründung der EGKS so zu formulieren, dass alle betroffenen Gruppen einen Vorteil in der neuen Institution sehen konnten. Die Führungsgremien der kohle- und stahlverarbeitenden Industrien, Wirtschaftsfunktionäre in den jeweiligen Handelskammern, die Spitzen der Gewerkschaften sowie Spitzenbeamte aus den nationalen Verwaltungen teilten keine gemeinsame Ideologie gegen den Vertrag, daher mussten entsprechende Bestimmungen gefunden werden, mit denen diese Gruppen für das Projekt gewonnen werden konnten[102]. Weil das gelang, erwarteten sich einige Industrieverbände, vor allem die deutschen, eine Wiederbelebung der deutschen Stahlproduktion; die Handelskammern versprachen sich von der Liberalisierung des Marktes für Schwerindustriegüter mehr Wettbewerb und dadurch bedingt eine Verminderung der Produktionskosten, höhere Produktivität und niedrigere Preise für Eisen- und Stahlprodukte; schließlich verfochten Spitzenbeamte – neben Jean Monnet auch Ludwig Erhard – in den nationalen Verwaltungen neoliberale Ideen und knüpften an die Arbeit der EGKS die Hoffnung, dass geographische Vorteile bestimmter Industrien maximiert und der Vertrieb von Produkten rationalisiert werden könnten[103]. Eine weitere Überlegung auf der Seite all dieser Gruppen bestand darin, dass weltwirtschaftliche Entwicklungen eine Effizienzsteigerung in der europäischen Schwerindustrie dringend nahe legten.

Aus Sicht der neofunktionalistischen Theorie ist der entscheidende Gesichtspunkt für einen Integrationsfortschritt darin zu sehen, dass nach der Einrichtung der EGKS viele gesellschaftliche Gruppen einen Vorteil für sich darin erkannten, industriepolitische Entscheidungen über die EGKS und in Umgehung der staatlichen Entscheidungsprozesse direkter und erfolgreicher zu beeinflussen. Die Einrichtung der EGKS als einer supranationalen Behörde zur Regulierung der Schwerindustrie bot zunächst nur einigen Interessengruppen grö-

---

[101] Vgl. ebda., 7.
[102] Vgl. ebda., 290.
[103] Vgl. ebda., 18-21.

ßere Wohlfahrtsgewinne. Für andere Gruppen lieferte sie aber zumindest wenig Anlaß für politische Kontroversen. Schließlich war klar, dass die vielen technischen Fragen, z.B. der Vereinheitlichung von Normen und Standards betreffend den Umfang der Förderung sowie der Preisgestaltung, besser von Fachleuten als von Politikern gelöst werden könnten. Nach und nach keimten dann auch bei anderen Gruppen Erwartungen in die Problemlösungskapazität der supranationalen Behörde. Und damit verbanden sich Hoffnungen auf Wohlfahrtsgewinne, sei es im Sinne wirtschaftlicher Wohlfahrt, oder sei es im Sinne einer hohen Friedensdividende. Die ‚expansive Logik' ökonomischer Integration versprach ja nicht nur, die Sektoren der Volkswirtschaften miteinander zu verflechten, sondern auch einen Bedarf an politischer Zusammenarbeit auf Seiten der Regierungen zu erzeugen. Zusammenfassend lässt sich sagen, dass nach der Gründung der EGKS Nachahmungseffekte auf Seiten anderer gesellschaftlicher Gruppen und der Druck aus weltwirtschaftlichen Entwicklungen zu einem funktionalen *spill over* führten, der eine gewisse Integrationsdynamik hervorrief.

6.3.2   Die Dynamik von Integration

Der neue (Integrations-)Schub durch die Einheitliche Europäische Akte (EEA)
Aus Sicht der neofunktionalistischen Theorie hat die Einheitliche Europäische Akte (EEA) während der 1980er Jahre zu einer ‚neuen Dynamik' im europäischen Integrationsprozess geführt. Nach einer langen Periode des Stillstands während der 1960er und der ‚Eurosklerose' in den 1970er Jahren kam in den frühen 1980er Jahren auf Initiative einiger Regierungen wieder Bewegung in den Integrationsprozess. Im Sinne einer Beschreibung lässt sich festhalten, dass der Europäische Rat im Juni 1981 damit begann, die Kommission und den Ministerrat zu ermutigen, Pläne für die Schaffung eines Binnenmarktes auszuarbeiten. Unter der Präsidentschaft von Gaston Thorn wurden dann tatsächlich zahlreiche Vorschläge von der Generaldirektion III der Kommission entworfen und archiviert. Aber erst nach der Einigung über den Haushaltsbeitrag Grossbritanniens im Juni 1984 forcierte der Europäische Rat das Projekt des Binnenmarkts in einer Weise, so daß die neue Kommission unter Präsident Jacques Delors die bis dato angestellten Überlegungen in einem kohärenten Programm, dem Weißbuch zur Vervollständigung des Binnenmarktes, zusammenfasste und dem Europäischen Rat im Juni 1985 in Mailand vorlegte. Die Vorbereitungen für das Weißbuch sowie seine Annahme als Arbeitsprogramm – im Zusammenhang mit der Unterzeichnung der Einheitlichen Europäischen Akte im Februar 1986 – hatten der Integration einen ‚neuen Schub' gegeben. Bis 1992 war die Umsetzung von insgesamt 279 Richtlinien zur Herstellung des Binnenmarkts, eine Erneuerung der vertraglichen Grundlage des europäischen Integrationsprozesses und die Revision formaler Arrangements wie z.B. der europäischen Sozialcharta und des Systems der Europäischen Währungsunion zu beobachten.

Die Gründe für diese ‚neue Dynamik' sind nach Einschätzung neofunktionalistischer Theoretiker in nicht-intendierten Konsequenzen zu suchen. Der ‚neue Schub' bestand darin, daß von der bereits erreichten Integration weitere Integrationsimpulse ausgingen, insofern

‚Übersprünge' (*spill overs*) in andere Sachbereiche stattfanden[104]. Zunächst machten sich konservative Parteien (z.B. die deutsche CDU und FDP) und Industrieverbände (die ‚Konföderation der Europäischen Industrien' bzw. der von Philips, Fiat, Volvo und Siemens eingerichtete ‚Runde Tisch Europäischer Industrien') aus mehreren Ländern in der ersten Hälfte der 1980er Jahre dafür stark, die Standortbedingungen für Unternehmen durch neue gemeinschaftliche Rahmenbedingungen zur Steigerung der Mobilität von Gütern, Dienstleistungen, Personen und Kapital zu verbessern. Nach ihrem Dafürhalten behinderten nichttarifäre Hindernisse den innergemeinschaftlichen Handel. Und das gereichte nach Meinung dieser Akteure allen europäischen Volkswirtschaften aufgrund der weltwirtschaftlichen Entwicklungen zum Nachteil. Fast im gleichen Atemzug sprachen sich andere einflussreiche Gruppen aus Politik und Gesellschaft dafür aus, rechtspolitische Lösungen für Probleme in angrenzenden Sachbereichen, vor allem auf den Feldern der Fiskal- und der Sozialpolitik, nicht wie bisher in nationalen Gremien sondern in den bereits eingerichteten supranationalen Entscheidungsprozessen zu suchen. Insgesamt betrachtet, suchten diverse Akteure auf der Basis jeweils interessengeleiteter Wahrnehmungen nach supranationalen Lösungen für Sachfragen, die aufgrund ihrer Natur bis dato eigentlich in der Zuständigkeit nationaler Behörden lagen. Analytisch gesprochen lässt sich diese Suche nach supranationalen Lösungen für bislang nationale Sachfragen als eine Übersprungsdynamik bezeichnen, die in drei verschiedenen Modi auftrat: im Modus des ‚funktionalen *spill-over*', im Modus des ‚politischen *spill-over*' und im Modus des ‚erzeugten *spill-over*'.

Der funktionale *spill-over* bestand darin, daß v.a. auf der Seite der großen Industrieunternehmen Reformdruck wahrgenommen und so wirksam kommuniziert wurde, daß die Kommission mit einem Maßnahmenpaket (Weißbuch) reagierte, das Auswirkungen auf Sachbereiche hatten, die in der Zuständigkeit der Nationalstaaten lagen. Viele Maßnahmen des Weißbuchs zielten darauf ab, technische, physische und fiskalische Hindernisse für grenzüberschreitende Wirtschaftstätigkeiten abzuschaffen. Der Charakter dieser Maßnahmen war damit eindeutig deregulatorisch und stand unter dem Namen größtmöglicher Liberalisierung[105]. Um einen freieren Austausch von Gütern, Dienstleistungen, Kapital und Personen zu befördern, wurden die Regierungen der Mitgliedstaaten daran gehindert, Maßnahmen zu erlassen, die dem Ziel dieser Strategie im Wege standen. Eben diese Maßnahmen im Sinne ‚negativer Integration' führten jedoch zu Folgeproblemen, die ihrerseits nach gemeinschaftlichen Maßnahmen verlangten. Die Abschaffung physischer Grenzen und Grenzkontrollen bedeutete, daß funktionale Lösungen für das Problem gefunden werden mussten, den Schmuggel mit Waffen und Drogen zu verhindern. Entsprechende Interessen richteten sich in der Folge darauf, die Kooperation polizeilicher Kräfte und gemeinschaftliche Einwanderungspolitiken durch supranationale Maßnahmen herbeizuführen. Die Abschaffung von Restriktionen für die Bewegung von Kapital bedeutete, daß die Gefahren für die Stabilität der Wechselkurse größer wurden, was eventuell mit höheren Kosten für die Industrieproduktion einhergehen könnte. Daraus wiederum resultierte der Anlaß für die Einführung der europäischen Währungsunion. Die Abschaffung von Barrieren für den Verkehr von Gütern und

---

[104] Vgl. Jeppe Tranholm-Mikkelsen, Neo-Functionalism: Obstinate of Obsolete? A Reappraisal in the Light of the New Dynamism of the EC, *Millennium*, vol. 20 (1991), 1-22, 10.

[105] Vgl. ebda., 12-13.

Dienstleistungen eröffnete der Industrie größere Möglichkeiten für Standortverlagerungen und versetzte sie damit in die Lage, die zuständigen politischen Eliten in Kreisen und Gemeinden unter Druck zu setzen, die Produktionskosten (v.a. für Löhne und Sozialversicherung) senken zu können, oder die Produktion woanders hin zu verlagern. Dieser Umstand rief wiederum Gewerkschaften auf den Plan, die Sozialdumping fürchteten und auf die Einführung gemeinschaftlicher Arbeits- und Sozialstandards hinarbeiteten.

Der politische *spill-over* bestand darin, daß die Spitzen aus sechs wichtigen Regierungen in Großbritannien, Frankreich, Deutschland, Belgien, Niederlande und Dänemark Handlungsbedarf dahingehend erkannten, die europäische Gemeinschaft zu einem konkurrenzfähigen Wirtschaftsraum auszubauen, der gegen die Handelsmächte USA einerseits und Japan andererseits bestehen konnte. Wichtig dabei ist, daß sich in allen diesen Ländern zwischen 1979 und 1982 Regierungswechsel ereigneten, mit der die jeweilige ideologische Grundausrichtung und damit auch die politischen Interessenlage ‚nach rechts' und damit hin zu einer größeren Wirtschaftsfreundlichkeit rückte. Dieser konservative turn tat viel für eine Verlagerung der Loyalitäten unter den jeweiligen politischen Eliten von den Institutionen nationaler hin zu den Institutionen supranationaler Entscheidungsfindung. Die größer werdende weltwirtschaftliche Konkurrenz überforderte die Leistungsfähigkeit der nationalen Volkswirtschaften. Also lag es für die genannten Regierungen nahe, die bereits erreichte Integration v.a. in wirtschaftlicher Hinsicht zu vertiefen, d.h. den Unternehmen mehr Spielraum und bessere Rahmenbedingungen für die Produktion konkurrenzfähiger Produkte zu geben, um damit eine Stärkung der ‚Wirtschaftsmacht Europa' zu erreichen. Insofern sich auch die Kommission unter den Präsidentschaften von Gaston Thorn und Jacques Delors ausgesprochen industriefreundlich zeigte und die neoliberale Ideologie der neuen (konservativen) Regierungen uneingeschränkt unterstützte, verbanden die Regierungen wichtiger Mitgliedsstaaten positive Erwartungen an Integrationsfortschritte und entwickelten sogar Loyalitäten gegenüber supranationalen Problemlösungen[106].

Der erzeugte *spill-over* bestand darin, daß die Kommission nicht nur das Maßnahmenpaket schnürte, das der Einrichtung des Binnenmarktes dienen sollte. Die Kommission versuchte auch, Unterstützung für ihr Maßnahmenpaket zu erreichen, indem sie hochrangige Offizielle, unabhängige Experten und Interessengruppen in die Kommunikationsprozesse auf europäischer Ebene involvierte. Das eindrücklichste Beispiel dafür ist der Besuch des Kommissionspräsidenten Delors' beim Kongress der britischen Gewerkschaftsunion anno 1988, um mit dem Projekt der europäischen Sozialcharta für die Zustimmung der britischen Gewerkschaften zum europäischen Binnenmarkt zu werben[107].

Die integrative Dynamik in der lateinamerikanischen Freihandelszone
Im Juni 1961 unterzeichneten die Regierungen von Brasilien, Argentinien, Chile, Uruguay, Paraguay, Peru, Ecuador, Kolumbien und Mexiko den Vertrag von Montevideo. Das ausgewiesene Ziel des Vertrages bestand darin, mit einem Gemeinsamen Markt größere Absatzge-

---

[106] Sehr viel vorsichtiger in dieser Hinsicht, Jeppe Tranholm-Mikkelsen, Neo-Functionalism, a.a.O., 13-15.

[107] Vgl. ebda., 15.

biete für Industrieprodukte zu schaffen, die auf dem Weltmarkt nicht konkurrenzfähig waren. Die Koordinierung von Industriepolitiken sollte die Staaten zudem in die Lage versetzen, industrielle Produkte aus den USA und Europa durch eigene Produkte zu substituieren. Der im Vertrag vereinbarte Zeitplan sah vor, dass bis 1973 alle wichtigen Zollschranken abgebaut werden würden. Aus Sicht der neofunktionalistischen Integrationstheorie stellte sich nach der Unterzeichung des Vertrages die Frage, ob sich unter den Vertragspartnern in Lateinamerika die gleiche bzw. eine ähnliche Entwicklung beobachten lassen würde, wie im ‚Europa der Sechs'[108]. M.a.W.: würde in Lateinamerika ein ähnlicher Prozess der fortschreitenden Integration und Gemeinschaftsbildung voranschreiten, wie in Europa?

Ganz offensichtlich waren bei der Analyse der ausschlaggebenden Faktoren für eine Vertiefung der Integration die sozialen und kulturellen Unterschiede in Lateinamerika und Europa zu berücksichtigen. Notwendige Bedingungen für die Integration in Europa waren moderne Strukturen, v.a. ein fortgeschrittenes Maß an Industrialisierung der Volkswirtschaften und eine pluralistische Staatsverfassung, die es einflussreichen gesellschaftlichen und politischen Eliten erlaubten, ihre jeweiligen Ansprüche durch die Inanspruchnahme bzw. Instrumentalisierung der Maschinerie des politischen Systems zu befriedigen, ohne von einem Kartell mit Monopolstellung daran gehindert zu werden. Diese Voraussetzungen waren im Lateinamerika der 1960er Jahre so nicht gegeben. Allerdings gab es auch dort Faktoren, die eine ähnlich zuträgliche Rolle für den Beginn und evtl. sogar eine Intensivierung der Integration Lateinamerikas spielen konnten, wie Industrialisierung und Pluralismus als Elemente der Moderne in Europa. Eine der Industrialisierung und dem Pluralismus vergleichbare katalysatorische Wirkung übten nämlich Sozialstrukturen und Standpunkte aus, die für die im Übergang zur Moderne befindlichen lateinamerikanischen Staaten typisch waren. Die maßgeblichen Akteure in den lateinamerikanischen Staaten waren einerseits die Regierungsbürokratie und andererseits die über vielfältige Kanäle damit verbundenen Gruppen des Militärs, der Wirtschaftselite und der Gewerkschaften. Ökonomische und politische Modernisierung, i.S. einer fortschreitenden Rationalisierung industrieller Prozesse sowie der ständigen Verbesserung von Problemlösungen mit Hilfe trans- und supranationaler Institutionen, fanden bei diesen Akteuren und ihren Interessen ihren Ausgangspunkt – jedoch ohne, daß unter diesen Akteuren das gleiche Maß an funktionaler Differenzierung herrschte, wie zwischen den Gruppen in Europa. Auf jeden Fall kamen auch aus einem sozialen Kontext, der noch stark durch familiäre Machtstrukturen, Klientelismus, Religion, Korruption und Günstlingswirtschaft geprägt war, Impulse zur Innovation, die ihrerseits Erwartungen, Hoffnungen und Loyalitätsübertragungen nähren konnten[109].

Ein weiterer wichtiger Faktor, der zunächst allerdings eher gegen eine Intensivierung der Integration in Lateinamerika sprach, war die ausgeprägte Identifikation vieler Kreise mit der Nation; und zwar nicht in einem positiven Sinn, sondern eher in einem negativen Sinn, insofern sich der Nationalismus gegen alles Fremde richtete, vor allem gegen die imperialistische Ausbeutung durch ‚den Westen', und nicht im positiven Sinn auf ein gemeinsames nationa-

---

[108] Vgl. Ernst B. Haas & Philippe Schmitter, Economics and Differential Patterns of Political Integration: Projections about Unity in Latin America, *International Organization*, vol. 18 (1964), 705-737, 706-7.

[109] Vgl. ebda., 727.

les Ziel der Vereinigung. Freilich barg der in vielen Staaten Lateinamerikas anzutreffende Nationalismus durch seine Ablehnung extrakontinentaler Einflüsse auch das positive Moment der gemeinsamen Identifikation als Opfer westlicher Ausbeutung in sich. Ein möglicher Stimulus für die lateinamerikanische Integration, so schien es, konnte in dieser gemeinsamen Identifikation liegen. Ein weiterer Faktor, der charakteristisch für den lateinamerikanischen Kontext war, lag in dem weithin geteilten Gefühl des Misstrauens, des Argwohns und der Ungeduld gegenüber der industrialisierten Welt. Anstelle von Wettbewerb zwischen den einzelnen auf ihre eigene Wohlfahrt konzentrierten Gruppen, teilten die relevanten Akteure ein gemeinsames politisches Motiv: die Schaffung von Synergieeffekten zum Zwecke der Abwehr von Ausbeutung durch die entwickelten Staaten. Das Vorhandensein bestimmter Akteure und ihrer Interessen, ein weithin geteilter Nationalismus und ein gemeinsames politisches Motiv waren wichtige Voraussetzungen für die Errichtung einer Freihandelszone. Gleichwohl waren sie noch nicht ausschlaggebend für eine dynamische Vertiefung der Integration.

Aus Sicht des Neofunktionalismus bestanden effektive Gründe für den dynamischen Fortgang der Integration und der Bildung einer lateinamerikanischen Gemeinschaft darin, dass sich auf der Basis des Vertrages von Montevideo *spill over*-Effekte einstellten. Das setzte jedoch seinerseits voraus, dass die Abschaffung von Zollschranken und die Koordinierung von Industriepolitiken neue Begehrlichkeiten auf der Seite einflussreicher Akteure weckten; dass diese Akteure Lösungen für neu entstehende Probleme suchten, die aus ihrer Sicht ihre Wohlfahrt beeinträchtigten; und dass diese Akteure zum Zweck ihrer Wohlfahrtssteigerung damit begannen, den positiven Effekt sachpolitischer trans- und supranationaler Entscheidungen zu beschwören (=Politisierung) und für sich zu nutzen[110]. Die abschließende Behauptung, dass der Vertrag von Montevideo durchaus integratives Potential freisetzen und einer Gemeinschaftsbildung Vorschub leisten konnte, ließ sich dadurch stützen, dass wichtige Akteure vorhanden waren, die als Katalysatoren einer solchen Entwicklung wirkten: Staatliche Bürokraten und solche der ökonomischen Verbände, die sogenannten *técnicos*, wären zwar nicht vergleichbar mit rivalisierenden Interessengruppen pluralistischer Staaten in Europa, aber sowohl ihre Disposition als auch ihre Stellung und Funktion in den lateinamerikanischen Staaten wären geeignet, transnationale Verbindungen herzustellen, die ihrerseits zu *spill over*-Effekten führen könnten. Die über solche transnationalen Verbindungen operierenden Bürokraten könnten nämlich versuchen, innerhalb der durch den Vertrag von Montevideo geschaffenen Zusammenarbeit ständige Arenen der Kommunikation und Entscheidungsfindung einzurichten. Sie würden jenseits der staatlichen Bürokratien die Modernisierung Lateinamerikas vorantreiben, ohne dabei jedoch eine Schocktherapie nach ‚fremden' neoliberalen Prinzipien zu versuchen und so die Zustimmung der Bevölkerung zu verlieren. Erwartungen an die Problemlösungsfähigkeit solcher Arenen würden sich wahrscheinlich erst sehr langsam bilden. Andererseits sei die gemeinsame Erfahrung mit der Ausbeutung durch die industrialisierten Staaten als Quelle für die Herausbildung von Loyalitäten mit einer übernationalen Bürokratie nicht zu unterschätzen. Letztere Überlegung sei umso plausibler, so Haas und Schmitter, je stärker sich der Trend hin zur Einrichtung regionaler Märkte in Europa und anderswo fortsetze. Solche weltwirtschaftlichen Sachzwänge i.S. der

---

[110] Vgl. ebda., 730.

Notwendigkeit, effizientere Produktions- und Vertriebsprozesse für industrielle und andere wirtschaftlicher Produkte zu finden, könnten nämlich unter den *técnicos* eine größere Wertschätzung für lateinamerikanische Entscheidungsverfahren jenseits souveräner Staatlichkeit entstehen lassen.

6.3.3 Kontrollfragen

- Was heißt Integration?
- Was heißt politische Gemeinschaft?
- Wie und warum kommt es zum Prozess der Integration?
- Welche Rolle spielt der Staat?
- Was ist und welche Rolle spielt funktionales Recht?
- Was ist und wie kommt es zum spill over?

7 Theoriebildung zwischen Traditionalismus und Szientismus

Bereits in den 1950er und 1960er Jahren stellte sich heraus, dass Integrationsfortschritte nicht zwangsläufig sein würden. Die Weigerung der französischen Nationalversammlung im Jahr 1954, den Vertrag zur Gründung einer Europäischen Politischen Gemeinschaft als Dach der EGKS und einer Europäischen Verteidigungsgemeinschaft zu ratifizieren, und insbesondere das Verhalten der französischen Regierung unter Führung von de Gaulle anno 1965 bewies, daß Souveränitätsvorbehalte nationaler Kräfte bzw. ‚dramatisch' agierender Staatsmänner[111] nicht nur kleinere Konflikte vom Zaun brechen, sondern jederzeit auch in eine Unterbrechung des Integrationsprozesses münden können. Auch in den 1970er Jahren stagnierte die Vertiefung nach der Norderweiterung, obwohl ein gestiegener Bedarf an Integration in den Bereichen der Währung sowie der Außen- und Sicherheitspolitik erkannt wurde. In den 1980er Jahren scheiterte die avisierte Integration im Bereich der Sozialpolitik an nationalen Souveränitätsvorbehalten Großbritanniens. Beobachter der Integration kamen mit Blick auf solche Ereignisse immer wieder zum Schluß, dass die Politik auf europäischer Ebene als ein Prozess zu verstehen sei, in dem die supranationale bürokratische Maschinerie wie ein Anhängsel einer ständig tagenden intergouvernementalen Konferenz operiere. Zwar sei Integration in wirtschaftlicher Hinsicht nicht zu leugnen, eine Vertiefung in wirtschaftlichen Bereichen berühre allerdings fast ausschließlich Sachfragen. Deren Bewältigung durch supranationale Entscheidungsprozesse dürfe nicht unbedingt als Vorstufe für eine Integration außen- und sicherheitspolitischer Zuständigkeiten gewertet werden.

Ein Grund für die neofunktionalistische Fehldiagnose betreffend die automatische Vertiefung der europäischen Integration lag aus Sicht eines traditionalistisch verfahrenden Wissenschaftlers wie Stanley Hoffmann auch darin, dass amerikanische Theoretiker wie Haas viel zu optimistisch bei ihrer szientistischen Herangehensweise waren. Haas und andere Integrationstheoretiker hegten die Hoffnung, generische Phänomene und gesetzmäßige Regelmäßigkeiten der internationalen Beziehungen mit Hilfe abstrakter Konzepte ‚entdecken' zu können. Aus traditionalistischer Sicht ignorierten sie dabei eine ganze Reihe von Besonder-

---

[111] Das Veto richtete sich gegen die Finanzierung von Gemeinschaftsaufgaben z.B. im Sektor Landwirtschaft durch die Einnahmen der Mitgliedstaaten aus Binnenzöllen; die Streichung der bis dato üblichen und am Bruttosozialprodukt bemessenen Mitgliedsbeiträge; und die Einführung von qualifizierten Mehrheitsentscheidungen im Ministerrat.

heiten des europäischen – und lateinamerikanischen – Kontexts. Sie begingen gewissermaßen zwangsläufig den Fehler, moralische Grundsatzfragen und historische Einzelfälle zu bloßen Datensets herabzustufen, deren Untersuchung weniger das Problem des intuitiven Verstehens sondern die Wahl der richtigen Methode berührte. Aufgrund ihrer szientistischen Prämissen hätten Haas und andere Theoretiker die Unterschiede zwischen dem amerikanischen und dem Regierungsstil der Europäischen Gemeinschaften verkannt und Ähnlichkeiten vorausgesetzt, wo keine waren[112]. In gewisser Weise spiegelt/e sich in der unterschiedlichen wissenschaftstheoretischen Orientierung – Szientismus als neues Wissenschaftsverständnis unter amerikanischen Theoretikern; Traditionalismus als einflußreiches Wissenschaftsverständnis unter europäischen Theoretikern – ein allgemeiner Unterschied im kulturellen Selbstverständnis: „Sie [die Europäer] sind nicht so sicher, dass ihre Geschichte ein Erfolg ist und wollen deshalb ihre Lehren nicht auf den gesamten Erdkreis ausdehnen. Die Amerikaner aber [...] neigen zu der Annahme, dass die aus ihrer Erfahrung entspringenden Werte universaler Anwendung fähig sind, und sie wollen nicht anerkennen, dass sie mit besonderen Bedingungen zusammenhängen [...]."[113]

Der Vollständigkeit halber sei erwähnt, dass sich der Streit zwischen Traditionalisten und Szientisten nicht nur in der Theorie der europäischen Integration abspielte. Die Frage, ob Ereignisse der internationalen Beziehungen auf typische Merkmale und die ihnen zugrunde liegenden Gesetzmäßigkeiten untersucht werden können (und sollen), ob mit anderen Worten die historisch informierte und am Verstehen konkreter Einzelfall-Geschehnisse orientierte Untersuchung der internationalen Beziehungen einer ‚Analyse' von typischen Fällen mit Hilfe formaler Begriffe einer der Mathematik ähnlichen theoretischen Kunstsprache weichen soll, war ein grundsätzlicher Richtungsstreit, der leidenschaftlich geführt wurde[114], zunächst ohne Ergebnis blieb und anschließend eine ganze Reihe von Versuchen jüngerer Theoretiker zutage gefördert hat, historisch-interpretativ und formal-analytisch verfahrende Herangehensweisen zu verbinden. Je nachdem, mit welchem wissenschaftstheoretischen Standpunkt man sich selber identifiziert, ist die Theorie von Alexander Wendt ein gutes Beispiel für den Erfolg oder das zwangsläufige Scheitern solcher Bemühungen.

---

[112] Vgl. Stanley Hoffmann, *Gulliver's Troubles oder die Zukunft des internationalen Systems* (Bielefeld: Bertelsmann, 1970), 110-111.

[113] Ebda., 112.

[114] Genauso faszinierend wie informativ hinsichtlich der konkreten Streitpunkte ist bis heute der ‚Schlagabtausch' zwischen Hedley Bull und Morton Kaplan, der 1966 in *World Politics* geführt wurde, und der im Handbuch von Klaus Knorr & James N. Rosenau, *Contending Approaches to International Politics* (Princeton: Princeton University Press, 1969) zusammen mit anderen Beiträgen abgedruckt ist. Eine kurze Zusammenfassung des Streits zwischen ‚Traditionalisten' und ‚Szientisten' findet sich in Ulrich Menzel, *Zwischen Idealismus und Realismus*, a.a.O., 97-103.

8 Klassischer Intergouvernementalismus

Die Theorie des ‚klassischen' Intergouvernementalismus ist in erster Linie bekannt als eine Alternative zum Neofunktionalismus. Gleichwohl hat Stanley Hoffmann versucht, einen eigenständigen theoretischen Ansatz für die Analyse der internationalen Politik, und nicht nur der europäischen Integration, zu entwickeln[115]. In Auseinandersetzung mit der neofunktionalistischen Theorie hat Hoffmann zwei Aspekte kritisiert: 1) die rein formalistische Sichtweise von Integration, basierend auf der Idee, dass Eliten aufgrund sachpolitischer Gründe einen höheren Wert in technokratischer Problemlösung durch supranationale Kommunikations- und Entscheidungsprozeduren sehen; und 2) die pluralistische Sichtweise von Integration, gemäß der Konflikte zwischen gut organisierten gesellschaftlichen Gruppen die Basis für die Entstehung von gemeinsamen Erwartungen und sogar Loyalitäten darstellen. Nach Dafürhalten Hoffmanns ließ sich die europäische Integration nicht auf eine Problembewältigungsgemeinschaft reduzieren; genauso wenig ließ sich die Identifikation sowohl gesellschaftlicher als auch politischer Gruppen mit der Idee der Nation ignorieren. Nationalismus würde der Entwicklung eines europäischen (Problem-) Bewusstseins sowie der Identifikation mit einer supranationalen Bürokratie entgegenstehen und sei Grundlage für ein immer wieder von Neuem zu beobachtendes Auseinanderstreben der Staaten. Ökonomische Bereiche der *low politics* ließen sich integrieren. Nationalismus verhindere jedoch eine sich selbst reproduzierende ‚Logik der Integration' in Bereichen der *high politics* und bedinge gewissermaßen eine ‚Logik der Diversität'[116]. Die entscheidenden Triebkräfte politischen Handelns sind nach Hoffmann in den Zielen und Inhalten von Regierungspolitik in konkreten historischen Zusammenhängen zu suchen. Eine szientistische Suche nach allgemeinen Mustern und zeitlosen Gesetzmäßigkeiten verleite Wissenschaftler allzu oft dazu, raumzeitlich kontingente Gründe für politische Prozesse als generische Ursachen und raumzeitlich kontingente Resultate als generische Wirkungen mißzuverstehen. Die intergouvernementalistische Beschreibung richtet sich immer auf Regierungshandeln und typifiziert außenpolitische Strategien als ‚Imperialismus', ‚Isolationismus', ‚Kooperation', oder ‚Integration'; die Erklärung für die Wahl einer dieser Strategien stützt sich auf den Begriff des nationalen Interesses.

---

[115] Vgl. Stanley Hoffmann, *The State of War*, a.a.O., vii.
[116] Vgl. Stanley Hoffmann, Obstinate or Obsolete?, a.a.O., 881-2.

Kritik am Intergouvernementalismus richtete sich einerseits auf die quasi-realistische Prämisse, dass politisches Handeln immer als Regierungshandeln und durch die Brille des nationalen Interesses zu verstehen sei; der damit postulierte Primat der Außenpolitik sowie ein qualitativer Unterschied zwischen Bereichen der sogenannten *high politics* und *low politics* sei nicht bewiesen und auch nicht fruchtbar[117]. Kritik am Intergouvernementalismus richtete sich andererseits auf die Prämisse, dass Regierungspolitik primär geopolitisch und/oder ideologisch motiviert sei. Regierungen würden nicht immer nationale Interessen auf der Basis geopolitischer Überlegungen und/oder ideologischer Überzeugungen formulieren. Viel eher wäre zu beobachten, dass gesellschaftliche Interessengruppen einen beträchtlichen Einfluß auf die Außenpolitik ausüben. Zwar seien Regierungen die entscheidenden Akteure auf europäischer und internationaler Ebene, aber gesellschaftliche Interessengruppen im Inneren der Staaten seien zunehmend in der Lage, die staatliche Außenpolitik zu beeinflussen. Diverse Interessengruppen hätten genug Einfluß, um z.B. wirtschaftliche Interessen in die Außenpolitik zu übersetzen[118].

8.1 Prämissen

8.1.1 Die basalen Einheiten des internationalen Systems sind Nationalstaaten

Die basalen Einheiten des internationalen Systems sind Nationalstaaten. Nationalstaaten sind historisch gewachsene Einheiten, die in ihrem Innern durch die Idee und eine Identifikation mit der Nation zusammengehalten werden. Bedrohungen von außen sorgen zusätzlich für innere Stabilität. Innen- und Außenpolitik stehen im Dienst, das Überleben und Wohlergehen der Nation zu sichern.

8.1.2 Die entscheidenden Akteure der internationalen Politik sind Regierungen

Nationalstaaten treten vermittels ihrer Regierungen in Erscheinung. Regierungen sind die entscheidenden Akteure in der Außenpolitik. Regierungen gehen hervor aus einem organisierten Wettbewerb gesellschaftlicher Kräfte im innerstaatlichen Raum und stützen ihre Autorität auf die Zustimmung durch das Volk. Regierungen setzen sich aus mehreren Entscheidungsträgern zusammen. Gleichzeitig können insbesondere Staatsmänner mit starker politischer Stellung und/oder charismatischer Persönlichkeit den Kurs der Regierung ganz entscheidend prägen.

---

[117] Vgl. Ernst B. Haas, The Study of Regional Integration, a.a.O., 621.

[118] Vgl. Andrew Moravcsik, *The Choice for Europe. Social Purpose and State Power from Messina to Maastricht* (Ithaca: Cornell University Press, 1998), 160f.

8.1.3 Regierungen handeln auf der Basis des nationalen Interesses

Regierungen handeln zum Wohl und im Auftrag des Nationalstaates. Regierungen fühlen bei der Verrichtung ihrer Tätigkeit eine primäre Verpflichtung, die Sicherheit und das Wohlergehen des Nationalstaates zu erhalten. Diese Orientierung am Wohl des Nationalstaates wird dadurch bekräftigt, dass auch die Regierungen anderer Staaten primär das Wohl ihres Nationalstaates im Sinn haben und nach entsprechenden Mitteln zu seiner Herstellung suchen. Internationale Politik ist die Summe der Außenpolitiken von Nationalstaaten. Alle Regierungen handeln immer im Sinne des von ihnen definierten nationalen Interesses.

8.1.4 Das nationale Interesse speist sich aus der Beurteilung der nationalen Situation

Das nationale Interesse ist formal auf die Sicherheit und das Wohl des Nationalstaates gerichtet, aber inhaltlich nicht ein und für alle Mal festgelegt. Im Gegenteil hängt die Festlegung der konkreten außenpolitischen Ziele und Mittel, die im nationalen Interesse liegen, davon ab, wie Regierungen die nationale Situation einschätzen. Die Einschätzung der nationalen Situation wird beeinflußt durch die innerstaatliche politische Kultur, politische Institutionen, die relative Effizienz des nationalen politischen Systems für die Erledigung dringlicher Aufgaben, die geographische Lage des Nationalstaates gegenüber anderen Staaten, historische Erfahrungen mit anderen Staaten sowie dadurch bedingte Prinzipien und Selbstverständnisse der Nation.

8.1.5 Im nationalen Interesse zeigt sich die außenpolitische Orientierung der Regierung

In der außenpolitischen Orientierung einer Regierung ist die nationale Identität und/oder Ideologie stark oder schwach ausgeprägt. Neben Nationalismus ist die außenpolitische Orientierung einer Regierung geprägt durch den Nationalcharakter und traditionelle Wesensmerkmale der Nation. In der Regierungspolitik kanalisieren sich nationale Werte und Selbstverständnisse, zu denen Pragmatismus, Optimismus, Flexibilität und militärische Entschlossenheit genauso gehören können, wie Zurückhaltung, Vorsicht, Kompromissneigung und Antimilitarismus. Je nationalistischer die Grundhaltung einer Regierung, desto aggressiver der außenpolitische Stil.

8.2 Analytik und Aussagenlogik

8.2.1 Analytik

Nationalstaaten
Regierungen/Staatsmänner
Nationales Interesse
Sicherheit/Wohlfahrt
Nationalismus
Nationale Situation
   - innerstaatliche Faktoren
      → Tradition/Kultur
      → politische Institutionen
   - internationale Faktoren
      → historische Erfahrungen
      → geographische Lage
         * Zentrum
         * Peripherie
Nationale Gesinnung
Außenpolitische Haltung/Orientierung
   - Prinzipien
   - Regierungsstil
      → pragmatisch/risikobereit
      → vorsichtig/zurückhaltend
      → ausgeglichen
Außenpolitische Optionen
   - Imperialismus
   - Isolationismus
   - Unilateralismus
   - Multilateralismus/Kooperation
   - Integration
Kooperations-/Integrationsbedingungen
   - innerstaatliche Integration
   - Unterstützung durch das Volk
   - ähnliche subjektive Einschätzung unter Regierungen
   - schwache Involvierung in die internationale Politik
   - gemeinsame Bedrohung
Interaktionslogiken
   - Logik der Diversität
   - Logik der Integration

8.2.2 Aussagenlogik

Im Milieu der internationalen Politik stehen Staaten zueinander in einem Wettbewerb um Sicherheit und Wohlfahrt. Viele Staaten sind Gebilde, die aus einer langen historischen Entwicklung hervorgingen. Als solche werden sie nicht bloß durch staatliche Verwaltungen oder wirtschaftliche Prozesse zusammengehalten. Staaten basieren vor allen anderen Dingen auf der Idee der Nation und einem mehr oder weniger ausgeprägten Nationalbewusstsein sowohl in der Bevölkerung bzw. gesellschaftlichen Eliten als auch unter den politischen Entscheidungsträgern bzw. Regierungen[119]. Regierungen verfolgen in ihren Beziehungen zu anderen Staaten ein nationales Interesse, das auf die Herstellung der nationalen Sicherheit und des nationalen Wohlergehens eines Staates gerichtet ist. Das nationale Interesse eines jeden Staates wird durch die entsprechende Regierung definiert und basiert einerseits auf der Einschätzung der nationalen Situation, in der sich ein Staat befindet, sowie auf der Überzeugung und Gesinnung des bzw. der relevanten Entscheidungsträger eines Staates[120]. Bei der Bestimmung der nationalen Situation stehen Entscheidungsträger unter dem Einfluß innerstaatlicher

---

[119] Vgl. Stanley Hoffmann, Obstinate or Obsolete?, a.a.O., 862.
[120] Vgl. ebda, 869: "N.I. [National Interest] = National Situation X outlook of the foreign policy-makers."

8.2 Analytik und Aussagenlogik

Faktoren, vor allem der Art und Funktionsweise politischer Institutionen sowie der Effizienz ‚ihres' politischen Systems, und internationaler Faktoren. Unter letztere fallen die geostrategische Lage ihres Staates und historische Erfahrungen ihres Staates mit anderen Staaten.

Der bedeutsamste Einfluß aus dem innerstaatlichen Bereich auf die Definition des nationalen Interesses kommt von den politischen Institutionen eines Staates[121]. Hierunter fallen innergesellschaftliche Traditionen, Anschauungen und Haltungen zur Rolle des eigenen Nationalstaats ebenso, wie die aktuellen Kräfteverhältnisse innerhalb und außerhalb des politischen Systems sowie die Art der Bündelung innerstaatlicher Kräfte durch formale Entscheidungsprozesse. Regierungen, die sich mit einer innerstaatlich weit verbreiteten Geringschätzung außenpolitischer Aktivitäten konfrontiert sehen, stehen unter einem ganz anderen Rechtfertigungsdruck als solche Regierungen, die von einem Volk bzw. gesellschaftlichen Eliten mit internationalistischer Grundhaltung unterstützt werden. Eine traditionelle Binnenorientiertheit gesellschaftlicher Kräfte wirkt sich viel hemmender auf die auswärtige Regierungspolitik aus als eine prinzipiell weltoffene. Darüber hinaus können eine gespaltene Gesetzgebung zwischen Parlament und Regierung, schwächliche Koalitionsregierungen, starke Oppositionsparteien, einflussreiche intermediäre Institutionen und/oder aufgeblähte Ministerialbürokratien zur Folge haben, dass Regierungen tatsächlich wenig Spielraum für die Definition des nationalen Interesses besitzen. Zudem können institutionalisierte Kontrollen der Regierungspolitik, z.B. die regelmäßige Einschaltung von Gerichten durch politische und/oder gesellschaftliche Kräfte, dazu führen, dass Regierungen von sich aus diverse Instanzen in die Entscheidungsfindung einbinden und erst über lange Aushandlungsprozesse zu einer Definition des nationalen Interesses kommen.

Zu den internationalen Faktoren gehören historische Erfahrungen; darunter fallen die Bedingungen, unter denen eine Nation ihre geistigen Gewohnheiten, ihre Stellung zur restlichen Welt und ihre Handlungsweisen entwickelt hat[122]. Erfahrungen mit unmittelbaren Nachbarstaaten bzw. mit Staaten, die in der Vergangenheit als Verbündete, als Rivalen oder sogar Feindstaaten, als imperiale bzw. Kolonialstaaten, als Handelspartner, als *special partner* usw. eine Rolle gespielt haben, sind besonders prägend für die Entwicklung solcher Gewohnheiten, Stellungen und Handlungsweisen. Aufgrund dieser ganz eigenen Erfahrungen bilden sich zwischen Staaten nämlich ganz unterschiedliche Selbstverständnisse und Handlungsweisen heraus. Der eine Staat versteht sich und handelt aufgrund seiner Erfahrungen als ‚Hüter des Gleichgewichts', ein anderer versteht sich und handelt aufgrund seiner Erfahrungen als ‚Große Nation', wieder ein anderer versteht sich und handelt aufgrund seiner Erfahrungen als ‚moralischer Führer', und noch ein anderer versteht sich und handelt aufgrund seiner Erfahrungen als ‚Zivilmacht'. Zu den internationalen Faktoren gehören weiterhin Besonderheiten der geopolitischen Lage. Ganz allgemein lassen sich Staaten im Zentrum der internationalen Politik von Staaten in der Peripherie unterscheiden. Erstere unterhalten gleichzeitig mit vielen anderen Staaten Beziehungen. Aufgrund der sich für diese Staaten ständig verändernden Bündniskonstellationen, sind diese Staaten daran interessiert, flexible Koalitionen mit wechselnden Bündnispartnern eingehen zu können. Dauerhafte Kooperation

---

[121] Vgl. Stanley Hoffmann, *Gulliver's Troubles*, a.a.O., 209.
[122] Ebda., 100.

und sogar Integration sind dabei keine bevorzugten Strategien. Staaten in einer relativen Randlage der internationalen Politik unterhalten vergleichsweise zu relativ wenigen Staaten Beziehungen und neigen eher dazu, mit Handelspartnern Kooperation und mit Nachbarstaaten sogar eine Integration bestimmter Bereiche auf Dauer anzustreben. Die Regierungen aller Nationalstaaten, derjenigen im Zentrum und derjenigen in der Peripherie des internationalen Systems, ziehen immer die aktuellen Geschehnisse der internationalen Politik als Grundlage für eine Bewertung der jeweiligen nationalen Situation und der geeigneten Strategien zur Beförderung des nationalen Interesses heran.

Politische Institutionen, historische Erfahrungen und die geopolitische Lage beeinflussen die Einschätzung der nationalen Situation und münden in einen bestimmten außenpolitischen Kurs einer Regierung. Entscheidend für die Richtung dieses Kurses ist neben der Einschätzung der nationalen Situation außerdem die außenpolitische Haltung der Regierung. Diese Haltung zeichnet sich entweder durch Risikobereitschaft und Pragmatismus, durch starke Vorsicht und Zurückhaltung, oder durch Ausgeglichenheit und Kompromissbereitschaft aus. Entsprechend ihrer Beurteilung der nationalen Situation und ihrer außenpolitischen Haltung ergreifen Regierungen Maßnahmen, um im Sinne des nationalen Interesses Sicherheit und Wohlfahrt herzustellen. Die Optionen der Regierungen reichen von aggressiver imperialistischer Außenpolitik, isolationistischer Versuche der Reproduktion nationaler Stärke und kooperativer Verhaltensweisen im Sinne von Vertragsbeziehungen bis hin zu integrativer Zusammenlegung von Entscheidungskompetenzen, einschließlich der Verschmelzung der Systeme zu einer neuen Entscheidungsinstanz. Regierungen entscheiden sich für diese oder jene Option nach der Maßgabe, ob und inwieweit sie eine nützliche Strategie ist, um das nationale Interesse, d.h. vor allem die Herstellung von nationaler Sicherheit und/oder Wohlfahrt, zu befördern. Imperialismus und aggressive Außenpolitik – vor allem gegen kleine Staaten – war noch zu Zeiten des Großmächtekonzerts während des 19. Jahrhunderts ein bewährtes Mittel zur Herstellung nationaler Sicherheit und Wohlfahrt. Im Nuklearzeitalter hat diese Strategie für viele Regierungen an Bedeutung verloren. Auch Isolationismus scheint für viele Staaten im Zeitalter der Interdependenz keine besonders günstige Strategie mehr zu sein. Kooperation und sogar Integration bzw. eine partielle Zusammenlegung von Staatsaufgaben in solchen Bereichen, die nicht den Kern der Staatlichkeit betreffen (zu nennen wären diesbezüglich v.a. die Bereiche der Verteidigung, der Außenpoltik und der inneren Sicherheit) erscheinen vielen Regierungen als sehr viel erfolgversprechendere Strategien für die Herstellung nationaler Sicherheit und Wohlfahrt. Insbesondere im ökonomischen Bereich scheinen kooperative und integrative Politiken nützlich. Kooperation und Integration erweisen sich als besonders nützlich, wenn Regierungen eine Bedrohung für die nationale Sicherheit und Wohlfahrt wahrnehmen. In dieser Situation empfehlen sich andere Staaten, die der gleichen Bedrohung ausgesetzt sind, als Kooperationspartner. Kooperation und Integration erscheinen als eher riskante Strategien, wenn eine äußere Bedrohung fehlt und die Gesinnung in anderen Staaten sehr nationalistisch ist. In solchen Fällen kommt es durchaus vor, dass sich Regierungen aufgrund ihrer Einschätzung der nationalen Situation für Alleingänge entscheiden.

Die Strategie der Integration ist vor allem unter folgenden Bedingungen[123] nützlich: zum einen müssen Staaten in ihrem innerstaatlichen Raum integriert sein, d.h. die Bevölkerungen und einflussreiche gesellschaftliche Eliten müssen durch Regierungsvertreter repräsentiert sein, so dass sich Regierungen mit einem Interesse an Integration auf die Unterstützung durch das Staatsvolk bzw. der einflussreichsten Schichten stützen können; zum zweiten müssen auch die Staatsmänner anderer Staaten zu einer ähnlichen subjektiven Einschätzung dahingehend kommen, dass Integration angesichts ihrer nationalen Situation eine nützliche Strategie ist; zum dritten (das zeigen die historischen Beispiele der Vereinigten Staaten und der Schweiz) dürfen die an einer Integration interessierten Staaten nicht zu sehr in das Geschehen der internationalen Politik involviert sein – das Vorhandensein einer gemeinsamen Bedrohung hat nur vorübergehend eine integrationsförderliche Wirkung, wenn Staaten zu sehr ins internationale Geschehen involviert sind. Da die nationalen Interessen, die Staaten zur Grundlage ihrer Außenpolitik machen, immer mit Blick auf die nationale Situation definiert werden und damit historisch geprägt und kontextgebunden sind, da weiterhin alle Staaten in einem fragmentierten internationalen System unter Rückgriff auf nationale Strategien immer nach ihrer eigenen Sicherheit und Wohlfahrt streben, bleibt das Geschehen wettbewerbsorientiert und wird nicht harmonisch. Die durch nationale Gesinnungen in den jeweiligen Bevölkerungen und Regierungen hervorgerufene Verschiedenheit von Staaten und damit auch ihrer Außenpolitiken bleibt die wichtigste Konstante der internationalen Politik und lässt eine ‚Logik der Diversität' nahe liegender erscheinen, als eine ‚Logik der Integration'.

8.3 Heuristik

Im Fokus des klassischen Intergouvernementalismus stehen Interaktionsmuster, in die Staaten involviert sind, weil sie nationale Interessen verfolgen. Typische Interaktionsmuster sind Isolationismus, Imperialismus, Unilateralismus, Kooperation oder Integration. Staaten handeln vermittels ihrer Regierungen. Regierungen definieren das nationale Interesse mit Blick auf innerstaatliche Gegebenheiten einerseits und Erfahrungen mit bzw. die geopolitische Lage gegenüber Staaten andererseits. Das nationale Interesse ist nicht ein für allemal gegeben. Es speist sich immer aus der raumzeitlich spezifischen Beurteilung durch den bzw. die Entscheidungsträger eines Staates. Zudem manifestiert sich im nationalen Interesse die außenpolitische Gesinnung, die der/die Entscheidungsträger in diese Beurteilung einfließen lassen. Die Beschreibung richtet sich auf relevante außenpolitische Entscheidungen mächtiger Staaten; die Erklärung konzentriert sich auf die Art und den Einfluß der das nationale Interesse konstituierenden Faktoren. Die insbesondere durch Frankreich beeinflusste Realität der europäischen Integration während der 1960er Jahre und die Rolle der USA in den transatlantischen Beziehungen während der 1980er Jahre sind anschauliche Beispiele für die Art und den relativen Einfluß der das nationale Interesse konstituierenden Faktoren auf außenpolitische Entscheidungen in konkreten Handlungskontexten.

---

[123] Vgl. Stanley Hoffmann, Obstinate or Obsolete?, a.a.O., 904-908.

8.3.1 Die Realität der europäischen Integration

Die von den Regierungen Frankreichs, Italiens, Deutschlands und der Benelux-Staaten forcierte Einrichtung eines gemeinsamen Marktes durch die Europäische Gemeinschaft geschah vor dem Hintergrund zerstörter Volkswirtschaften und dem Bedarf an einer raschen Wiederbelebung funktionsfähiger ökonomischer Strukturen. Aufgrund bereits früher einsetzender Prozesse der Industrialisierung, Urbanisierung und Demokratisierung und nicht zuletzt aufgrund der Einrichtung des besagten gemeinsamen europäischen Marktes glichen sich die sechs Staaten nicht nur hinsichtlich ihrer Wirtschafts- und Sozialpolitiken an. Auch ihre Sozialstrukturen ähnelten sich. Im jeweiligen innerstaatlichen Kontext hatten sich gesellschaftliche Gruppen auf der Basis bestimmter Interessen formiert, die sie gegenüber ihren Regierungen artikulierten. Mittlerweile war sogar zu beobachten, dass sich diese Interessengruppen transnational organisierten, um noch mehr Druck auf die Regierungen ausüben zu können, damit diese den gemeinsamen Markt funktionsfähig halten bzw. noch effizienter gestalten. Gleichzeitig ließ sich beobachten, dass kein europäischer Staat mehr den Status einer Weltmacht besaß. Die Bedeutung der militärischen Absicherung etwaiger Weltmachtansprüche war so gut wie verschwunden. Und doch war ein Aspekt von überragender Bedeutung erhalten geblieben: auch diese Staaten existierten weiter als Nationalstaaten[124]. Das zeigte sich darin, dass kein Staat bisher irgendwelche Kompetenzen an europäische Institutionen übertragen hatte. Das zeigte sich weiters darin, dass Frankreich sogar wieder Kompetenzen aus der NATO zurückgenommen hatte. Und es zeigte sich darin, dass die Unterschiede in der jeweiligen Bewertung der nationalen Situationen durch die Regierungen angesichts der Bedrohung durch Massenvernichtungswaffen größer und nicht kleiner geworden waren.

Die außenpolitische Orientierung der französischen Regierung und die Meinungen der französischen Eliten betreffend die auswärtigen Angelegenheiten zeichneten sich noch während der 1950er Jahre aus durch eine eindeutige Präferenz für eine Partnerschaft mit den Staaten Europas. Aus der Perspektive dieser Gruppen erschien die noch zu Zeiten des Kalten Kriegs (von 1945 bis 1955 bzw. 1957) herrschende Bipolarität obsolet. Diese Gruppen waren sich einig in ihrer Indifferenz bzw. latenten Feindschaft gegenüber den Vereinigten Staaten und in ihrem Misstrauen gegenüber Deutschland. Nur eine kleine Minderheit votierte für eine politische Föderation Westeuropas und hielt französische und amerikanische Interessen für kompatibel. Die außenpolitische Orientierung der deutschen Regierung und einflussreicher gesellschaftlicher Gruppen offenbarte dagegen eine klare Präferenz für eine Partnerschaft mit den USA, erst an zweiter Stelle rangierte hier die westeuropäische Einigung. Deutsche Eliten sahen die Welt weiterhin als bipolar und fühlen sich den US-amerikanischen Zielen und Interessen stark verbunden. Gegenüber Frankreich hegten die meisten freundschaftliche, zumindest keine feindlichen Gefühle. Die meisten votierten für die europäische Integration, allerdings fehlte den deutschen Eliten eine europäische Orientierung und eine klare Vorstellung davon, was Europa im Moment sein und was es in Zukunft werden sollte –

---

[124] Vgl. ebda, 889.

8.3 Heuristik

insbesondere fehlte den Deutschen eine Vorstellung von der Rolle, die Europa in der Welt und als Lösung für die Probleme der Staaten im Industriezeitalter spielen könnte[125].

Die Gründe für diese Divergenz in den außenpolitischen Orientierungen hatten möglicherweise mit der Ausprägung des nationalen Bewusstseins zu tun. Das schien paradox, denn bei einem ersten Blick fielen eher Ähnlichkeiten auf. Einerseits war nämlich festzustellen, dass Deutschland bzw. die deutschen politischen Eliten ihr Nationalbewusstsein wiedererlangt hatten. Die Situation Deutschlands wurde mit Blick auf das Wohl und Wehe der Nation beurteilt. In dieser Hinsicht ähnelte Deutschland Frankreich und anderen Staaten. Andererseits bestand eine Ähnlichkeit in den nationalen Befindlichkeiten darin, dass sie auf Gewohnheit und Routine basierten. Konkreter: die nationalen Stimmungen waren nicht geprägt durch eine bewusste Identifikation mit etwas, diese Stimmungen und Gesinnungen waren eher hervorgerufen durch eine im Namen der jeweiligen Nation gefühlte Abneigung gegen etwas. Die Deutschen besannen sich auf ihre Nation im Angesicht ihres Überlebens als Staat, andere Völker wie die Franzosen besannen sich auf ihre Nation aus Angst, im Zuge der Modernisierung eigene Traditionen, die eigene Kultur und die eigene Identität zu verlieren – und selbst das weniger aus dem Grund, weil diese wertvoll und bedeutend, als vielmehr aus dem Grund, dass sie ‚eigene' waren. Bei einem zweiten und gründlicheren Blick offenbarte sich freilich ein wesentlicher Unterschied in diesen nationalen Gesinnungen: die französischen waren relativ stark ausgeprägt, die deutschen relativ schwach. Dieser Unterschied wurde zur Schwierigkeit für eine gemeinsame Identifikation mit Europa, insofern die Franzosen jeden Schritt auf dem Weg zu einem vereinten Europa nur als Mittel zur Erhaltung und Verbreitung ihrer Tradition, Kultur und Identität begrüßten, während die Deutschen den Weg der europäischen Integration nur bejahten, solange er keine klaren Bekenntnisse zu einer wie auch immer aus-geprägten machtpolitischen Rolle Europas im transatlantischen Kontext forderte. Man könnte schlussfolgern, dass das starke nationale Selbstbewusstsein der Franzosen ein Einheitsdenken genauso verhinderte, wie das schwach ausgeprägte Selbstbewusstsein der Deutschen. Das jeweilige Nationalbewusstsein in wichtigen Staaten der Europäischen Gemeinschaft spielte eine gewisse Rolle für die Resistenz des Nationalstaates, die entscheidenden Gründe lagen jedoch woanders[126].

Wichtigere Gründe für ein Scheitern der Integration lagen in den unterschiedlichen Einschätzungen der nationalen Situation; und zwar sowohl hinsichtlich der innerstaatlichen Dimension als auch hinsichtlich der internationalen Dimension. Zuerst zu den innerstaatlichen Aspekten.

Aus der Sicht von Supranationalisten wie Monnet war es eine Frage der Zeit, wann die europäische Bürokratie die nationalen politischen Systeme und Verwaltungen überwölben und auszehren würde. Wenn es nur gelänge, gut organisierte Interessengruppen wie v.a. Parteien und Verbände für die Arbeitsweise der europäischen Institutionen zu begeistern, würde der Widerstand national gesinnter Regierungen und damit auch das Haupthindernis für Integrationsfortschritte geringer werden. Die europäischen Institutionen würden aufgrund

---

[125] Vgl. ebda, 890.
[126] Vgl. ebda, 892.

von positiven Erwartungen und Loyalitätsgewinnen immer mehr Zulauf bekommen und gewissermaßen automatisch immer mehr Entscheidungskompetenzen an sich ziehen. Interessengruppen würden sich gleichzeitig transnational vernetzen und damit auch die Entstehung einer europäischen Gesellschaft, den eigentlichen Träger der europäischen Bürokratie, befördern. Genau in dem Maß, wie das supranationalistische Argument die Rolle pro-europäischer Interessen betonte vernachlässigte es den ganz wichtigen Umstand, dass Regierungen in allen westeuropäischen Staaten nicht nur durch die nationalen Bevölkerungen legitimiert waren, deren Interessen sie vertraten, sondern dass dieselben Regierungen jederzeit in der Lage waren, dem Druck gut organisierter gesellschaftlicher Gruppen zu widerstehen, Opposition zu zerstreuen und Unterstützung für ihre politischen Vorhaben herzustellen – und das umso mehr, je stärker die Stellung der betreffenden Regierung im Gefüge des nationalen politischen Systems war. Die Regierungen in allen Staaten Westeuropas vermochten es aufgrund gezielter Steuerung der öffentlichen Meinung, dass Probleme und ihre Lösungen durch eine nationale und keine europäische Brille gesehen wurden[127].

Die Beurteilung der nationalen Situation anhand international relevanter Faktoren stützte sich auf historische Erfahrungen und die geographische Lage. Aus deutscher Sicht prägten v.a. die jüngeren historischen Erfahrungen die Einschätzung der Situation. Aus Sicht der deutschen und mit Abstrichen auch der italienischen Regierung befand sich der eigene Staat als Kriegsverursacher und Feindstaat in einer Situation, die durch die Integration nur besser werden konnte. Zusammenarbeit in einer internationalen Organisation war gleichbedeutend mit einer Anerkennung durch andere Staaten und einer Wiedererlangung bestimmter Rechte. Für die kleineren Staaten Belgiens, der Niederlande und Luxemburgs bedeutete Integration Aufgabe von Autonomie bei gleichzeitiger Teilhabe an einer Zusammenarbeit mit wirtschaftlich starken Staaten. Für Frankreich bedeutete die Zusammenarbeit in einer internationalen Organisation vor allem Autonomieverluste und Beschränkungen der lange eingeübten Rolle als Großmacht. Etwaige wirtschaftliche Gewinne wären zwangs-läufig überschattet gewesen von Machtverlusten gegenüber Deutschland. Gerade an der Frage der nuklearen Bewaffnung zeigte sich, dass Frankreich durch eine politische Integration so gut wie nichts zu gewinnen hatte. Im Gegenteil bedeutete der Ausbau der Europäischen Wirtschaftsgemeinschaft einzig und allein für Frankreich signifikante Einbußen nationaler Souveränität. Ähnlich stand es mit der Einschätzung der nationalen Situation in geographischer Hinsicht. Frankreich hatte sich lange den Status als Kolonialmacht bewahrt. Die französische Regierung formulierte ihre außenpolitischen Interessen auch mit Blick auf die (ehemaligen) Kolonien. Aus französischer Sicht musste sich die europäische Integration in den Dienst dieser Interessen stellen lassen, um eine nützliche Strategie zu bedeuten. Schon aus symbolischen Gründen war die Fortführung der Kooperation mit den Kolonialgebieten eine wichtige Bedingung, unter der die europäische Integration für Frankreich beurteilt wurde – völlig im Gegensatz zu den anderen Teilnehmern, die solche Faktoren nicht zur Bewertungsgrundlage ihrer Interessen machten.

Ein weiterer wichtiger Grund, vielleicht sogar der wichtigste im Zusammenhang mit dem Scheitern der europäischen Integration während der 1960er Jahre, bestand in der Renaissance

---

[127] Vgl. ebda, 893.

des Nationalismus in Frankreich. Damit ist nicht nur die ausgeprägte nationale Gesinnung unter den Eliten gemeint. Gemeint ist die betont nationalistische Überzeugung des französischen Präsidenten de Gaulle. Dessen risikobereiter und entschlossener Regierungsstil und dessen Außenpolitik manifestierten eine Sehnsucht nach staatlicher Größe. Unter seiner Regierung verfolgte Frankreich von Anfang an das Ziel, jede sich bietende Möglichkeit für eine Zurückdrängung des Einflusses anderer Staaten, inklusive des Einflusses der zwei Großmächte USA und Sowjetunion, zu nutzen. Aus de Gaulles Sicht musste Frankreich die größte sich ihm bietende Rolle in der Weltpolitik spielen. Kooperation mit anderen Staaten im Rahmen der europäischen Integration war nicht grundsätzlich ausgeschlossen; sie musste aber zum Vorteil Frankreichs sein. Dabei bestand keinerlei Spielraum für eine Bewegung hin zu Mehrheitsentscheidungen in europäischen Institutionen. Von ganz entscheidender Bedeutung war, dass jede Kooperation mit europäischen Staaten bei der Verfolgung gemeinsamer Politiken unter französischer Führung zu stehen hatte. Aus Sicht von de Gaulle war die europäische Integration zu keinem Zeitpunkt Zweck an sich. Im Gegenteil war die europäische Integration neben der französischen Nuklearpolitik und neben der französischen Kolonialpolitik eines mehrerer Mittel zum Zweck, die internationale Politik multilateral zu gestalten und Frankreich wieder im Kreis der Großmächte zu etablieren.

Schlußendlich waren zwei wichtige Bedingungen für Integration nicht erfüllt: alle beteiligten Staaten waren zwar in ihren innerstaatlichen Räumen integriert, insofern Regierungen durch Bevölkerungen und einflussreiche Eliten gestützt wurden. Fraglich war jedoch, ob sich alle Regierungen bei ihren Integrationsvorhaben auf die Unterstützung durch das Staatsvolk bzw. der ein-flussreichsten Schichten stützen konnten. Wichtige Staatsmänner kamen nicht zu einer ähnlichen Einschätzung dahingehend, dass Integration eine nützliche außenpolitische Strategie war. Die französische Position zeigte sich aufgrund geopolitischer, historischer und ideologischer Gründe alles andere als europafreundlich. Die französische Regierung verfolgte eine ganze Reihe unterschiedlicher Interessen, die einer Verpflichtung auf die europäische Integration und einer Bindung an Nachbarstaaten wie Deutschland diametral entgegenstanden.

8.3.2 Die USA und die transatlantischen Beziehungen zu Beginn der 1980er Jahre

Zu Beginn der 1980er Jahre verschlechterten sich die Beziehungen zwischen den westeuropäischen Ländern der EU auf der einen Seite und den USA auf der anderen Seite. Zwar konnten sich Europäer und die USA im sogenannten ‚NATO-Doppelbeschluss' auf ein gemeinsames Vorgehen bei der Nachrüstung einigen, dennoch herrschte zwischen Europäern und Amerikanern eine größere Distanz[128]. Für die Europäer war der außenpolitische Kurs der Reagan-Regierung in mehrerer Hinsicht irritierend. Erstens vermissten die Europäer auf Seite der USA eine differenzierte Betrachtung der weltpolitischen Lage. Aus europäischer

---

[128] Vgl. Stanley Hoffmann, Cries and Whimpers: Thoughts on West-European-American Relations in the 1980s, in: St. Hoffmann (Hg.), *Janus and Minerva: Essays in the Theory and Practice of International Politics* (Boulder: Westview, 1987), 243-267, 243.

Sicht neigte die amerikanische Regierung dazu, alle möglichen Probleme durch die Brille der Supermacht-Konfrontation wahrzunehmen, was zur Folge hatte, dass auch solche Konflikte, in denen die Sowjetunion oder ihre Verbündeten gar nicht involviert waren, mit den gleichen Kriterien beurteilt wurden. Eng damit verbunden war die Unzufriedenheit der Europäer mit dem amerikanischen Ansatz, das Gleichgewicht der Mächte in Europa und der Welt alleine auf Drohungen und machtpolitische Rhetorik zu stützen. Aus europäischer Sicht war es mindestens genauso notwendig, alle sich bietenden Möglichkeiten für politischen Dialog und ernsthafte Rüstungskontrollverhandlungen zu nutzen. Zweitens hegten die Europäer Zweifel an der Stoßrichtung der US-amerikanischen Politik in Lateinamerika und im Nahen Osten. Bei ihrem Umgang mit den Unruhen in Mittelamerika überschätzte die amerikanische Regierung die Gefahr kommunistischer Infiltrationsversuche, während sie den Einfluß innerstaatlicher Konflikt-ursachen ignorierte. Im Nahen Osten vernachlässigte die USA die Motive der Palästinenser gegenüber Israel und vertrat einen zu unnachgiebigen Standpunkt gegenüber Syrien. In diesen Fällen zeigten sich die Europäer insbesondere darüber besorgt, dass die USA einen ‚neuen' Unilateralismus praktizierten. Drittens fürchteten die Europäer, dass die USA durch die im Zuge der Stationierung neuer Mittelstreckenraketen in Europa vollzogene Abkehr von der Strategie der *flexible response* die Stabilität nuklearer Abschreckung in Europa gefährdeten[129].

Die Gründe für diese ‚neue Außenpolitik' der USA und die damit einhergehende Veränderung der transatlantischen Beziehungen lagen in der Einschätzung der nationalen Situation sowie in einer neuen außenpolitischen Haltung wichtiger amerikanischer Entscheidungsträger – der Einfluß dieser beiden Faktoren wurde von den Europäern nicht richtig verstanden.

Die neuen Entscheidungsträger im außenpolitischen Establishment der USA zeichneten sich aus durch einen größeren Patriotismus als ihre Vorgänger. Die Erfahrungen mit Vietnam waren zwar nicht vergessen, beeinflussten die Regierungspolitik jedoch nicht mehr so stark wie noch zu Zeiten der Carter-Regierung, als die Tendenz zu Kooperation im Rahmen von Bündnissen und internationalen Organisationen überwog. Eine Folge dessen war die Abkehr von Prinzipien des Multilateralismus und der Kooperation. In der amerikanischen Außenpolitik spiegelte sich ein größeres Selbstbewußtsein und eine größere Selbstsicherheit hinsichtlich unilateraler Vorgehensweisen. Bedingt auch durch eine Wiederbelebung der amerikanischen Wirtschaft nach den Ölkrisen der 1970er Jahre und einer relativen Zufriedenheit der Ober- und oberen Mittelschicht konnte die Reagan-Regierung auf breite Zustimmung durch einflussreiche gesellschaftliche Eliten bauen. Entsprechend dieser Gesinnung fiel die Einschätzung der nationalen Situation aus. Den außenpolitischen Entscheidungsträgern war bewusst, dass die USA nicht mehr die alleinige Supermacht waren, wie noch in der unmittelbaren Nachkriegszeit. Die zunehmende Konkurrenz mit der Sowjetunion hatte den Einfluß der USA in der Welt verringert, gleichzeitig hatte sich die Rolle der USA gegenüber anderen Staaten und Regionen im Zuge dieser Konkurrenz verändert. M.a.W., die neue geographische und geopolitische Lage brachte die USA immer stärker in Kontakt mit Problemen überall auf der Welt, die sich nicht durch eine militärische Präsenz vor Ort und/oder bilaterale Abkommen lösen ließen. Der geschwundene Einfluß und die Häufigkeit von Krisen erforder-

---

[129] Vgl. ebda, 250-253.

ten einen größeren Handlungsspielraum für die außenpolitischen Entscheidungsträger. Aus Gründen nationaler Sicherheit war es unabdingbar, sich unnötiger Verpflichtungen zu entledigen und eine breite Palette von Strategien für ein effektives militärisches Eingreifen in Krisenregionen offen zu halten[130].

Verstärkt wurde diese Einschätzung der nationalen Situation durch die bisherigen Erfahrungen mit den europäischen Verbündeten. Die Heterogenität der außenpolitischen Orientierungen sowie die schwerfällige außenpolitische Koordinierung unter den europäischen Verbündeten, auch innerhalb gemeinsamer Bündnissysteme, waren aus Sicht der USA oft hemmend für eine erfolgreiche Politik. Wiederholte Krisen innerhalb der NATO, mit dem vorläufigen Höhepunkt des französischen Ausstiegs aus der integrierten militärischen Kommandostruktur im Jahr 1966, erschwerten immer wieder die Herstellung einer Position der Stärke gegenüber der Sowjetunion. Ähnlich hinderlich war die Forcierung einer politischen Zusammenarbeit innerhalb der EG für die Behandlung globaler Herausforderungen wie z.B. den beiden Ölkrisen über das GATT. Ein weiterer Faktor für die Entwicklung einer neuen außenpolitischen Einschätzung und entsprechender Handlungsweisen auf Seite der USA war die Erfahrung mit der betont konzilianten Einstellung westeuropäischer Staaten, insbesondere Deutschlands unter einer sozialdemokratischen Regierung, gegenüber der Sowjetunion während der 1970er Jahre. Die vor allem auf Betreiben der Europäer einberufene Konferenz über Sicherheit und Zusammenarbeit in Europa (KSZE) genoß im außenpolitischen Establishment der USA nie besonders viel Wertschätzung. Aus Sicht der neuen Entscheidungsträger erschwerte eine blockübergreifende Konferenz die Aufrechterhaltung des atomaren Gleichgewichts sogar, da die westeuropäischen Bündnispartner im Vergleich mit den USA offensichtlich viel weniger geneigt waren, der Sowjetunion mit einer Demonstration von Stärke und Entschlossenheit entgegenzutreten.

Schließlich zeigte sich bei den neuen Entscheidungsträgern im außenpolitischen *establishment* der USA auch eine veränderte politische Gesinnung betreffend den außenpolitischen Kurs. Im Gegensatz zu den meisten Mitgliedern der Carter-Regierung zeichneten sich viele Offizielle durch eine stärkere Binnenorientierung auf der einen Seite und durch eine flexiblere globale Außenorientierung auf der anderen Seite aus. Für viele war die Herstellung von Sicherheit und Wohlfahrt der USA gleichbedeutend mit einer guten Verfassung der amerikanischen Industrie. Eng damit verbunden war eine Neubewertung globaler Konstellationen. Der Blick richtete sich nicht mehr nur auf die Bedingungen in Europa sondern auch und vor allem auf diejenigen im Nahen Osten und in Ostasien. Seit Beginn des Zweiten Weltkriegs hatten amerikanische Regierungen ihre Aufmerksamkeit hauptsächlich auf die Entwicklungen in Europa gerichtet. Nicht zuletzt hatten sie die wirtschaftliche Integration Westeuropas durch eine enge Kooperation maßgeblich unterstützt. Die fortgesetzte Krise der europäischen Integration sowie der Aufschwung Japans zum wichtigsten Konkurrenten der USA bei der Erschließung von neuen Märkten und der Entwicklung technologischer Produkte trugen zu Beginn der 1980er Jahre zu einer Lockerung der bestehenden Verpflichtungen bei. Für die amerikanische Regierung erschien Ostasien aus wirtschaftlichen Gesichtspunkten immer wichtiger als die kleine Landzunge Europas vor der großen asiatischen Landmas-

---

[130] Vgl. ebda., 264.

se. Für die amerikanische Regierung war die entscheidende Frage, wie die globalen Rahmenbedingungen so gestaltet werden konnten, dass sie gute Chancen für die (wirtschaftliche) Entfaltung der USA boten[131]. Auch sicherheitspolitisch änderte sich die außenpolitische Orientierung. Westeuropa schien im Vergleich zu den Regionen Lateinamerikas, des Persischen Golf und Nordostasiens relativ stabil. Dort waren ernstzunehmende Rüstungsanstrengungen nicht nur auf Seite der Sowjetunion, sondern auch auf der Seite von China und Japan zu beobachten. Die zentrale Bedeutung der Atlantischen Allianz als Abwehrbollwerk gegen die Sowjetunion wich daher einer flexibleren und auch entschlosseneren Sicherheitspolitik der USA gegenüber der Sowjetunion, Chinas und Japans im Fernen Osten[132].

Aus Sicht des klassischen Intergouvernementalismus hat sich die Außenpolitik der USA gegenüber den westeuropäischen Staaten zu Beginn der 1980er Jahre verändert und zu einer Verschlechterung der transatlantischen Beziehungen beigetragen. Der Grund für diese Veränderung im außenpolitischen Verhalten lag in der Formulierung eines neuen nationalen Interesses. Neue Entscheidungsträger kamen zu einer Neueinschätzung der nationalen Situation, bedingt durch den Einfluß innerstaatlicher Faktoren (Patriotismus, Prinzipien und politische Institutionen) und internationaler Einflüsse (veränderte geopolitische Herausforderungen und Erfahrungen mit den westeuropäischen Bündnispartnern).

8.3.3   Kontrollfragen

- Welche außenpolitischen Optionen besitzen Staaten?
- Warum verfolgen Staaten z.B. die Strategie der Kooperation?
- Woraus besteht/entsteht das nationale Interesse?
- Inwiefern beeinflusst die Innenpolitik die Außenpolitik?
- Welche Überlegungen fließen in die Beurteilung der nationalen Situation?
- Welchen relativen Einfluß haben innerstaatliche bzw. internationale Faktoren auf die Beurteilung der nationalen Situation?

---

[131] Vgl. Stanley Hoffmann, Taming the Eagle: U.S. Foreign Policy and National Security, in: St. Hoffmann (Hg.), *Janus and Minerva*, a.a.O., 318: "The United States tends to see its national security as entailing the maintenance of conditions abroad that will allow the economy to function adequately – i.e. to obtain the energy, raw materials, and markets necessary to its prosperity."

[132] Vgl. Stanley Hoffmann, Cries and Whimpers, a.a.O., 253.

9 Neuer Liberalismus/ Liberaler Intergouvernementalismus

Die Theorie des ‚neuen Liberalismus' (bzw. des ‚liberalen Intergouvernementalismus') beschäftigt sich mit dem aus dieser Perspektive zentralen Sachverhalt, daß Staaten bzw. politische Systeme in ihrem Verhalten sehr stark von den Interessen einflussreicher Individuen und Gruppen beeinflusst werden[133]. Staaten sind nicht die eigentlichen Akteure der internationalen Politik. Staaten sind, ähnlich wie im Bild der neofunktionalistischen Theorie, Komplexe kommunikativer und bürokratischer Entscheidungsverfahren. Politik ist eine Angelegenheit von Regierungen (daher auch die Betonung des inter‚gouvernementalen' Aspekts) und findet statt in einem Kontext innerstaatlicher und transnationaler Interessen an Wohlfahrtssteigerung. Die liberale Theorie der internationalen Politik versucht mit ihrem analytischen Vokabular zu beschreiben, daß Staaten aufgrund dieser kontextuellen Einbindung keine feststehenden nationalen Interessen besitzen und verfolgen; daß Regierungen zwar nominal im Auftrag von Staaten handeln, dabei aber unter dem Einfluß gesellschaftlicher Akteure stehen und entsprechende Präferenzen verfolgen; und daß Staaten – vermittels der jeweiligen Regierungen – sich gegenüber anderen Staaten im Prinzip so verhalten, wie sie (unter dem Einfluß von Interessengruppen) ‚wollen'. Die heuristische Leistung der Theorie besteht darin, unter Verweis auf momentan existierende Präferenzstrukturen zwischen Staaten zu erklären, warum die Verhaltensweisen mehrerer Staaten zueinander konflikthaft, kooperativ oder harmonisch erscheinen[134].

Die Kritik an der liberalen Theorie kam aus mehreren Richtungen. Institutionenforscher bemerkten, dass Moravcsik bei seiner Rekonstruktion der Regierungspolitik im Rahmen der europäischen Integration den Einfluß institutionalisierter Verhandlungsgremien und supranationaler Organe komplett vernachlässigte. Sowohl die Europäische Kommission als auch der Europäische Gerichtshof übten beträchtlichen Einfluß auf die Regierungen bei ihrer Entscheidungsfindung aus. Zudem hätte der Verhandlungsprozess auf europäischer Ebene den Effekt, dass sich Beratungen über neue Maßnahmen und Programme immer an bereits etablierten Themen der europäischen Integration orientierten und damit von der Geschichte der Integration ‚eingeschlossen' wurden[135]. Vertreter konstruktivistischer Erklärungen wandten ein, dass Moravcsik übersehen hätte, wie sehr die Regierungen auf europäischer Ebene von

---

[133] Vgl. Andrew Moravcsik, Taking Preferences Seriously: A Liberal Theory of International Politics, *International Organization*, vol. 51 (1997), 513-553, 516; vgl. auch Andrew Moravcsik, *The Choice for Europe*, a.a.O., 22.

[134] Vgl. Andrew Moravcsik, Taking Preferences Seriously, a.a.O., 520-21.

[135] Vgl. Paul Pierson, The Path of European Integration, *Comparative Political Studies*, vol. 29 (1996), 123-163.

den Interaktionen beeinflusst worden wären. Die Teilnahme an den Verhandlungen in der EU würde sozialisierend wirken, so dass Präferenzen und sogar Identitäten der Regierungen zu einem gewissen Teil von der EU-Mitgliedschaft geprägt seien[136]. *Governance*-Forscher lehnten die viel zu enge Fokussierung auf Regierungshandeln ab. Die EU habe sich im Laufe der Zeit zu einem Mehrebenensystem entwickelt, in dem Regierungen neben diversen sub- und supranational agierenden Akteuren nur eine Akteurskategorie darstellten. Zwar hätten Regierungen weiterhin beträchtlichen Einfluß. Gleichwohl könne angesichts des komplexen Zusammenspiels der verschiedenen Akteure auf allen Ebenen der EU von einer rationalen Verfolgung innerstaatlich wurzelnder Präferenzen keine Rede mehr sein[137].

9.1 Prämissen

9.1.1 Akteure sind Individuen und private Gruppen

Die Akteure der internationalen Politik sind einflussreiche Individuen und/oder Gruppen der innerstaatlichen und transnationalen Zivilgesellschaft. Diese gesellschaftlichen Akteure zeichnen sich aus durch spezifische normative Sichtweisen und/oder Interessen an materiellen Ressourcen. Diese gesellschaftlichen Akteure definieren ihre ideellen und/oder materiellen Interessen unabhängig von Politik. Aufgrund der Konkurrenz mit anderen gesellschaftlichen Akteuren versuchen sie, ihre Interessen über Einflussnahme auf politische Entscheidungen zu realisieren.

9.1.2 Interessengruppen streben nach Wohlfahrt

Gesellschaftliche Akteure streben nach Gütern, die ihre Wohlfahrt steigern. Dazu gehören ideelle, materielle und republikanische Güter. Letztere zeichnen sich dadurch aus, dass sie sich auf eine Art Gemeinwohl beziehen und in der Teilhabe an politischen Entscheidungen bestehen. Republikanisch gesinnte Akteure erachten es als wertvoll, Gruppen mit exklusiven Interessen, sogenannte *rent-seeking actors*, zum Wohle der Mehrheit an der Verfolgung ihrer exklusiven Interessen zu hindern. Ideelle Interessen richten sich z.B. auf die Idee der Nation bzw. den Schutz der eigenen Identität. Materielle Interessen richten sich oft auf Ressourcen und ökonomische Gewinne. Die Akteure sind rational und risikoscheu. Mangel an materiellen, ideellen und republikanischen Gütern kann die Risikobereitschaft und damit auch die Wahrscheinlichkeit von Konflikten zwischen Interessengruppen erhöhen.

---

[136] Vgl. Wayne Sandholtz, Membership Matters: Limits of the Functional Approach to European Institutions, *Journal of Common Market Studies*, vol. 34 (1996), 403-429.

[137] Vgl. Gary Marks, Liesbeth Hooge & Kermit Blank, European Integration from the 1980s: State-Centric v. Multi-Level Governance, *Journal of Common Market Studies*, vol. 34 (1996), 341-378.

9.1.3 Staaten sind Transmissionsriemen für Interessengruppen

Politische Systeme und repräsentative Institutionen des Staates stellen Mechanismen dar, mit deren Hilfe gesellschaftliche Akteure versuchen, ihre Interessen zu verwirklichen. Die Innen- und Außenpolitik von Regierungen steht immer auch im Dienst der einflussreichsten Individuen und Gruppen mit bestimmten Wohlfahrtsinteressen. Staatliches bzw. Regierungshandeln besteht darin, einflussreichen gesellschaftlichen Akteuren bei der Realisierung ihrer Interessen zu helfen. Regierungen bündeln die Interessen der einflussreichsten Gruppen und verfolgen Präferenzen – nach innen und nach außen. Daneben verfolgen Regierungen eigene politische Interessen wie z.B. Machterhalt.

9.1.4 Das int. System ist geprägt von einer Interdependenz politischer Präferenzen

Im internationalen System bilden sich aus den verschiedenen Präferenzen, die Regierungen in ihrer Außenpolitik verfolgen, Präferenzstrukturen. Diese wirken zurück auf das Verhalten der Staaten – je inkompatibler Präferenzen zwischen Regierungen sind, desto mehr neigen sie in ihrem Verhalten zu Konflikt; wenn Präferenzen zumindest teilweise kompatibel sind, legen Regierungen Verhandlungsbereitschaft an den Tag und bemühen sich um Kooperation; je harmonischer Präferenzen sind, desto mehr neigen Regierungen zu Koexistenz mit sehr geringer Konfliktneigung.

9.1.5 Politische Macht ist eine Funktion von Präferenzen

Politische Macht zeigt sich darin, wie entschlossen Regierungen auf internationaler Ebene ihre Präferenzen verfolgen können, ohne Kompromisse machen zu müssen. Macht ist eine Funktion von Präferenzen – und nicht von (militärischen) Fähigkeiten. Je stärker die Präferenzen einer Regierung in den Interessen innerstaatlicher Gruppen verankert sind, desto entschlossener kann sie gegenüber anderen Regierungen auftreten und Ressourcen für die Realisierung außenpolitischer Ziele einsetzen.

9.2 Analytik und Aussagenlogik

9.2.1 Analytik

Individuen/Gruppen	Policy Interdependence
Rationale risikoscheue Akteure	Präferenzstruktur(en)
Wohlfahrtsinteressen	- inkompatible
- ideelle	- kompatible
- materielle	- harmonische
- republikanische	Interaktionsmuster
Pluralismus	- Konflikt
Wettbewerb	- Kooperation
Konflikt	- Koordination
Staat als Transmissionsriemen	Mechanismen der Präferenzbildung
Regierungen	- ideeller Liberalismus
Repräsentation	- kommerzieller Liberalismus
Präferenzen	- republikanischer Liberalismus
Internationales System	Macht als innerstaatlicher Rückhalt

9.2.2 Aussagenlogik

Die Hauptakteure der (internationalen) Politik sind einflussreiche gesellschaftliche Individuen und private Gruppen. Diese Akteure definieren ihre ideellen und/oder materiellen Wohlfahrtsinteressen zunächst unabhängig von Politik und benutzen dann die zur Verfügung stehenden offiziellen staatlichen Kommunikations- und Entscheidungskanäle[138]. Über das politische System können sie ihre Interessen durch die Bildung von Koalitionen mit politischen Akteuren in der Regierung und mit entsprechender Autorität realisieren. Als rationale und risikoscheue Akteure verhalten sich gesellschaftliche Akteure politisch und streben nach Einfluß und Gestaltungsmöglichkeiten, um ihre jeweiligen Interessen zu realisieren. Dabei unterliegen sie ideellen, ökonomischen und politischen Zwängen, insofern die Realisierung ihrer Interessen von konfligierenden Werten, der eingeschränkten Verfügbarkeit von Ressourcen und/oder Veränderungen ihres Einflusses beeinträchtigt wird. Sowohl diese Knappheit an Wohlfahrtsgütern als auch die Differenzierung gesellschaftlicher Lebensbereiche, einschließlich der dort entstehenden Sichtweisen und Interessen, bedingen ein beträchtliches Maß an gesellschaftlichem Wettbewerb um politische Einflussnahme. Ein extremer Unterschied in den Werten und/oder ein extremer Mangel an Gütern und/oder ein extremer Unterschied in politischem Einfluß sorgen dafür, daß der Wettbewerb zwischen Individuen und Gruppen antagonistisch verläuft und an Schärfe gewinnt.

    Der Staat bzw. das politische System ist in diesem Zusammenhang immer als ‚Beute' der stärksten Gruppe oder Koalition zu betrachten, die den Staat für die Realisierung ihrer Zwe-

---

[138] Vgl. Andrew Moravcsik, Taking Preferences Seriously, a.a.O., 516-517.

9.2 Analytik und Aussagenlogik

cke benutzt. Die repräsentativen Institutionen des Staates dienen dabei als Scharnier bzw. Transmissionsriemen über das/den die Interessen der einflussreichsten gesellschaftlichen Gruppe/n in staatliche Politik übersetzt werden können. Staatliche Politik ist Regierungspolitik. Die Regierung ist selbst ebenfalls eine Interessengruppe, die das Ziel verfolgt, an der Macht zu bleiben. Regierungspolitik repräsentiert die Sichtweisen, Werte und Interessen der einflussreichsten Gruppen, die Druck auf das Regierungshandeln ausüben und versuchen, es zum Wohle ihrer eigenen Interessen zu beeinflussen. Die einflussreichsten gesellschaftlichen Gruppen sind so in der Lage, die Präferenzen des Staates und damit auch seine Verhaltensweisen gegenüber anderen Staaten zu beeinflussen. Wenn und insofern Staaten vermittels der jeweiligen Regierungen in ihrer Außenpolitik ‚Sicherheit', ‚Wohlfahrt', ‚Souveränität' oder eine Kombination all dieser Präferenzen verfolgen, dann aufgrund des Einflusses gut organisierter gesellschaftlicher Gruppen im Innern der jeweiligen Staaten. Für diese Gruppen sind außenpolitische Präferenzen wie nationale Sicherheit, wirtschaftliche Wohlfahrt, oder Souveränität nicht Selbstzweck, sondern Ausfluß ihrer Interessen an ideellen, materiellen und/oder republikanischen Gütern.

Jeder Staat, d.h. jede Regierung versucht, im internationalen System die eigenen Präferenzen zu realisieren. Regierungen werden in Interaktion mit den Regierungen anderer Staaten zwangsläufig mit deren Präferenzen und den dadurch motivierten Verhaltensweisen konfrontiert. Im internationalen System bilden sich Präferenzstrukturen. Je nach dem Grad der Vereinbarkeit staatlicher Präferenzen lassen sich – idealtypisch gesprochen – unterschiedliche Strukturen und verschiedene Interaktionsmuster im internationalen System beobachten[139]: je geringer der Grad an Vereinbarkeit staatlicher Präferenzen, desto größer die Wahrscheinlichkeit antagonistischer bzw. konfligierender Verhaltensweisen (Konflikt); je höher der Grad an Vereinbarkeit staatlicher Präferenzen, desto höher die Wahrscheinlichkeit einer reibungslosen Koexistenz bzw. harmonischer Verhaltensweisen, die lediglich koordiniert werden müssen (Koordination); und wenn die Präferenzen von Staaten sich teilweise ausschließen und teilweise überlappen, wenn Regierungen also ‚gemischte Motive' besitzen, dann besteht zumindest die Möglichkeit, dass Regierungen über Verhandlungen Kompromisse herstellen und in bestimmten Bereichen zusammenarbeiten (Kooperation). Typische Prozesse und Interaktionsmuster der internationalen Politik, nämlich Konflikt, Koordination und Kooperation werden immer hervorgerufen von der zu einem bestimmten Zeitpunkt existierenden systemspezifischen Konfiguration staatlicher Präferenzen, der internationalen Präferenzstruktur.

Es gibt unterschiedliche Mechanismen der Präferenzenbildung[140]. Im Modell des ideellen Liberalismus werden außenpolitische Präferenzen durch soziale Identitäten und Werte bestimmt. Je nachdem, wie ausgeprägt unter Individuen/Gruppen das Bewusstsein um ideelle Werte (nationales Bewußtsein; religiöse Überzeugungen; sozioökonomische Ideologien) ist, und je nachdem, wie ausgeprägt das Interesse unter Individuen/Gruppen an einer Versorgung mit ganz bestimmten öffentlichen Gütern ist, strebt der Staat danach, sein Handeln auf die Bedürfnisse der Nation oder die herrschende Religion zuzuschneiden bzw. seine territorialen Grenzen zu sichern, legitime politische Institutionen einzurichten, und sozioökonomische

---

[139] Vgl. ebda., 520.
[140] Vgl. ebda., 524-533.

Wohlfahrtsleistungen anzubieten. Im Modell des kommerziellen Liberalismus werden außenpolitische Präferenzen in Abhängigkeit von den ökonomischen Interessen gesellschaftlicher Individuen/Gruppen bestimmt. In dem Maße, wie gesellschaftliche Akteure ein Interesse daran haben, zu exportieren, zu expandieren und ihre Produktionsstandorte in die Welt zu verlagern, werden staatliche Präferenzen z.B. auf die Errichtung offener Märkte und das Prinzip des Freihandels ausgerichtet sein. Im Modell des republikanischen Liberalismus werden Präferenzen in Abhängigkeit vom Modus der innerstaatlichen Repräsentation und den Interessen von Gruppen an einer ausreichenden Partizipation zur Verhinderung einer Politik des *rent-seeking* bestimmt. Je größer die Repräsentation des Volkes, und je größer die Interessen des Volkes an der Außenpolitik, desto stärker wird sich der Volkswille in den außenpolitischen Präferenzen widerspiegeln. Da heißt, die Präferenzen des Staates werden stark auf das Ziel Frieden gerichtet sein. Je stärker der Einfluß von Gruppen mit Partikularinteressen und je schwächer das Interesse der Bevölkerung an der Außenpolitik, desto größer die Neigung der Regierung zu *rent-seeking* – und desto größer auch die Wahrscheinlichkeit, dass die Regierung in ihrem Außenverhalten eine Konfrontation und sogar Konflikt mit anderen Regierungen riskiert.

Obwohl sich Staaten im Prinzip so verhalten, wie sie es – abhängig von ihren innerstaatlich fundierten Präferenzen – auch wollen, kann sich kein Staat tatsächlich immer und überall so verhalten, wie er es will. Einerseits steht dem entgegen, daß sich gesellschaftliche Gruppen in ihren Interessen davon leiten lassen, was einflussreiche Gruppen und Regierungen jenseits staatlicher Grenzen anstreben und was damit realisierbar ist. Zum Beispiel orientieren sich Industrie- und Arbeitgeberverbände im innerstaatlichen Kontext daran, was die entsprechenden Verbände jenseits staatlicher Grenzen anstreben und ob das eigene Wohlfahrtsinteresse in diesem Kontext auch realisierbar ist. Steigt etwa unter den transnational vernetzten Industrie- und Arbeitgeberverbänden das Interesse an einer Lockerung des Kündigungsschutzes und einer Senkung von Lohnnebenkosten, so gewinnen auch die Verbände im innerstaatlichen Bereich ein größeres Interesse daran, dieses Ziel zu erreichen. Andererseits beeinflusst die internationale Präferenzstruktur, wie sich Staaten bzw. Regierungen verhalten. Staatliche Entscheidungsträger lassen sich bei ihren Entscheidungen nicht nur davon leiten, was sie wollen, sondern auch, was die Entscheidungsträger in anderen Staaten wollen. Das bedeutet nicht, daß sie sich die Präferenzen anderer Staaten zu eigen machen. Sie ziehen aber bei ihren Entscheidungen auf internationaler Ebene in Betracht, was andere Staaten wollen. Nicht zuletzt ist die erfolgreiche Realisierung der eigenen Präferenzen auch davon abhängig, was andere Staaten wollen.

Politische Macht hat in diesem Zusammenhang etwas damit zu tun, daß Staaten eine hohe Bereitschaft besitzen, ihre Präferenzen zu realisieren. Das wiederum liegt daran, daß die Regierungen eine hohe Rückendeckung aus dem innerstaatlichen Bereich besitzen. Mit anderen Worten: Macht zwischen Staaten ist bestimmt durch die relative Intensität der Präferenzen auf Seite der jeweiligen Regierungen. Je größer die innerstaatliche Rückendeckung für die auswärtige Regierungspolitik, desto stärker die Intensität der Präferenzen[141].

---

[141] Vgl. ebda., 523-524.

9.3 Heuristik

Im Fokus des neuen Liberalismus stehen Interaktionsmuster, in die Staaten involviert sind, weil sie versuchen, ihre Präferenzen zu realisieren. Staaten bzw. Regierungsvertreter können als rationale Akteure verstanden werden, die auf internationaler Ebene versuchen, ihre Präferenzen in Politikergebnisse umzusetzen. Allerdings ist das, was Regierungen auf internationaler Ebene erreichen wollen, ganz entscheidend beeinflusst von einflussreichen Interessengruppen im innerstaatlichen Bereich. Diese Grundannahmen der Theorie strukturieren den relevanten Wirklichkeitsausschnitt vor. Eine Beschreibung mit Hilfe der liberalen Theorie konzentriert sich auf Verhaltensweisen und Interaktionsmuster zwischen Regierungen auf internationaler Ebene. Dafür stellt die Theorie die Kategorien des Konflikts, der Kooperation und der harmonischen Koexistenz zur Verfügung. Für die Erklärung der Verhaltensweisen von Regierungen wird wichtig, dass im innerstaatlichen Bereich der interagierenden Staaten gesellschaftliche Akteure Interessen an der Versorgung mit ideellen und/oder materiellen und/oder republikanischen Gütern artikulieren und über Einflussnahme auf außenpolitische Entscheidungen zu realisieren versuchen. Der entscheidende Grund dafür, warum Regierungen sich in konfliktiven, kooperativen, oder harmonischen Interaktionen befinden, liegt aus Sicht der Theorie in Präferenzstrukturen auf der Ebene des internationalen Systems. Die Erklärung für den Sachverhalt, dass Regierungen wichtiger Staaten zu Beginn der 1980er Jahre den Prozess der europäischen Integration wiederbelebt haben, ist ein Beispiel für Kooperation aufgrund sehr kompatibler Präferenzen. Die Erklärung für den Krieg zwischen der USA und dem Irak anno 2002 ist ein Beispiel für Konflikt aufgrund unvereinbarer Präferenzen.

9.3.1 Regierungspolitik und Europäische Integration

Der ‚neue Schub' für die Europäische Integration in den 1980er Jahren
Während der 1980er Jahre erfuhr die europäische Integration ihren bedeutendsten Schub auf dem Weg zur Handelsliberalisierung seit der Vollendung des Gemeinsamen Marktes im Jahr 1968. Dieser Schub war völlig unerwartet, weil die Zeit während der 1970er Jahre als Phase der ‚Eurosklerose' und des ‚Europessimismus' bekannt geworden war. Praktiker und Theoretiker hatten ihren Glauben an die positive Rolle europäischer Institutionen verloren. Umso überraschender war die Tatsache, daß die Kommission nicht nur einen Maßnahmenkatalog entwarf, um einen Raum ohne Binnengrenzen herzustellen, in dem die Freizügigkeit von Gütern, Personen, Dienstleistungen und Kapital rechtlich abgesichert war. Unerwartet war auch, daß einflußreiche Akteure sich zu Anwälten des Projekts machten und die Abschaffung von Tarifen und Quoten im Sinne ‚negativer Integration' beförderten. Die 1986 unterzeichnete Einheitliche Europäische Akte (EEA), in der die genannten Wiederbelebungsversuche ihren Niederschlag fanden, beinhaltete drei große Reformschritte: erstens wurde mit einer Ergänzung des Art. 100 EWG-Vertrag festgelegt, daß der Rat mit qualifizierter Mehrheit die Maßnahmen zur Angleichung der Rechts- und Verwaltungsvorschriften der Mitgliedstaaten beschließt, die die Schaffung und das Funktionieren des Binnenmarktes zum Gegenstand haben – gleichzeitig wurde jedoch die unausgesprochene Erwartung bestätigt, daß sich die

Regierungsvertreter nach Maßgabe des ‚Luxemburger Kompromisses' weiter um Einstimmigkeit in Fragen bemühen würden, die von vitalem nationalen Interesse für einen Staat sind; zweitens wurde das Prinzip der ‚gegenseitigen Anerkennung' eingeführt, gemäß dem der freie Verkehr von Waren und Dienstleistungen auch ohne Harmonisierung der einzelstaatlichen Rechtsvorschriften der Mitgliedstaaten funktionieren soll. Kein Mitgliedstaat sollte den Verkauf eines in einem anderen Mitgliedstaat rechtmäßig hergestellten Erzeugnisses verbieten können, auch wenn dieses Erzeugnis nach anderen technischen oder qualitativen Vorschriften als den für die inländischen Erzeugnisse geltenden Vorschriften produziert wurde. Ausnahmen, die sich auf das Allgemeininteresse wie Schutz der Gesundheit, der Verbraucher oder der Umwelt stützen, sollten an strenge Bedingungen geknüpft sein. Drittens wurde dem Europäischen Parlament die Fähigkeit zugestanden, Änderungsvorschläge zu Gesetzesvorhaben einzubringen, die vom Rat nicht einfach ignoriert werden dürfen, wenn die Kommission diese Vorschläge unterstützt[142].

Der Grund für die Einführung dieser Regelungen lag nicht darin, daß sich proeuropäische Akteure auf gesellschaftlicher und/oder supranationaler Ebene als Motoren erwiesen. Die Triebkräfte hinter dem neuen Schub waren wichtige Entscheidungsträger in den großen Mitgliedstaaten, allen voran Helmut Kohl, François Mitterand und Margaret Thatcher[143]. Diese gouvernementalen Akteure waren in der Lage, innerstaatliche Widerstände gegen das Reformprojekt der EEA zu überwinden und so eine konzertierte Aktion dreier eminent wichtiger Staaten, nämlich Deutschland, Frankreich und Großbritannien ins Leben zu rufen. Die Regierungen dieser drei sehr einflussreichen Staaten zeichneten primär für die Realisierung des Binnenmarktprojekts verantwortlich, insofern sie die meisten entscheidenden Vorschläge einbrachten, die Verhandlungen auf europäischer Ebene bestritten und innerstaatliche Unterstützung für diese Vorschläge auch in anderen Staaten mobilisierten. Die Regierungen Deutschlands, Frankreichs und Großbritanniens traten auf als ‚Erfüllungsgehilfen' einflussreicher Gruppen innerhalb ihrer Staaten. Entscheidend für den Erfolg des gemeinsamen Vorgehens war schließlich, daß die Regierungen der drei größten Staaten sehr weit überlappende Präferenzen mit Blick auf die Herstellung des europäischen Binnenmarktes hatten. Weil sie sehr ähnliche Präferenzen am Fortgang der europäischen Integration auf wirtschaftlichem Gebiet nach außen vertraten, wurde es für sie möglich, während der entscheidenden Phasen des intergouvernementalen Verhandlungsprozesses zu kooperieren. Es zeigte sich damit, daß die innerstaatlichen Mechanismen in den drei genannten Mitgliedstaaten zu außenpolitischen Präferenzen führten, die auf internationaler Ebene überlappten.

Die britischen Präferenzen waren ganz überwiegend eine Verlängerung der wirtschaftlichen Interessen einflussreicher Kreise in London. Die Konföderation der Britischen Industrie (KBI) hatte bereits 1980 festgestellt, daß die Wettbewerbsfähigkeit Europas gegenüber den südostasiatischen Staaten gesunken war. Die KBI machte sich deswegen für die Herstellung eines gemeinsamen europäischen Marktes stark, einschließlich der Liberalisierung von Gütern, Dienstleistungen und Transport sowie der Abschaffung von nicht-tarifären Handelshindernissen. Außerdem sahen die einflussreichen Bankhäuser und Versicherungen in London

---

[142] Vgl. Andrew Moravcsik, *The Choice for Europe*, a.a.O., 315.
[143] Vgl. ebda., 317.

große Wachstumschancen in einem liberalisierten europäischen Markt. Nachgerade Industrie, Banken und Versicherungen hatten den größten Einfluß auf die britische Regierung. Die britische Europapolitik war deshalb in den 1980er Jahren geprägt von den ökonomischen Interessen dieser Gruppen[144]. Deutschland verfolgte Präferenzen, die zwar nicht nur, aber zum überwiegenden Teil auf den Einfluß der Industrieverbände und Banken zurückgingen. Der Deutsche Industrie- und Handelstag (DIHT) sowie der Bund Deutscher Industrie (BDI) hatten 1981 bzw. 1982 festgestellt, daß eine weitgehende Liberalisierung des europäischen Marktes vonnöten sei, um die Wettbewerbsfähigkeit der europäischen und insbesondere der deutschen Wirtschaft zu erhöhen. Die einflussreichsten deutschen Banken machten sich dafür stark, den Markt für Finanzdienstleistungen zu liberalisieren, wenngleich die Bundesbank die Position vertrat, daß eine Integration der Finanzmärkte erst dann sinnvoll sei, wenn die Volkswirtschaften der Mitgliedstaaten wirtschaftliche Konvergenzkriterien erfüllten. Neben den wirtschaftlichen Interessengruppen spielten auch Bauernverbände, Bürokratien der öffentlichen Hand, Gewerkschaften und Kleinunternehmer eine Rolle bei der Präferenzenbildung. Die Interessen dieser Gruppen liefen darauf hinaus, die Liberalisierung des europäischen Marktes nur mit entsprechenden Ausnahmen für den Agrarsektor, für Monopolstellungen bundeseigener Unternehmen (z.B. die Bundespost), oder für die Rechte von Arbeitnehmern voranzutreiben. In letzter Konsequenz führte der Einfluß dieser Interessengruppen zwar zu einer etwas differenzierteren Haltung in der deutschen Europapolitik, dennoch waren die wirtschaftlichen Interessengruppen, und hier vor allem die Industrie und die Bundesbank, bei weitem einflussreicher. Letztere zeichneten deshalb auch verantwortlich für die Verfolgung materieller Präferenzen durch die Bundesregierung: Forcierung des Binnenmarktprojekts bei verzögerter Integration der Finanzmärkte[145]. In Frankreich kehrte sich die Mitterand-Regierung 1983/84 ab vom Projekt eines ‚sozialistischen Europa', nachdem das sozialistische Experiment in der heimischen Wirtschaftspolitik gescheitert war. Anstatt wie bisher auf Industriesubventionen für französische Konzerne, Kreditkontrollen und geschlossene Finanzmärkte auch und v.a. zugunsten von Arbeitnehmern und im Namen sozialer Gerechtigkeit zu setzen, befürwortete Mitterand schließlich die Liberalisierung des Handels und die Herstellung eines einheitlichen europäischen Marktes. Konfrontiert mit der sinkenden Wettbewerbsfähigkeit der europäischen und insbesondere der französischen Wirtschaft, was sich vor allem in sinkenden Exporten im Bereich industriell gefertigter und Hochtechnologie-Güter manifestierte, wechselte Mitterand die wirtschaftspolitische Orientierung und favorisierte Deregulierung, die Öffnung heimischer Märkte für ausländische Investitionen und die Steigerung der Wettbewerbsfähigkeit. Der Hauptgrund für diesen Wandel hin zu einer dezidiert wirtschafts- bzw. neoliberalen Position lag darin, daß Mitterand im politischen System Frankreichs, ob seiner bis dato zurückhaltenden Europapolitik, merklich unter Druck geriet und sogar von der Gaullistischen Partei um Chirac in die Defensive gedrängt wurde. Während der *cohabitation*, in der Präsident und Premierminister unterschiedlichen Parteien angehörten, weil der Präsident im Parlament nicht über eine kooperationsbereite Mehrheit verfügte, profilierten sich die Gaullisten als ‚wahre' europäische Partei. Die Hinwendung Frankreichs zum Projekt des europäischen Binnenmarktes war somit einerseits motiviert durch

---

[144] Vgl. ebda., 322-326.
[145] Vgl. ebda., 328-332.

wirtschaftliche Interessen und andererseits durch das Interesse der Regierung Mitterands, politische Legitimation für die Regierungspolitik zurückzugewinnen, um nicht als *rent-seeker* dazustehen[146].

Die Gründe für die Wiederbelebung der Integration durch eine konzertierte Aktion wichtiger Mitgliedstaaten, versinnbildlicht und dokumentiert durch die Unterzeichnung der EEA, lagen in den weitgehend überlappenden Präferenzen Großbritanniens, Frankreichs und Deutschlands. Die Regierungen der drei Staaten machten sich zu Anwälten einflussreicher innerstaatlicher Interessengruppen und verzichteten auf bzw. stellten die Geltendmachung ideologischer und/oder nationaler Interessen zurück. Bedingt durch die Ähnlichkeit der Interessen unter den innerstaatlichen Gruppen einerseits und ihrer eigenen Bereitschaft zur Vertretung dieser Interessen andererseits, besaßen die Regierungen der genannten Staaten eine Grundlage für Verhandlungen, die sie nach Auflösung diverser Schwierigkeiten[147] seit Ende 1983 bzw. Anfang 1984 nutzten, um Einstimmigkeit in den für die Wiederbelebung der Integration wichtigen Fragen herzustellen[148].

9.3.2 Demokratischer Friede/Krieg

Die Friedfertigkeit demokratischer Staaten gegenüber demokratischen Staaten
Nach Meinung vieler liberaler Theoretiker sind demokratische Staaten in ihrem Außenverhalten gegenüber anderen demokratischen Staaten tendenziell friedlich. Staaten, die qua Verfassung so organisiert sind, daß das Volk über Wahlen an einer Regierung beteiligt ist, die auf dem Prinzip der Gewaltenteilung zwischen Legislative und Exekutive beruht, können in ihrem Außenverhalten zwar kriegerisch sein. Diese Staaten führen aber in der Regel keine Kriege gegen andere demokratische Staaten. Nach Meinung liberaler Theoretiker zeichnen sich die Beziehungen zwischen den USA und Großbritannien dadurch aus, daß nach Beginn der Demokratie in Großbritannien im Jahr 1832 keine Kriege zwischen diesen beiden Staaten zu beobachten waren. Statt ihre Differenzen mit Gewalt zu lösen, legten die USA und Großbritannien während des 19. Jahrhunderts ihre Grenzstreitigkeiten im Norden der USA durch Verhandlungen bei. Selbst in der Zeit des amerikanischen Bürgerkriegs während der 1860er Jahre, in denen die Verbindungen zwischen den Südstaaten und der Britischen Krone einen Kriegseintritt Großbritanniens auf der Seite der Konföderation eigentlich geboten erscheinen ließen, brach kein Krieg zwischen der Union und Großbritannien aus. In der weiteren Folge war zu beobachten, dass sich gerade zwischen diesen beiden Staaten eine *special partnership* entwickelte, die auf gemeinsame liberal-demokratische Werte begründet ist.

Die Erklärung für diesen Befund liegt im innerstaatlichen Bereich liberaler Staaten. Erstens hindert eine verfassungsmäßig garantierte Kontrolle der Exekutive durch die Legislative

---

[146] Vgl. ebda., 335-343.

[147] Gemeint sind bis dato ungelöste Fragen betreffend den britischen Haushaltsbeitrag, die Höhe der Agrarsubventionen und die Süderweiterung um Spanien und Portugal. Vgl. ebda., 347-353.

[148] Vgl. ebda., 369: „By 1983 national preferences had converged sufficiently that the three major governments were willing to move beyond the existing level of European integration and supported single market reform as the optional way to do so."

die jeweiligen Entscheidungsträger daran, Kriege aus aggressiven Überlegungen heraus zu führen. Das Volk, bestehend aus vernünftigen (und vermögenden) Bürgern der Mittelschicht, teilt eine grundsätzliche Kriegsaversion und lehnt Kriege gegen Staaten, in denen das Volk ebenso an der Regierung beteiligt ist, aus ideellen und moralischen Gründen kategorisch ab. Die Legislative handelt im Sinne dieses aufgeklärten Bürgerinteresses und hindert die Regierung daran, Staaten mit gleichen ideellen Werten anzugreifen. Zweitens liegt eine Schranke gegen den Kriegseintritt in der Furcht des Volkes, daß Krieg nicht nur Menschenleben fordert, sondern auch Eigentum und Vermögenswerte zerstört. Zum ideell-moralischen kommt somit ein materieller Grund. Und beide Überlegungen verstärken sich, so daß das Volk bzw. die Legislative in der Regel versucht, Entscheidungen zugunsten eines Krieges zu verhindern. Drittens führt die Herausbildung republikanisch verfasster Staaten dazu, daß sich zwischen diesen Staaten Respekt gegenüber der Integrität und Selbstbestimmung anderer Staaten entwickelt. Es entwickeln sich fundamentale Prinzipien des internationalen öffentlichen Rechts, die ihre eigene Wirkung entfalten. Eng damit zusammen hängt eine kosmopolitische Orientierung der Bürger. Die Rechte der Person werden als unveräußerlicher Besitz jedes Menschen anerkannt. Willkürliche kriegerische Gewalt gegenüber Personen ist aus kosmopolitischen Erwägungen grundsätzlich illegitim.

Die Kriegsneigung demokratischer Staaten gegenüber nicht-demokratischen Staaten: USA vs. Irak anno 2003
Im Zuge des von ihr ausgerufenen ‚Kampfes gegen den Terrorismus' nahm die Regierung der USA anno 2002 insbesondere die Regierung und das Land des Irak ins Visier der Kriegsvorbereitungen. US-amerikanische Regierungsspitzen wie z.B. der Präsident, sein Vize, die Sicherheitsberaterin und der Verteidigungsminister wiederholten immer wieder, dass der Irak an Massenvernichtungswaffen arbeite und bereits ein großes Arsenal von ABC-Waffen entwickelt hätte. Der bei den Präsidentschaftswahlen anno 2000 unterlegene Kandidat der Demokratischen Partei, Al Gore, rief zur ‚finalen Abrechnung' mit dem irakischen Präsidenten Saddam Hussein auf. Sogar der als gemäßigt geltende ehemalige Außenminister Colin Powell sprach vom Irak als Teil der ‚Achse des Bösen', demgegenüber die einzig sinnvolle Strategie die eines Regimewechsels sei. In der Vorbereitung auf den Krieg, der am 20. März 2003 ohne formelle Kriegserklärung begonnen wurde, verschwammen Charakterisierungen des Irak als Bastion des islamistischen Terrorismus mit solchen, in denen der Irak als militärische Bedrohung für Frieden und Sicherheit ausgewiesen wurde. Letzteres wurde u.a. von Scott Ritter und Hans Blix, die nacheinander Leiter der UN-Waffeninspektoren im Irak waren, verneint. Beide beteuerten im Jahr 2002, dass es keine Beweise für Massenvernichtungswaffen im Irak gebe. Scott wies darauf hin, dass bereits unter seiner Leitung zwischen 80-90 % der ABC-Waffen vernichtet worden seien.

Angesichts der gerade von demokratisch gewählten Regierungen oft betonten Notwendigkeit völkerrechtlicher Legalität und Legitimität außenpolitischer Handlungen war interessant zu beobachten, dass US-amerikanische Entscheidungsträger den Krieg gegen den Irak als einen legitimen Präventivkrieg einschätzten. Der Krieg war aus US-amerikanischer Sicht das einzig effektive Mittel, terroristischen Anschlägen vorzubeugen. Ebenso bedeutend war die Tatsache, dass der Krieg gegen den Irak durch die USA und eine ‚Koalition der Willigen' nicht auf eine Resolution des UN-Sicherheitsrates hin begonnen wurde. Grundsätzlich gilt für alle Regierungen der UN-Mitgliedstaaten das Gewaltverbot der UN-Charta, wenn und insofern sie nicht zu einem Verteidigungskrieg gezwungen sind, oder an einer vom UN-Sicherheitsrat eingesetzten Sanktionsmaßnahme teilnehmen. Nachgerade die demokratisch gewählten Regierungen liberaler Staaten stützen ihre politische Autorität auf Verfassungen und die *rule of law*. Dieselben Regierungen zeichnen sich in ihrem rhetorischen Handeln oft dadurch aus, dass sie auch im zwischenstaatlichen Bereich im Geist freundschaftlicher Beziehungen und auf der Basis des Völkerrechts zusammenarbeiten wollen. Diese normative Verpflichtung demokratisch gewählter Regierungen gilt jedoch nicht unbedingt gegenüber nicht-demokratischen Regierungen. Im Gegenteil tendieren demokratisch gewählte Regierungen liberaler Staaten dazu, gegenüber autokratischen Regimen auf der Basis anderer Kriterien und Gesichtspunkte zu handeln.

Das zeigte sich im Vorfeld des Irakkrieges, als Verhandlungen im UN-Sicherheitsrat im November 2002 in eine Sicherheitsrats-Resolution mündeten, die im Wortlaut unklar blieb und den Kompromiss der ständigen Mitglieder widerspiegelte. Bereits während der Verhandlungen im Sicherheitsrat verlautbarte der amerikanische Präsident seine Präventivschlag-Strategie, die sogenannte ‚Bush-Doktrin'. In der Folge bemühte sich die USA, eine ‚Koalition der Willigen' zu schmieden, um im Rahmen einer multilateralen Vorgehensweise – aber unter Umständen auch außerhalb eines UN-Mandats – losschlagen zu können. In den ersten Monaten des Jahres 2003 verlegten die USA große Truppenkontingente in die Golfregion. Am 19. März begann nach Ablauf eines vorher gestellten Ultimatums – jedoch ohne offizielle Kriegserklärung – der Krieg gegen den Irak. Ein wesentlicher Grund dafür lag darin, dass während der 1990er Jahre und insbesondere nach den terroristischen Anschlägen auf New York im September 2001 neokonservative Kreise erheblichen Einfluß auf die Regierungspolitik ausübten. Führende Vertreter der Neokonservativen, wie z.B. Donald Rumsfeld und Dick Cheney, bekamen sogar Zutritt zum politisch-administrativen Establishment. Als solche standen die unter diesem Banner des Neokonservatismus vereinten Interessengruppen und ihre Vertreter den Republikanern, d.h. eher klassischen Konservativen, gegenüber.

Neokonservative verfolgten einerseits dezidiert ideelle Werte, wie z.B. die globale Verbreitung der Demokratie, eine Suprematie der westlichen Kultur sowie einen unverhohlenen Führungsanspruch der amerikanischen Nation in der Welt. Weil Neokonservative, wie zum Beispiel Dick Cheney, ihre Wurzeln in Kreisen der Hochfinanz, der Öl- und der Rüstungsindustrie hatten (und haben), verfolgten sie andererseits auch materielle Interessen – sei es, dass sie diese in Ergänzung ideeller Interessen verfolgten; oder sei es, dass diese materiellen Interessen ihre eigentlichen Motive waren. In der Summe ließ sich beobachten, dass sich der Einfluß neokonservativer Kreise in der Verfolgung ideeller und materieller Präferenzen niederschlug. Die amerikanische Regierung machte sich aufgrund des Einflusses neokonservativer Kreise zum Anwalt eines amerikanischen bzw. westlichen Suprematiedenkens und der Demokratieförderung. Daneben ließ sich beobachten, dass das Augenmerk der amerikanischen Regierung auf eine größere Kontrolle über weltweite Ölressourcen und die weltweite Herstellung marktwirtschaftlicher Strukturen gerichtet war. Weiterhin dienten Demonstrationen militärischer Schlagkraft auch dazu, die Leistungsfähigkeit der amerikanischen (Rüstungs-)Industrie herauszustellen – und damit die voluminöse Auftragsvergabe an den militärisch-industriellen Komplex durch den Kongress zu rechtfertigen bzw. auch in Zukunft zu sichern. Aufgrund ihrer Verpflichtung auf dezidiert neokonservative Interessen innerstaatlich einflussreicher Gruppen und aufgrund völlig unvereinbarer Präferenzen auf Seite des Irak definierte die US-amerikanische Regierung im Jahre 2002 einen Regimewechsel im Irak als ein vorrangiges Ziel. Entscheidend war in diesem Zusammenhang also einerseits, dass die amerikanische Regierung den Irak nicht nur als einen von mehreren Gegnern im Kampf gegen den internationalen Terrorismus identifizierte. Die Regierung des Irak geriet aufgrund ideeller Gesichtspunkte ins Fadenkreuz, nämlich ihrer mutmaßlichen Nähe zum radikalen Islamismus sowie ihrer Unterdrückung der Demokratie und liberaler Menschenrechte. Der Einfluß neokonservativen Denkens zeigte sich im innerstaatlichen Raum darin, dass sogar die von der CIA vorgelegten Berichte, die alle von der Regierung vorgelegten ‚Beweise' für Massenvernichtungswaffen im Irak entkräfteten, die Stoßrichtung der Regierungspolitik nicht verändern konnten. Im Gegenteil konnte die US-amerikanische Regierung, aufgrund ihrer starken Unterstützung durch neokonservative Kreise, sowohl gegenüber innerstaatlichen Gruppen mit einem Interesse an einer Kontrolle der Regierung im Namen inklusiver Repräsentation, als auch gegenüber anderen Regierungen im internationalen Milieu, namentlich der Regierungen Frankreichs und Deutschlands, auf ihrer Position beharren, dass der Irak eine Bedrohung des internationalen Friedens und der internationalen Sicherheit darstelle, und dass deshalb ein Regimewechsel notwendig und legitim sei. Die aus 34 Staaten bestehende ‚Koalition der Willigen' legt den Schluß nahe, die amerikanische Regierung und eine nicht unerhebliche Zahl von Regierungen anderer Staaten sehr ähnliche Präferenzen verfolgten und deswegen mit den USA zum Zwecke des Krieges kooperierten.

Entscheidend für den Kriegsbeginn war andererseits, dass für die hinter der Regierung der USA stehenden Interessengruppen mit einem durch Krieg herbeigeführten Regimewechsel und der Einsetzung ‚demokratischer' Kräfte im Irak eine große Chance auf materielle Gewinne verbunden war: eine Kontrolle der Ölvorkommen im Irak; Investitionsgewinne nach Errichtung marktwirtschaftlicher Strukturen; und die Sicherung von weiteren hochdotierten Rüstungsaufträgen in der Zukunft. Innerstaatliche amerikanische Interessengruppen, angeführt von einem der größten Ölkonzerne und militärischen Auftraggeber der USA (Halliburton), hatten bereits im Zuge der Sanktionsmaßnahmen gegen den Irak während der 1990er Jahre vom *Oil for Food*-Programm der Regierung profitiert. Noch viel lukrativer schien das Geschäft mit dem Wiederaufbau des Irak nach einem erfolgreichen Krieg. Eine schnelle und effektive Kriegführung mit Hilfe modernster Waffen gegen einen angeblich hochgerüsteten Gegner hatte für Rüstungsfirmen wie Lockheed Martin schließlich auch den Vorteil, die bisherige Finanzierung der amerikanischen Rüstungsindustrie durch staatliche Aufträge zu rechtfertigen sowie lukrative Aufträge in der Zukunft zu sichern.

9.3.3 Kontrollfragen

- Welche Rolle spielt der Staat?
- Was sind Interessen und Präferenzen?
- Wie kommt es zu Präferenzen?
- Wie bilden sich Präferenzstrukturen?
- Welche Rolle spielt die Präferenzstruktur?
- Was ist und welche Rolle spielt Macht?

10 Konstruktivismus

Bereits in den Arbeiten von Stanley Hoffmann, Raymond Aron, Martin Wight und Hedley Bull spielten Ideen, Wahrnehmungen und intersubjektiv geteilte Vorstellungen eine konstitutive Rolle in den internationalen Beziehungen[149]. Zu einer theoretischen Perspektive gleichen Namens wurden konstruktivistische Überlegungen, als sich immer mehr Wissenschaftler vom rationalistischen amerikanischen *mainstream* distanzierten. Die konsequentesten Verfechter einer ‚reflektiven' Wissenschaft der IB waren Nicholas Onuf und Friedrich Kratochwil[150] mit ihrem Versuch, die szientistische Ausrichtung der IB in ihren Wurzeln zu zerstören und die physikalistischen Prämissen der Disziplin durch solche einer sprachphilosophisch informierten Sozialtheorie zu ersetzen. Die in der amerikanischen Disziplin einflussreich gewordene Version des Konstruktivismus von Wendt fällt in wesentlichen Punkten hinter die Arbeiten dieser Autoren zurück. Da Wendts Anliegen dezidiert darin bestand, eine Mittelposition zwischen diesen konstruktivistischen Theorien und den rationalistischen Theorien im amerikanischen *mainstream* herzustellen, wird nachvollziehbar, dass und warum seine modifizierte Theorie, und nicht die anspruchsvolleren Versionen von Onuf und Kratochwil, so einflussreich geworden ist. Das zentrale Thema im Wendt'schen Konstruktivismus liegt in der gegenseitigen Konstitution von Agenten und (intersubjektiven) Strukturen. Staaten haben keine stabilen Interessen und Identitäten. Die internationalen Beziehungen bilden keine gegebene anarchische Umwelt für Staaten. Interessen und Identitäten der Staaten bilden sich in Interaktionen, gleichzeitig erzeugen interagierende Staaten geteiltes Wissen um ihre Welt, das sie selbst auch wieder verändern. Die mit Hilfe der Theorie unternommene Beschreibung richtet sich auf typische Interaktionsmuster zwischen Staaten: Konflikt, Kooperation oder harmonische Koexistenz. Der heuristische Anspruch der Theorie liegt darin zu erklären, warum Staaten dauerhafte Verhaltensmuster an den Tag legen, oder warum Staaten ihr Verhalten ändern. Im einen Fall spielen Institutionen, im anderen Fall spielen Veränderungen der kognitiven Struktur eine entscheidende Rolle.

Seine Absicht, einen Konstruktivismus zu kreieren, der für die Sichtweisen im amerikanischen *mainstream* anschlußfähig sein sollte, hat Wendt heftige Kritik eingebracht. Anstelle

---

[149] Vgl. Raymond Aron, *Frieden und Krieg. Eine Theorie der Staatenwelt* (Frankfurt: Fischer, 1963); vgl. Martin Wight, The Balance of Power, in: Herbert Butterfield & Martin Wight (Hg.), *Diplomatic Investigations: Essays in the Theory of International Politics* (London: Allen & Unwin, 1966), 149-175; und vgl. Hedley Bull, *The Anarchical Society: A Study of Order in World Politics* (London: Macmillan, 1977).

[150] Vgl. Nicholas G. Onuf, *World of Our Making: Rules and Rule in Social Theory and International Relations* (Columbia: University of South Carolina Press, 1989); vgl. Friedrich V. Kratochwil, *Rules, Norms, and Decisions: On the Conditions of Practical and Legal Reasoning in International Relations and Domestic Affairs* (Cambridge: Cambridge University Press, 1989).

einer all-gemeinen Sozialtheorie der internationalen Politik habe Wendt lediglich eine sehr spezielle Sozialtheorie eines sehr speziellen Phänomens entwickelt. Sein Konstruktivismus sei eine modernistische Theorie desselben Staatensystems, mit dem sich auch die Rationalisten im amerikanischen *mainstream* beschäftigen – mit all den konzeptuellen Schwächen betreffend ontologische und epistemologische Prämissen[151]. Hinsichtlich der ontologischen Prämissen haben sich Kritiker an Wendts Annahme gestört, der Staat sei ein einheitlicher Akteur mit dem Status einer handlungsfähigen Person[152]. In erkenntnistheoretischer Hinsicht hat sich die Kritik am versuchten, aber gescheiterten, Brückenschlag zwischen szientistischen und hermeneutischen Prämissen konzentriert, insbesondere an der Synthese von kausalen und konstitutiven Faktoren bei der Verursachung sozialen Handelns[153].

10.1 Prämissen

10.1.1 Die Akteure sind Staaten

Die entscheidenden Akteure im internationalen System sind Staaten, die miteinander auf der Basis von Weltbildern, Erwartungen und Wertvorstellungen interagieren. Staaten interagieren gewissermaßen automatisch. Staaten treffen keine Entscheidung, ob und inwiefern sie mit anderen Staaten interagieren. Staaten sind nicht per se rational und haben auch keine fest gefügten Identitäten und Interessen. Die Identitäten und Interessen der Staaten ergeben sich vielmehr aus ihren Interaktionen und gegenseitigen Wahrnehmungen.

10.1.2 Identitäten und Interessen resultieren aus dem Interaktionsprozess

Interagierende Staaten senden durch ihre Handlungen Signale aus, während sie selbst die Signale interpretieren, die andere Staaten durch ihre jeweiligen Handlungen aussenden. Signale werden von interagierenden Staaten als feindlich, indifferent, oder freundlich interpretiert. Abhängig von der gegenseitigen Wahrnehmung definieren Staaten ihr ‚Selbst'. Entweder definieren sie sich als Feinde, als indifferente Rivalen, oder als Freunde. Je nach Rollen- und Selbstverständnis entwickeln Staaten schließlich Interessen an Selbstverteidigung, Kooperation oder harmonischer Koexistenz.

---

[151] Vgl. David Campbell, International Engagements: The Politics of North American International Relations Theory, *Political Theory*, vol. 29 (2001), 432-448, 441.

[152] Vgl. Colin Wight, State Agency: Social Action without Human Activity, *Review of International Studies*, vol. 30 (2004), 269-280, besonders 273-279.

[153] Vgl. Steve Smith, Wendt's World, *Review of International Studies*, vol. 26 (2000), 151-163, 158-160.

10.1.3 Interaktionen münden in Institutionen

Je nachdem, wie Staaten sich wahrnehmen, welche Selbst- und Rollenverständnisse sie entwickeln und welche Interessen sie formulieren, verteidigen sie sich gegen Feinde, kooperieren mit Rivalen, oder stehen in harmonischen Beziehungen mit Freunden. Wiederholte Interaktionen auf der Basis solcher Selbst- und Rollenverständnisse stabilisieren Identitäten und Interessen, erzeugen gegenseitige Verhaltenserwartungen (Normen) und fördern reziproke Verhaltensweisen. Staaten bilden somit soziale Institutionen der Selbsthilfe, der Kooperation, oder der harmonischen Koexistenz aus.

10.1.4 Die Struktur des Systems besteht aus intersubjektiv geteiltem Wissen

Die Institutionalisierung von typischen Verhaltensweisen geht einher mit einer Verfestigung der von Staaten geteilten Vorstellungen darüber wer sie sind, welche Rolle/n sie spielen und welche Verhaltensweisen gegenüber anderen Staaten angemessen sind. Geteilte und nicht mehr hinterfragte Wirklichkeitsvorstellungen verdichten sich zu einer sozialen Struktur. Der strukturelle Einfluß geteilter Vorstellungen und Erwartungen manifestiert sich darin, dass Staaten immer wieder die gleichen Interessen definieren und die gleichen Handlungsweisen an den Tag legen. Als Struktur reproduzieren geteilte Vorstellungen die eingeübte Interaktionslogik – allerdings nur solange, bis Staaten die geteilten Vorstellungen hinterfragen und neue entwickeln.

10.1.5 Das internationale System unterliegt einem Transformationsprozess

Die sozialen Institutionen und Strukturen des internationalen Systems verändern sich, wenn sich Interaktionsmuster aufgrund eines Wandels der vorherrschenden Identitäten und Interessen zwischen Staaten ändern. Staaten ändern ihre Identitäten und Interessen unter dem Einfluß neuer Verhaltenserwartungen und/oder aufgrund evolutionär bedingter Lernprozesse und/oder in der Folge einer kritischen Hinterfragung ihres ‚Selbst'. Das internationale System bleibt, wie es ist, solange Staaten die bestehende/n Interaktionslogik/en plus die darauf gegründeten Institutionen und Strukturen nicht hinterfragen. Das System ist immer das, wozu Staaten es machen.

10.2 Analytik und Aussagenlogik

10.2.1 Analytik

Staaten
Interaktionen
Signale
Interpretation/Wahrnehmung
Alter/Ego
Identität
 - Feind
 - Rivale
 - Freund
Situationsdefinition
Selbst-/Rollenverständnis
Interessen
Handlungen
 - Verteidigung
 - Kooperation
 - Harmonie

Routinen/Gewohnheiten
Soziale Institutionen
 - Selbsthilfe
 - Egoistische Kooperation
 - Organisierte Kooperation
Institutionalisierung
Normen/Regeln
Internalisierung
Sozialisierung
Soziale Struktur
 - Intersubjektive Vorstellungen
Strukturwandel
 - Neue Verhaltenserwartungen
 - Lernen i.S. kognitiver Evolution
 - Hinterfragung des ‚Selbst'
Macht als Kontrolle von Identität

10.2.2 Aussagenlogik

Die Hauptakteure der (internationalen) Politik sind Staaten. Staaten interagieren miteinander und senden über ihre Aktionen und Reaktionen Signale aus, die von anderen Staaten interpretiert werden. Staaten entwickeln dabei Vorstellungen davon, wer ihre Interaktionspartner sind und was sie wollen. Die Wahrnehmung der Interaktionspartner bewirkt, daß Staaten auch sich bzw. ihr ‚Selbst' in einer bestimmten Weise wahrnehmen. Staaten gewinnen aus der Interaktion mit anderen Staaten eine Vorstellung von der konkreten Situation, wer sie sind und was sie wollen[154]. Staaten entwickeln ihre Identität (ihr Selbst) in der Begegnung mit und durch die Wahrnehmung von anderen Staaten. Staaten können andere Staaten als Feinde, als Rivalen bzw. Konkurrenten, oder als Freunde wahrnehmen. Je nach Wahrnehmung eines anderen Staates (*alter*) verstehen sie sich selbst (*ego*) in der jeweiligen Interaktion als feindlich gesinnt, als wettbewerbsorientiert, oder als freundlich. Abhängig davon, wie sie sich gegenüber anderen Staaten verstehen und welche Rolle sie sich in der Interaktion mit diesen Staaten zuschreiben, entwickeln Staaten Interessen hinsichtlich defensiver, kooperativer, oder harmonischer Verhaltensweisen. Der weitere Interaktionsverlauf auf der Basis bestimmter Identitäten und Interessen führt zur Herausbildung von Institutionen, bestehend aus Routinen und Gewohnheiten, die wiederum Verhaltenserwartungen (Normen) und Re-

---

[154] Vgl. Alexander Wendt, *Social Theory*, a.a.O., 329-330.

10.2 Analytik und Aussagenlogik

geln hervorbringen[155]. Staaten institutionalisieren Verhaltensweisen wie z.B. Selbsthilfe/Verteidigung, wenn und insofern sie die Normen und Regeln dieser Institution internalisieren und ihr gegenseitiges Verhalten von diesen Normen und Regeln leiten lassen. Je stärker Staaten diese Normen und Regeln internalisieren, desto konsequenter orientieren sich Staaten an diesen Normen und Regeln, und desto größer wird der strukturelle Einfluß von Wirklichkeitsvorstellungen und Verhaltenserwartungen auf Interaktionspartner.

Die von Staaten während eines Interaktionsverlaufes erzeugten Wahrnehmungen, Wirklichkeitsvorstellungen, Normen und Rollenverständnisse wirken auf Staaten zurück, indem sie Sozialisierungswirkungen entfachen und bestimmte Handlungsoptionen als angemessen, andere als unangemessen erscheinen lassen. Geteiltes Wissen um die Situation und die für diese Situation angemessenen Verhaltensweisen verdichten sich allmählich zu einem intersubjektiv geteilten Wissen von der Wirklichkeit. Dieses Wissen kann Staaten darin bestärken, eingeübte Verhaltensmuster aufrechtzuerhalten und andere gar nicht erst zu entwickeln. Intersubjektiv geteiltes Wissen – und nicht eine materiell gegebene Wirklichkeit – wirkt wie eine soziale Struktur, indem es dazu beiträgt, daß Staaten nicht nur bestimmte Verhaltensweisen reproduzieren sondern auch ihre Wahrnehmungen und Rollenverständnisse beibehalten[156]. Ein intersubjektiv geteiltes Bild der Wirklichkeit, das selbst aus Interaktion heraus entstanden ist, kann somit den Ausschlag dafür geben, daß sich an der eingeübten Interaktionslogik nichts ändert. Geteilte Vorstellungen beschreiben außerdem Wege (legen ‚Pfade'), über die sich alle neuen Ideen und Vorstellungen entwickeln[157]. Alle neuen Vorstellungen und Erwartungen sind damit rückgebunden an bzw. ergeben sich aus früheren intersubjektive/n Strukturen. Trotz einer ihr innewohnenden Trägheit, kann die soziale Welt der internationalen Beziehungen durch eine Veränderung der Interaktionsmuster, der Identitäten, der Interessen, der sozialen Institutionen und Strukturen verändert werden. Die Transformation des internationalen Systems geschieht über einen Strukturwandel, der sich – idealtypisch gesprochen – in drei verschiedenen Modi vollziehen kann: 1) in einem Wandel der normativen Sichtweisen; 2) in kognitiv bedingtem Lernen; oder 3) in einer kritischen Hinterfragung der eigenen Identität und der Aufgabe des bisherigen Rollenverständnisses.

Der Wandel der normativen Sichtweisen[158] geschieht a) über die Festlegung einer allseits gewünschten Verhaltenserwartung (Norm); b) über Internalisierung der Norm; und c) über Sozialisation und damit beförderte Lerneffekte. Im 17. Jahrhundert veranlasste die Erfahrung mit den Religionskriegen die mächtigsten Fürsten des internationalen Systems dazu, die bisherige Organisationsform politischer Beziehungen zu überdenken. Konflikte zwischen

---

[155] Vgl. ebda, 96: "Institutions are made of norms and rules, which are ideational phenomena [...]."

[156] Alexander Wendt, ebda. 139-190, differenziert zwischen einer interaktionsspezifischen Mikro-Struktur, bestehend aus geteiltem Wissen zwischen einer überschaubaren Gruppe von interagierenden Staaten, und einer systemischen Makro-Struktur, einem geteilten Wissen auf der Seite vieler/aller Staaten um fundamentale Parameter der internationalen Beziehungen. Die Makro-Struktur ist eine Art ‚Kultur' und (*supervenes*) ‚kommt' zur Mikro-Struktur ‚hinzu'. Ob und inwiefern beide Strukturbegriffe miteinander zusammenhängen, wird in Wendts *Social Theory*, a.a.O., m.E. nirgendwo so recht klar.

[157] Vgl. ebda., 340.

[158] Vgl. Alexander Wendt, Anarchy is What States Make of It: The Social Construction of Power Politics, *International Organization*, vol. 46 (1992), 391-425, 412-415.

Fürsten waren aufgrund konfessioneller Streitigkeiten immer zahlreicher und heftiger geworden, als sich Fürsten dem Schutz ‚ihrer' Religionsgemeinschaften auch und gerade im Gebiet anderer Fürsten verpflichtet sahen. Die Streitigkeiten gipfelten im Dreißigjährigen Krieg. Aufgrund der damit verbundenen Zerstörungen, reifte unter Fürsten die Einsicht, daß es sinnvoll, nützlich und deswegen wünschenswert sei, Souveränität nicht mehr als statusgebundene Prärogative des Fürsten, sondern als territorial definiertes Eigentums-recht zu definieren, basierend auf der Verhaltenserwartung, daß alle Fürsten zum eigenen Vorteil darauf verzichteten, ‚ihre' Religionsgemeinschaften außerhalb des eigenen staatlichen Territoriums zu beschützen – vorausgesetzt, die Freiheit der Religionsausübung werde in den Territorien anderer Fürsten garantiert. Genau in dem Maß, wie die beteiligten Fürsten die neue Norm der Souveränität internalisierten und das Bezugsobjekt von Souveränität nicht mehr mit dem Status des Fürsten sondern dem territorial verfassten Staat identifizierten, veranlasste der zunehmende Respekt gegenüber dem territorial verfassten Staat ein Abrücken von der Praxis religiös motivierter Intervention. Die davon ausgehende Sozialisierungswirkung zeigte sich in einer größeren Bereitschaft aller Beteiligten, sich auf gegenseitigen Respekt gegenüber der neuen Norm der Souveränität zu verlassen und von Intervention, militärischer Abschreckung und/oder Verteidigung abzurücken.

Kognitiv bedingtes Lernen muß nicht normativ, sondern kann auch evolutionär bedingt sein[159]. Intersubjektives Wissen, bestehend aus gemeinsamen Wirklichkeitsvorstellungen zwischen Staaten, entsteht in einem Interaktionsprozess. Staaten senden – intendiert oder nicht intendiert – Signale aus. Über Zeit kann sich sowohl die Art der Signale, als auch die Art der Wahrnehmung dieser Signale ändern. Eine Neueinschätzung von interaktionsspezifischen Signalen kann unter Umständen zu einer Veränderung bisheriger Vorstellungen, Selbsteinschätzungen, Rollendefinitionen, Interessen und Verhaltensweisen führen. Abhängig davon, ob und inwiefern sich neue Selbsteinschätzungen und Rollenverständnisse im Interaktionsprozess manifestieren, kommt es zu einer neuen Wirklichkeitsvorstellung zwischen den Interaktionspartnern. Die Internalisierung neuer Wirklichkeitsvorstellungen, sei es z.B. ein Bild von territorial definierter Souveränität unter vielen Staaten[160], oder sei es einfach nur ein positiveres Bild vom Nachbarstaat auf der Seite eines oder zweier Staaten[161], stabilisiert die neue Einschätzung des ‚Selbst' und des ‚Anderen'. Neue Rollenverständnisse, die aus der gegenseitigen Wahrnehmung der Akteure erwachsen, die also gerade nicht aus dem Vorhandensein materieller Zwänge herrühren oder durch Belohnungen (Gewinne) bedingt sind, institutionalisieren sich und lösen bisherige Institutionen ab. Im Prozess können bis dato feindliche Akteure zu egoistischen Akteuren werden, die schließlich sogar Mittel und Wege finden, um zum gegenseitigen Vorteil zu kooperieren. Kognitiv bedingtes Lernen beschreibt einen Prozess, in dem Akteure Signale anders deuten, ihre Wahrnehmungen und Identitäten ändern und schließlich ihre Interessen neu ausrichten. In einem evolutionären Prozess rücken Staaten allmählich von verteidigungspolitischen Maßnahmen ab und verfolgen aufgrund neuer Wahrnehmungen anderer Staaten kooperative Maßnahmen, um durch gemeinsame Handlungen einen größeren Nutzen für sich zu erreichen. Der entscheidende

---

[159] Vgl. ebda., 415-418.
[160] Das wäre auf der systemischen Ebene bzw. der Ebene der ‚Kultur'.
[161] Das wäre auf der interaktionistischen Ebene bzw. der Ebene einer konkreten sozialen Beziehung.

10.2 Analytik und Aussagenlogik

Grund dieser Veränderung von Identitäten und Interessen liegt im Lernen bzw. in einem veränderten intersubjektiv geteilten Wissen der Akteure.

Die kritische Hinterfragung der eigenen Identität bzw. die Aufgabe des bisherigen Selbst- und Rollenverständnisses geschieht willentlich und strategisch[162]. Wenn Staaten Gründe dafür erkennen, ihre Rolle gegenüber anderen Staaten zu überdenken, wenn sie zudem davon ausgehen können, daß die Kosten einer solchen Rollenänderung nicht die möglichen Gewinne übersteigen, dann ist es wahrscheinlich, daß Staaten damit beginnen, sich und ihre bisherige Rolle kritisch zu hinterfragen. Dabei sind drei Phasen zu beobachten: a) ein allmähliches Abrücken eines Staates von bisherigen Selbst- und Rollenverständnissen; b) eine gezielte kritische Überprüfung aller Ideen und Überzeugungen, die den alten Wirklichkeitsvorstellungen zugrunde lagen; c) eine veränderte Selbst- und Außendarstellung als Beginn einer neuen Praxis. In der ersten Phase werden die fundamentalen Annahmen betreffend die eigene Identität in Zweifel gezogen. Staaten beginnen damit, sich in ihrer bisherigen Rolle zu hinterfragen, sei es aus ökonomischen Gründen, etwa weil die Wettbewerbsfähigkeit gegenüber anderen Staaten sinkt, sei es aus ideologischen Gründen, etwa weil die offizielle Sichtweise des Staates und der Staatsaufgaben brüchig wird, oder sei es aus legitimatorischen Gründen, etwa weil der Rückhalt in der Bevölkerung und damit die Legitimität für die Regierungsposition abhanden gekommen ist. Alle diese Gründe können eine Regierung dazu veranlassen, ihre Rolle in den internationalen Beziehungen zu überdenken. Die Auflösung des bisherigen Rollenverständnisses mündet in eine zweite Phase der gezielten kritischen Überprüfung alter Vorstellungen von sich und anderen. Ideen und Weltbilder werden nicht mehr als selbstverständlich betrachtet, sondern hinterfragt. Diese kritische Überprüfung alter Vorstellungen mündet in eine Identifikation mit neuen Selbst- und Rollenverständnissen. Schließlich wird in einer dritten Phase die neue Identität zur Grundlage von außenpolitischen Handlungen gemacht. Das Ziel besteht zunächst darin, die Vorstellungen anderer Staaten zu verändern. Ohne ein Umdenken auf der Seite anderer Staaten bleiben deren Handlungen unbeeinflusst. Eine hilfreiches Mittel, um andere Staaten zu veranlassen, auch ihre Identität und Rolle zu überdenken, ist die Taktik des *altercasting*: ein Staat präsentiert sich selbst in einer Weise, die es einem anderen Staat nahe legt, sich seinerseits eine neue Rolle zuzuschreiben. Im *altercasting* wird der andere Staat so behandelt, als ob er schon eine neue Identität entwickelt hätte. Der andere Staat wird durch eigene Handlungen dazu gebracht, sich selbst neu zu definieren.

Macht manifestiert sich im Kontext interagierender Staaten als die Fähigkeit eines Staates, andere Staaten zu einer Änderung ihrer Situationseinschätzung und Wirklichkeitsvorstellung zu veranlassen, die der eigenen entspricht bzw. nahe kommt. Umgekehrt drückt sich Macht in der Fähigkeit aus, eine von anderen Staaten akzeptierte neue Norm und/oder die von einem anderen Staat im Zuge des *altercasting* unternommenen Versuche der veränderten Selbstdarstellung zu ignorieren und das eigene Rollen- und Weltverständnis aufrechtzuerhalten[163].

---

[162] Vgl. ebda., 418-422.
[163] Vgl. ebda., 331.

10.3 Heuristik

Im Fokus des Konstruktivismus stehen einerseits Veränderungen in den Interaktionsprozessen zwischen Staaten und andererseits Veränderungen der Struktur des internationalen Systems. Zentral für das konstruktivistische Verständnis der internationalen Beziehungen ist die Rolle von Wahrnehmungen, Ideen/Vorstellungen und Normen in Interaktionsprozessen. Die Grundannahmen der Theorie strukturieren auch hier den relevanten Wirklichkeitsausschnitt vor. Die Theorie hilft bei der Beschreibung, wie sich Staaten zueinander verhalten. Dies geschieht unter Rückgriff auf die Kategorien des Konflikts, des gewinnorientierten Wettbewerbs und der Kooperation. Die Theorie vermag zum einen mit Verweis auf die Rolle von interaktionsspezifischen Wahrnehmungen, Identitäten, Interessen und Institutionen zu erklären, warum Staaten sich über einen längeren Zeitraum an Normen und Regeln orientieren. Der Anspruch der Theorie liegt zum anderen darin, herauszuarbeiten, unter welchen Bedingungen Staaten ihre Verhaltensweisen und Interaktionsprozesse verändern. Ein wichtiges Thema der Theorie ist die gegenseitige Konstitution von Agenten und (intersubjektiven) Strukturen. Demzufolge wird interessant, wann und unter welchen Bedingungen die internationalen Beziehungen einen Strukturwandel erfahren und welche Auswirkungen ein solcher Strukturwandel auf Staaten und ihre Interaktionen hat. Die Erklärung für die kontinuierliche Zurückhaltung vieler Staaten gegenüber einem Einsatz nuklearer Waffen ist ein Beispiel für die Heuristik der Theorie hinsichtlich des Phänomens der Institutionalisierung auf der Basis von norm- und regelgeleiteten Interaktionen. Die Erklärungen für die Abkehr von interventionistischen Praktiken im internationalen System während des 17. Jahrhunderts einerseits und die von Gorbatschow betriebene Neuausrichtung der sowjetischen Außenpolitik während der zweiten Hälfte der 1980er Jahre andererseits sind anschauliche Beispiele für die Heuristik der Theorie angesichts von Veränderungen im zwischenstaatlichen Verhalten aufgrund strukturellen Wandels.

10.3.1 Institutionalisierung und die Logik der Angemessenheit

Die Zurückhaltung gegenüber einem Einsatz nuklearer Waffen
Gegen Ende des Zweiten Weltkriegs setzte die USA im Kampf gegen Japan zwei Mal Atombomben ein. Der Einsatz dieser Waffen war mit Blick auf die Militärtechnik und die damit verbundene Zerstörungswirkung revolutionär. Strategisch betrachtet brachte der Einsatz dieser Atombomben jedoch keine Veränderung. Die Verwendung nuklearer Waffen stellte lediglich ein effektiveres Mittel dar, als der Einsatz konventioneller Bomben. Das damit verfolgte Ziel bestand weiterhin in der numerischen Dezimierung des Gegners[164]. Aus Sicht der USA hatte der Einsatz der beiden Atombomen auf Hiroshima bzw. Nagasaki die Art der Kriegführung nicht verändert. Zum einen wurde der Einsatz mit konventionellen Bomben auch danach fortgesetzt. Zum anderen wurden Überlegungen angestellt, gegen Ende

---

[164] Vgl. Richard Price & Nina Tannenwald, Norms and Deterrence: The Chemical and Nuclear Weapons Taboos, in: P. Katzenstein (Hg.), *The Culture of National Security: Norms and Identity in World Politics* (New York: Columbia University Press, 1996), 114-152, 135.

August 1945 eine dritte Atombombe auf Japan abzuwerfen, sollte Japan bis dahin nicht kapituliert haben. Moralische Skrupel auf der Seite des amerikanischen Präsidenten (Truman) wurden überlagert von militärstrategischen und taktischen Einschätzungen hinsichtlich der Effektivität und Nützlichkeit atomarer Waffen. Während des Zweiten Weltkrieges, gegen Ende des Krieges und in der unmittelbaren Nachkriegszeit entwickelte sich kein übergreifender Konsens über den Status von Nuklearwaffen, der die bereits erwähnte militärstrategische Einschätzung hinsichtlich ihrer Nützlichkeit modifizieren oder ersetzen konnte. Ein entscheidender Schritt hin zu einer neuen Bewertung des Einsatzes von Atomwaffen war verbunden mit der Rüstungsentwicklung auf der Seite der Sowjetunion. Die Herstellung von thermonuklearen Sprengköpfen und anspruchsvollen Trägersystemen durch die Sowjetunion führte während der 1950er Jahre zur Einsicht auf der Seite der USA, dass strategische Nuklearwaffen für die Kriegsführung keinen sinnvollen Zweck mehr hätten – die Zweckmäßigkeit taktischer Nuklearwaffen wurde jedoch vom politischen Establishment (noch) nicht bezweifelt.

Zeitgleich verbreitete sich in der amerikanischen Bevölkerung die Meinung, dass der atomare Erstschlag aufgrund der enormen Zerstörungswirkung aus moralischen Gründen abzulehnen sei. Auf internationaler Ebene fand der noch unter der Präsidentschaft von Truman forcierte ‚Baruch-Plan' Zustimmung, der aus den gleichen Gründen vorsah, die Entwicklung atomarer Waffen unter die Kontrolle der Vereinten Nationen zu stellen. Beide Entwicklungen förderten die Herausbildung entsprechender Erwartungen an eine Zurückhaltung gegenüber dem Einsatz nuklearer Waffen. Manifest wurden diese Erwartungen zum ersten Mal im Frühjahr 1953 während des Korea-Kriegs, als sich die Entscheidungsträger im US-amerikanischen *establishment* bei ihrer Diskussion über den Einsatz taktischer Nuklearwaffen mit dem sich entwickelnden nuklearen Tabu konfrontiert sahen. Der Einsatz von Nuklearwaffen hätte aufgrund der damit erreichten Zerstörung große Wirkung auf die Gegner gehabt und den Kriegsverlauf wie schon während des Zweiten Weltkriegs entscheidend beeinflussen können. Gegen einen Einsatz sprach zu dem Zeitpunkt jedoch die dezidiert ablehnende Haltung in der amerikanischen Bevölkerung. Verstärkt wurde diese Rücksicht auf moralische Bedenken durch die sich in der Auseinandersetzung mit der Sowjetunion entwickelnde Identität der USA. Als eine ‚moralisch gute' Macht, die sich selbst um eine Kontrolle nuklearer Waffen bemühte, und die auch traditionelle Grundsätze des Kriegsrechts, v.a. die Verhältnismäßigkeit der Mittel sowie die Schonung von Nicht-Kombattanten achtete, hatte die USA aufgrund der Erwartungen aus dem In- und Ausland keinen Handlungsspielraum mehr für den Einsatz taktischer Nuklearwaffen, die seit den späten 1940er Jahren ein zentrales Element der Militärstrategie gewesen waren[165].

Auf multilateraler Ebene war zu beobachten, dass die USA und ihre Verbündeten in der NATO von den ursprünglich angestellten Plänen eines frühzeitigen Ersteinsatzes nuklearer Waffen abrückten. Stattdessen einigten sie sich auf die strategische Position, Atomwaffen als Zweitschlagswaffen zu gebrauchen. Im Verhältnis zwischen der USA und der Sowjetunion konnte während der 1950er Jahre nicht von einer gemeinsamen normativen Verpflichtung ausgegangen werden. Der Zwischenfall während der Kuba-Krise, d.h. die beiderseitige Zu-

---

[165] Vgl. ebda., 139.

rückhaltung gegenüber einem Einsatz nuklearer Waffen auf dem Höhepunkt der Krise, suggeriert jedoch, dass beide Seiten spätestens ab diesem Zeitpunkt implizit von dem Gebot ausgingen, sich des Einsatzes von Nuklearwaffen zu enthalten. Dafür spricht, dass sich die USA und die Sowjetunion in der Folge darum bemühten, die gegenseitige Abschreckung durch eine Reihe von Rüstungskontrollverträgen zu stabilisieren. Erwähnenswert ist in dem Zusammenhang auch der Umstand, dass die Nuklearstaaten und die Nicht-Nuklearstaaten durch die im Nichtverbreitungsvertrag von 1968 festgeschriebenen Pflichten gemeinsame Wirklichkeitsvorstellungen und Erwartungen an eine Zurückhaltung gegenüber einem Einsatz von Atomwaffen zum Ausdruck brachten und stabilisierten. Die Norm hinsichtlich einer zunehmenden Zurückhaltung gegenüber einem Einsatz von nuklearen Waffen lässt sich insgesamt darauf zurückführen, dass sich zwischen den Supermächten einerseits und zwischen Atommächten und Nicht-Nuklearstaaten andererseits starke Erwartungen hinsichtlich eines Nichteinsatzes nuklearer Waffen entwickelten, die sich im weiteren Interaktionsverlauf auf bilateraler und multilateraler Ebene institutionalisierten[166].

Der Sachverhalt, dass nach dem atomaren Ersteinsatz durch die USA anno 1945 kein Staat mehr auf Nuklearwaffen zurückgriff, dass die Staaten der Welt sich vielmehr in Zurückhaltung übten, hat mit der allmählichen Entstehung und Stabilisierung normativer Erwartungen und den davon ausgehenden Wirkungen auf die Staaten zu tun. Der Effekt dieser Entwicklung lag darin, dass Staaten wie vor allem die USA und die Sowjetunion die ihnen zur gegenseitigen Abschreckung zur Verfügung stehenden Mittel und Strategien zunehmend im Licht dieser Norm beurteilten. Natürlich hatten beide Staaten neben Nuklearwaffen noch andere Mittel zur Verteidigung. Deswegen waren sie nicht auf Nuklearwaffen angewiesen. Aus konstruktivistischer Perspektive ist jedoch wichtig, dass beide Supermächte sich um Alternativen gar nicht erst gekümmert hätten, wenn der Einsatz von Nuklearwaffen aufgrund der angesprochenen Erwartungen nicht so kontrovers gewesen wäre. Kontrafaktisch könnte man argumentieren, dass die USA den Vietnam-Krieg nicht mit Hilfe konventioneller Waffen geführt hätte[167], wenn sie diesen Krieg durch den Einsatz von Nuklearwaffen schneller und zu ihren Gunsten hätte entscheiden können. Starke Erwartungen hatten jedoch eine Enthaltung dieser Waffen nahe gelegt und die USA zur Suche nach Alternativen gezwungen. Gleichermaßen ließe sich behaupten, die Sowjetunion hätte ihren Afghanistan-Feldzug schneller und für sich entscheiden können, wenn sie nicht ebenfalls mit starken Erwartungen hinsichtlich des Nichteinsatzes solcher Waffen konfrontiert worden wäre. Ganz ähnlich gelagert waren die Kriege zwischen Israel und Ägypten und zwischen Großbritannien und Argentinien um die Falklands[168]. Der Grund, warum alle diese Staaten auf einen Einsatz von Nuklearwaffen gegen Gegner verzichteten, die nicht mit gleichen Waffen zurückschlagen konnten, lag darin, dass es aufgrund entsprechender Erwartungen ‚normal' war, Kriege mit konventionellen Mitteln zu führen. In diesem Kontext und vor dem Hintergrund normativer Gesichtspunkte verhielten sich die genannten Staaten angemessen, auch wenn sie damit nicht erfolgreich waren.

---

[166] Vgl. ebda., 143.

[167] Die Verbreitung großer Mengen von *Agent Orange*, einem Pflanzenschutzmittel, über riesige Waldflächen, in denen Streitkräfte des Vietkong vermutet wurden, ist in dem Zusammenhang allerdings ein Grenzfall.

[168] Vgl. ebda., 150.

10.3.2 Strukturwandel und Veränderungen der Interaktionsmuster

Der Strukturwandel im 17. Jahrhundert: ‚Souveränität'
Struktureller Wandel vollzieht sich über eine Veränderung der Wirklichkeitsvorstellungen und Rollenverständnisse bei vielen oder sogar allen relevanten Akteuren der internationalen Beziehungen. Bei einer mikroskopischen Betrachtung interessiert, ob z.B. die Sowjetunion und die USA ihre konfliktiven, oder ob Deutschland und Frankreich ihre wettbewerbsorientierten Verhaltensmuster aufgeben. Die Erklärung dieses Sachverhalts konzentriert sich auf einen Wandel der Identität auf der Seite von situationsspezifisch interagierenden Akteuren. Bei einer makroskopischen Betrachtung der internationalen Beziehungen, d.h. bei einer Analyse der übergreifenden Prozesse im internationalen System, genügt es nicht, herauszufinden, ob und inwiefern zwei oder drei Interaktionspartner ihre Identitäten und damit ihre Interaktionsmuster verändern. Bei einer makroskopischen Betrachtung ist die entscheidende Frage, ob und inwiefern viele/alle entscheidenden Akteure der internationalen Beziehungen ihre Wirklichkeitsvorstellungen und ihre Identitäten allmählich so fundamental verändern, daß sie sich als Teilnehmer eines Systems mit grundsätzlich neuen Weltanschauungen, Selbstverständnissen, Interaktionsmustern, Normen und Rollenverständnissen, d.h. einer völlig neuen ‚Kultur' verstehen. Das heuristische Problem einer makroskopischen Analyse besteht darin, eine Erklärung dafür zu finden, wie und warum sich in den internationalen Beziehungen auf der systemischen Ebene kollektive Identitäten bilden/verändern.

Historisch gesehen, war die anno 1648 beschlossene und in der darauf folgenden Praxis vollzogene Einrichtung moderner Staatlichkeit auf der Basis territorial verstandener Souveränität ein markanter Wendepunkt in der Geschichte des internationalen Systems. Bis dato herrschte eine Kultur der ‚Feindschaft', insofern das herrschende Selbstverständnis vieler/aller Akteure auf eine Sichtweise gebaut war, in der die jeweils anderen Akteure bedrohlich erschienen. Das heißt, nahezu alle wichtigen Akteure gingen wie selbstverständlich davon aus, daß ihnen von den anderen Akteuren kein Respekt entgegengebracht wurde. Die große Mehrzahl der Könige, Fürsten, Herzöge und Grafen verneinte sich untereinander, zumal aus konfessionellen Gründen, den Respekt qua Position und das dazugehörige Recht auf Wahrung ihrer Autonomie. Das bedeutete auch, daß diese Akteure von den jeweils anderen keine Selbstbeschränkung in der Anwendung von Gewalt erwarteten und sich selbst den Einsatz von Gewalt zum eigenen Schutz jederzeit vorbehielten. Alle unterstellten sich feindliche und aggressive Absichten, die ihrer Natur nach einen unbegrenzten Einsatz von Gewalt mit sich bringen mussten. Zwar wurde bereits im Augsburger Religionsfrieden von 1555 das Prinzip des *cuius regio, eius religio* festgeschrieben, aber in der Praxis der Akteure entfaltete es keinerlei Wirkung. Im Gegenteil mündete die tief verwurzelte und oft auch konfessionell bedingte Intoleranz der Amtsträger direkt in den Dreißigjährigen Krieg, der aufgrund fehlender Selbstbeschränkung unter den Akteuren ein nicht gekanntes Ausmaß an Zerstörung mit sich brachte. Genau dieses Ausmaß an Zerstörung führte freilich allen Beteiligten vor Augen, daß ihre Sichtweisen und Interaktionsmuster eine Gefahr für das System und damit in letzter Konsequenz selbstzerstörerisch gewesen waren.

Der Friedensschluß von Osnabrück und Münster anno 1648, der sogenannte ‚Westfälische Frieden', ist deshalb so epochal, weil die Akteure sich auf ein neues Selbstverständnis einigten, was es denn heißt, souverän zu sein. Anstelle Souveränität als Qualität des Amtsinhabers zu verstehen und als Institut im Sinne absoluter Fürstenherrschaft zu interpretieren, überwog nun die Einsicht, daß es für das Schicksal aller Beteiligten besser wäre, Souveränität weniger in einem personalen als vielmehr in einem räumlichen und territorialen Sinn zu verstehen. Nicht mehr der Fürst, sondern sein Territorium war souverän; nicht mehr absolute Herrschaft, sondern ein Recht auf territorialen Besitz war garantiert. Kein Fürst konnte sich mehr auf eine ihm anhaftende Eigenschaft als Souverän berufen und seine Taten mit Hinweis auf seine absolute Herrschaft rechtfertigen. Weil Souveränität im Gegenteil als ein den Fürsten zustehendes Recht auf die Wahrung von territorialem Besitz bestimmt wurde, war klar, daß Souveränität von nun an davon abhing, ob und inwiefern die Akteure sich gegenseitig dieses Recht auch zuerkannten. Souveränität existierte nur insofern, als die Akteure sich mit gegenseitigem Respekt als Staatseigentümer behandelten und sich des Einsatzes von Gewalt gegen Land und Leute enthielten. Gerade deshalb, weil sich die Akteure immer mehr mit Respekt behandelten und auf Gewalt verzichteten, wurde Souveränität zu einer Institution, die neue Verhaltenserwartungen (Normen) entstehen ließ, die Entstehung neuer intersubjektiv geteilter Wirklichkeitsvorstellungen und Selbstverständnisse beförderte und so eine veränderte Praxis zwischen territorial definierten Staaten prägte.

Der Strukturwandel im 17. Jahrhundert war gleichbedeutend mit einer Veränderung der Systemkultur, insofern sich auf der Seite aller relevanten Staaten allmählich eine Ablösung der tief verwurzelten Feindbilder und Bedrohungsvorstellungen vollzog. Die neue Norm der Souveränität entfaltete einen erheblichen Einfluß, bedingt durch die weithin geteilte Einsicht, dass die Konsequenzen der auf diese Norm gegründeten Interaktionsmuster im Vergleich zu den aus religiös motivierten Kriegen resultierenden Folgen wesentlich wünschenswerter wären. Die Veränderung des bis dato herrschenden Systems war aus Sicht der Akteure quasi zu einer Notwendigkeit geworden und lag im Interesse vieler/aller Akteure. Die Einsicht, daß die gewohnten Interaktionsmuster zu immer mehr Krieg und Zerstörung führten, die keinem mehr Gewinn brachten, und daß das Wohl eines jeden Akteurs vom Zutun der anderen Akteure abhing – wie auch umgekehrt –, ließ die Akteure die Entscheidung zugunsten einer neuen Interpretation von Souveränität treffen. Und genau deshalb, weil alle den Sinn und die Wünschbarkeit einer neuen auf territorialer Souveränität gegründeten Praxis verstanden bzw. akzeptierten, konstituierte diese Vorstellung von Souveränität, zunächst als allgemein anerkannte Norm, dann als institutionalisierte Interaktionsform eine neue Praxis der internationalen Beziehungen als zwischenstaatliche – im Gegensatz zu interdynastischen – Beziehungen. Die Akteure einigten sich nicht nur auf ein neues Verständnis von Souveränität, sie unterstellten sich gegenseitig das Interesse an der Stabilität ihres territorialen Besitzes und behandelten sich in der Folge mit immer mehr Respekt als Eigentümer von Territorialbesitz, was eine restriktive Anwendung von Gewalt nach sich zog. Die Akteure veränderten die hobbesianische Kultur des internationalen Systems in eine lockeianische, indem sie sich bei der Definition ihrer Identitäten und Interessen von der Norm der Souveränität leiten ließen.

Identitätswandel und neues Rollenverständnis der Sowjetunion

Aus Sicht des modernistischen Konstruktivismus der Disziplin IB lässt sich die neue sowjetische Außenpolitik während der 1980er Jahre weder mit Hinweis auf Zwänge des internationalen Systems, bedingt durch den Vorsprung an militärischen Verteidigungsfähigkeiten auf Seiten der USA, noch durch innerstaatliche Zwänge, hervorgerufen durch die immer größer werdende Wirtschaftskrise und damit verbundene Verwundbarkeiten, überzeugend erklären. Der entscheidende Grund lag vielmehr in einer kognitiven Evolution und einer Änderung der Wirklichkeitsvorstellungen, die in der ‚neuen' sowjetischen Außenpolitik während der Ära Gorbatschow zum Ausdruck kamen[169].

Das von Mikhail Gorbatschow initiierte ‚neue Denken' brach zunächst mit der offiziellen Staatsideologie des Leninismus, d.h. genauer mit der darin enthaltenen Imperialismustheorie. Gemäß dieser Theorie streben die liberal-kapitalistischen Staaten aufgrund ihres Selbstverständnisses nach Expansion und erweisen sich gegenüber anderen Gesellschaftssystemen zwangsläufig als aggressiv. Zumal die westliche Ideologie des freien Marktes als Grundlage gesellschaftspolitischer Organisation setze eine ständige Ausweitung der westlichen Gesellschaftsform zwingend voraus. Die westlichen Allianzstrukturen hätten in diesem Zusammenhang vor allem den Zweck, die imperiale Expansion kapitalistischer Staaten zu befördern. In den 1980er Jahren brach der Konsens über die Stichhaltigkeit dieser Theorie in der Sowjetunion zusammen, mitbedingt durch verschiedene andere Gründe. Zu nennen wären außerdem noch die Unfähigkeit der Sowjetunion, den ökonomischen, technologischen und militärischen Herausforderungen von Seiten des Westens erfolgreich zu begegnen; der rapide Verlust politischer Legitimität auf der Seite der sowjetischen Regierung; und die Versicherung des Westens, daß er nicht die Absicht hätte, die Sowjetunion anzugreifen oder zu infiltrieren. Diese Faktoren trugen nicht nur dazu bei, daß es in der Sowjetunion zu einem Bewußtseinswandel unter den Eliten und zu einer Veränderung der Führungsstruktur kam, sie setzten auch eine gezielte Neuinterpretation der sozialen Identität und Rolle der Sowjetunion in Gang. Dahinter wiederum stand nicht nur eine momentane Laune. Vielmehr manifestierte sich im neuen Denken das Ergebnis einer langen kognitiven Entwicklung, die in den sowjetischen Führungskreisen bislang nur noch nicht genug Einfluß hatte entfalten können.

Aus Sicht der konstruktivistischen Theorie gingen die Anfänge des neuen Denkens zurück auf die Ära Chruschtschow und die von diesem eingeleitete Phase der Entstalinisierung. Bereits die selbsternannten ‚Kinder des Zwanzigsten Parteitages der KPdSU' vertraten seit Februar 1956 eine reformorientierte Einstellung. In den 1970er Jahren machten sich die liberal gesinnten *mezhdunarodniki* im sowjetischen Establishment für einen alternativen Kurs stark, der sich vom Stil der Hardliner um Breschnew dadurch unterschied, daß er nicht auf die Vorstellung von friedlicher Koexistenz als Ausfluß eines unvermeidbaren Klassenkampfes zwischen West und Ost gebaut war[170]. Einen wesentlichen Einfluß auf die liberale Einstellung reformerischer Kräfte in der Sowjetunion übten westliche Friedensforscher und liberale Analysten aus, indem sie Konzepte der internationalen Beziehungen entwickelten,

---

[169] Vgl. Robert G. Herman, Identity, Norms, and National Security: The Soviet Foreign Policy Revolution and the End of the Cold War, in: P. Katzenstein (Hg.), *The Culture of National Security*, a.a.O., 271-316, 273.

[170] Vgl. ebda., 288-289.

die sie ihren sowjetischen Kollegen über den Austausch in transnationalen Netzwerken nahe brachten. So nahm zum Beispiel der Direktor des sowjetischen Instituts für die Vereinigten Staaten und Kanada (ISKAN), Georgi Arbatov, an der Unabhängigen Kommission für Abrüstung und Sicherheitsfragen unter Leitung von Olof Palme teil. Über den Kontakt mit dem Sozialdemokraten und Rüstungskontrollexperten Egon Bahr entwickelte sich Arbatov nicht nur zu einem persönlichen Verfechter der Idee gemeinsamer Sicherheit. Er wandelte das ISKAN in eine Quelle für Vorschläge um, die u.a. darauf abzielten, dem Westen asymmetrische Reduzierungen im Bereich der nuklearen und konventionellen Waffen zu unterbreiten und eine nicht-offensive Haltung einzunehmen[171].

Aus dieser Entwicklungsgeschichte liberaler Ideen und Vorstellungen heraus resultierten schließlich die geeigneten Fundamente, die es Gorbatschow ermöglichten, alte Vorstellungen betreffend die Sowjetunion als Staat und vor allem die Beziehungen der Sowjetunion gegenüber den westlichen Staaten einer kritischen Prüfung zu unterziehen. Anstatt wie bisher davon auszugehen, daß der Konflikt zwischen Kommunismus und dem feindlichen Gesellschaftssystem des westlichen Kapitalismus natürlich, selbstverständlich und als solcher unabänderlich sei, wurde genau diese vermeintliche Selbstverständlichkeit hinterfragt. Es wurden diejenigen Verhaltensweisen und Praktiken problematisiert, die nach Meinung ‚liberaler' Genossen lange dazu beitrugen, daß sich falsche und überkommene Wirklichkeitsvorstellungen im sowjetischen Establishment immer weiter fortschreiben und so den Konflikt zwischen West und Ost als solchen überhaupt erst stabilisierten. Gorbatschow und seine Mannschaft bemühten sich in der Folge darum, die falsche Zwangsläufigkeit hinter den konflikthaften Interaktionsmustern zwischen Ost und West zu demaskieren. Nach Meinung Gorbatschows waren es auch und gerade die aggressiven sowjetischen Praktiken, die immer wieder von neuem Öl ins Feuer des Ost-West Konflikts gegossen hatten.

Die versuchte Änderung der eigenen Identität ging einher mit einer Reihe konkreter außenpolitischer Schritte. Gorbatschow veranlasste den Abzug sowjetischer Truppen aus Afghanistan und Osteuropa, propagierte und implementierte asymmetrische Reduzierungen des sowjetischen Arsenals an nuklearen und konventionellen Waffen und entwarf die Idee einer rein defensiv ausgerichteten Verteidigung. Darüber hinaus tat er sich hervor durch eine völlig neue Rhetorik, versinnbildlicht durch die oft gebrauchte Metapher des ‚gemeinsamen europäischen Hauses'[172]. In der neuen Rhetorik betonte Gorbatschow die gemeinsamen Bande zwischen der Sowjetunion und dem Westen, wies auf die Abhängigkeit der Sowjetunion von der Hilfe des Westens hin und versuchte damit, dem Westen eine moralische Verpflichtung gegenüber der Sowjetunion zuzuschreiben. All diese Schritte waren nicht nur dadurch motiviert, die Sowjetunion in einem anderen Licht erscheinen zu lassen. Die Intention Gorbatschows lag auch und vor allem darin, dem Westen die Gründe für das Misstrauen gegenüber der Sowjetunion zu nehmen und auf der Seite des Westens eine Veränderung der Identität und des Rollenverständnisses zu bewirken. Offensichtlich hing der Erfolg der Bemühungen Gorbatschows davon ab, daß die westlichen Staaten zumindest kompatible Vorstellungen entwickelten und sich entsprechend (reziprok) verhielten. Schließlich war zu beobachten,

---

[171] Vgl. ebda., 293-295.
[172] Vgl. ebda., 309.

daß die westlichen Staaten die Vorstöße Gorbatschows zwar nicht überall und sofort ernst nahmen – die amerikanische Seite war voller Skepsis und wertete Gorbatschows Verhalten als Täuschungsmanöver, während Kreise im deutschen politischen System relativ bald von einer Euphorie erfasst waren –, aber allmählich durch eine Abkehr eingeübter Verhaltensmuster ‚belohnten' und damit eine neue Basis für die Institutionalisierung gegenseitiger Interaktionen im Sinne freundschaftlicher Beziehungen schufen. In dem Maß, wie Gorbatschow bzw. die sowjetische Regierung es durch die Praxis des *altercasting* vermochte, die Vorstellungen und Erwartungen auf der Seite westlicher Staaten zu ändern, genau in dem Maß besaß er gegenüber diesen Staaten Macht.

10.3.3 Kontrollfragen

- Was sind und wie bilden sich Identitäten?
- Was sind und wie bilden sich Institutionen?
- Was sind und wie bilden sich soziale Strukturen?
- Warum verhalten sich Staaten über Zeit relativ gleichförmig?
- Wie und warum kommt es zu einer Veränderung von Interaktionen?
- Wie und warum kommt es zu strukturellem Wandel?

11 Literatur

Aron Raymond, Frieden und Krieg. Eine Theorie des Staatenwelt (Frankfurt: Fischer, 1963).

Ashley, Richard, The Poverty of Neorealism, International Organization, vol. 38 (1984), 225-286.

Ashley, Richard & Robert B. J. Walker, International Studies Quarterly, vol. 34, Special Issue: Speaking the Language of Exile: Dissidence in International Studies (1990).

Bieling, Hans-Jürgen/Jochen Steinhilber, Hegemoniale Projekte im Prozeß der europäischen Integration, in: Bieling/Steinhilber (Hg.), Die Konfiguration Europas: Dimensionen einer kritischen Integrationstheorie (Münster: Westfälisches Dampfboot, 2000), 102-130.

Brecher, Michael, International Studies in the Twentieth Century and Beyond: Flawed Dichotomies, Synthesis, Cumulation: ISA Presidential Adress, International Studies Quarterly, vol. 43 (1999), 213-264.

Bull, Hedley, The Anarchical Society: A Study of Order in World Politics (London: Macmillan, 1977).

Bull, Hedley, International Relations, Times Literary Supplement (January 4, 1980).

Buzan, Barry, Charles Jones & Richard Little, The Logic of Anarchy. Neorealism to Structural Realism (New York: Columbia University Press, 1993.

Campbell, David, International Engagements: The Politics of North American International Relations Theory, Political Theory, vol. 29 (2001), 432-448.

Cravatts, David, Kennedy School: Conservative Hotbed, New York Times (15. Juli 1988).

Czempiel, Ernst-Otto, Internationale Beziehungen: Begriff, Gegenstand und Forschungsabsicht, in: M. Knapp/G. Krell, Einführung in die Internationale Politik (München: Oldenbourg, 1996), 2-26.

Doyle, Michael W., Kant, Liberal Legacies and Foreign Affairs, Philosophy & Public Affairs, vol. 12 (1983), 205-235.

Duffield, John, International Regimes and Alliance Behavior: Explaining NATO Conventional Force Levels, International Organization, vol. 46 (1992), 819-855.

Frei Daniel, Theorien der Internationalen Beziehungen (München: Piper, 1977).

Galtung, Johan, A Structural Theory of Imperialism, Journal of Peace Research, vol. 8 (1971), 81-117.

George, Jim, Discourses of Global Politics: A Critical (Re-)Introduction to International Relations (Boulder: Lynne Rienner, 1994).

Gill, Stephen, The Emerging World Order and European Change: The Political Economy of European Union, in: R. Miliband & L. Panitch (Hg.), The Socialist Register: New World Order? (London: Merlin Press, 1992), 157-196.

Gilpin, Robert, War and Change in World Politics (Cambridge: Cambridge University Press, 1981)

Gruen, Arno, Der Wahnsinn der Normalität. Realismus als Krankheit: Eine grundlegende Theorie zur menschlichen Destruktivität (München: dtv, 1989).

Haas, Ernst B., The Uniting of Europe (Stanford: Stanford University Press, 1958).

Haas, Ernst B., Beyond the Nation-State. Functionalism and International Organization (Stanford: Stanford Univ. Press, 1964), 26-50.

Haas, Ernst B., The Study of Regional Integration: Reflections on the Joy and Anguish of Pretheorizing, International Organization, vol. 24 (1970), 607-646.

Haas, Ernst B. & Philippe Schmitter, Economics and Differential Patterns of Political Integration: Projections about Unity in Latin America, International Organization, vol. 18 (1964), 705-737.

Halliday, Fred, Rethinking International Relations. Realism and the Neoliberal Challenge (London: Palgrave McMillan, 1994).

Herman, Robert G., Identity, Norms, and National Security: The Soviet Foreign Policy Revolution and the End of the Cold War, in: P. Katzenstein (Hg.), The Culture of National Security: Norms and Identity in World Politics (New York: Columbia University Press, 1996), 271-316.

Herz, John H., Idealist Internationalism and the Security Dilemma, World Politics, vol. 2 (1950), 157-180.

Hoffmann, Stanley, The State of War. Essays on the Theory and Practice of International Politics (London: Pall Mall, 1965).

Hoffmann, Stanley, Obstinate or Obsolete? The Fate of the Nation-State and the Case of Western Europe, Daedalus, vol. 95 (1966), 862-915.

Hoffmann, Stanley, Gulliver's Troubles oder die Zukunft des internationalen Systems (Bielefeld: Bertelsmann, 1970).

Hoffmann, Stanley, Janus and Minerva: Essays in the Theory and Practice of International Politics (Boulder: Westview, 1987).

Holsti, Kalevi J., The Dividing Discipline: Hegemony and Diversity in International Theory (London: Allen & Unwin, 1985).

Kennedy, David, The Disciplines of International Law and Policy, Leiden Journal of International Law, vol. 12 (1999), 9-133.

Keohane, Robert O., After Hegemony: Cooperation and Discord in the World Political Economy (Princeton: Princeton University Press, 1984).

Keohane, Robert O., International Institutions and State Power. Essays in International Relations Theory (Boulder: Westview Press, 1989), 1-20.

Keohane, Robert O./Joseph S. Nye Jr., Power and Interdependence. World Politics in Transition (Boston: Little Brown, 1977 [1989]).

Keohane, Robert O. & Joseph Nye Jr., Power and Interdependence Revisited, International Organization, vol. 41 (1987), 725-753.

Knorr, Klaus & James N. Rosenau, Contending Approaches to International Politics (Princeton: Princeton University Press, 1969).

Kohler-Koch, Beate, Interdependenz, in: V. Rittberger (Hg), Theorien der internationalen Beziehungen. Bestandsaufnahme und Forschungsperspektiven (Opladen: Leske & Budrich, 1990), 110-129.

Kratochwil, Friedrich V., Rules, Norms, and Decisions: On the Conditions of Practical and Legal Reasoning in International Relations and Domestic Affairs (Cambridge: Cambridge University Press, 1989).

Kratochwil, Friedrich V. & John G. Ruggie, International Organization: A State of the Art on an Art of the State, International Organization, vol. 40 (1986), 753-775.

Kurki, Milja, Causation in International Relations: Reclaiming Causal Analysis (Cambridge: Cambridge University Press, 2008).

Liessmann, Konrad Paul, Theorie der Unbildung (Wien: Szolnay, 2006).

Lindberg, Leon, The Political Dynamics of European Economic Integration (Stanford: Stanford University Press, 1963).

Lindberg, Leon & Stuart Scheingold, Europe's Would-Be Polity: Patterns of Change in the European Community (Englewood Cliffs: Prentice Hall, 1970).

Marks, Gary & Liesbeth Hooge, Kermit Blank, European Integration from the 1980s: State-Centric v. Multi-Level Governance, Journal of Common Market Studies, vol. 34 (1996), 341-378.

McCalla, Robert, NATO's Persistence after the Cold War, International Organization, vol. 50 (1996), 445-475.

Mearsheimer, John J., Back to the Future: Instability in Europe after the Cold War, International Security, vol. 15 (1990), 5-56.

Mearsheimer, John J., The False Promise of International Institutions, International Security, vol. 19 (1994/95), 5-49.

Menzel, Ulrich, Zwischen Idealismus und Realismus: Die Lehre von den Internationalen Beziehungen (Frankfurt: Suhrkamp, 2001).

Moravcsik, Andrew, Taking Preferences Seriously: A Liberal Theory of International Politics, International Organization, vol. 51 (1997), 513-553.

Moravcsik, Andrew, The Choice for Europe. Social Purpose and State Power from Messina to Maastricht (Ithaca: Cornell University Press, 1998).

Morgenthau, Hans J., Positivism, Functionalism, and International Law, American Journal of International Law, vol. 34 (1940), 260-284.

Morgenthau, Hans J., Macht und Frieden. Grundlegung einer Theorie der internationalen Politik (Gütersloh: Bertelsmann, [1948] 1963), 48-80.

Morgenthau, Hans J., To Intervene or Not To Intervene, Foreign Affairs, vol. 45 (1967), 425-436.

Morgenthau, Hans J., U.S. Misadventure in Vietnam, Current History, vol. 54 (1968), 29-34.

Müller, Harald, Regimeanalyse und Sicherheitspolitik: Das Beispiel Nonproliferation, in: Beate Kohler-Koch (Hg), Regime in den internationalen Beziehungen (Baden-Baden: Nomos, 1989), 277-313.

Müller, Harald, Die Zukunft der nuklearen Ordnung, Aus Politik und Zeitgeschichte, 48/2005 (28. Nov. 2005), 3-9.

Nida-Rümelin, Julian, Ursachen und Gründe, in: Information Philosophie, vol. 3 (2006), 32-36.

Nietzsche, Friedrich, Die Fröhliche Wissenschaft. Zweites Buch, in: Friedrich Nietzsche, Werke in zwei Bänden, Wolfgang Deninger (Hg.) (Essen: Phaidon, 1995).

North American Congress on Latin America, Who Rules Columbia? – Original 1968 Strike Edition (New York: NACLA, 1970). [http://www.utwatch.org/archives/whorulescolumbia.pdf]

Odysseos, Louiza, Dangerous Ontologies: The Ethos of Survival and Ethical Theorizing in International Relations, Review of International Studies, vol.28 (2002), 403–418.

Onuf, Nicholas G., World of Our Making: Rules and Rule in Social Theory and International Relations (Columbia: University of South Carolina Press, 1989).

Osterhammel, Jürgen, Kolonialismus: Geschichte – Formen – Folgen (München: Beck, 2003).

Pierson, Paul, The Path of European Integration, Comparative Political Studies, vol. 29 (1996), 123-163.

Price, Richard & Nina Tannenwald, Norms and Deterrence: The Chemical and Nuclear Weapons Taboos, in: P. Katzenstein (Hg.), The Culture of National Security: Norms and Identity in World Politics (New York: Columbia University Press, 1996), 114-152.

Ricci, David, The Tragedy of Political Science. Politics, Scholarship, and Democracy (New Haven: Yale University Press, 1987).

Rosamond, Ben, Theories of European Integration (Houndmills: Palgrave, 2000).

Sandholtz, Wayne, Membership Matters: Limits of the Functional Approach to European Institutions, Journal of Common Market Studies, vol. 34 (1996), 403-429.

Schmidt, Brian, The Political Discourse of Anarchy: A Disciplinary History of International Relations (Albany, NY: State University of New York Press, 1998).

Schweller, Randall, Bandwagoning for Profit: Bringing the Revisionist State Back In, International Security, vol. 19 (1994)

Singer, David J., Das Problem der Analyseebene in den internationalen Beziehungen, in: H. Haftendorn u.a. (Hg.), Theorien der internationalen Politik. Gegenstand und Methoden der internationalen Beziehungen (Hamburg: Hoffmann & Campe, 1975), 193-207.

Smith, Steve, Wendt's World, Review of International Studies, vol. 26 (2000), 151-163.

Smith, Steve, The United States and the Discipline of International Relations: Hegemonic Country, Hegemonic Discipline, in: M. K. Pasha & C. N. Murphy (Hg.), International Relations and the New Inequality (Oxford: Blackwell, 2002), 67–85.

Suganami, Hidemi, The Structure of Institutionalism: An Anatomy of British Mainstream International Relations, International Relations, vol. 7 (1983), pp. 2363-2381.

Tranholm-Mikkelsen, Jeppe, Neo-Functionalism: Obstinate of Obsolete? A Reappraisal in the Light of the New Dynamism of the EC, Millennium, vol. 20 (1991), 1-22.

Trumpbour, John, Harvard, the Cold War, and the National Security State, in: J. Trumpbour (Hg.), How Harvard Rules: Reason in the Service of Empire (Boston: South End Press, 1989), 51-128.

Vasquez, John A., The Realist Paradigm and Degenerative versus Progressive Research Programs: An Appraisal of Neotraditional Research on Waltz's Balancing Position, American Political Science Review, vol. 91 (1997), 899-912.

Vitalis, Robert, Birth of a Discipline, in: D. Long & B. Schmidt (Hg.), Imperialism and Internationalism in the Discipline of International Relations (Albany: State University of New York Press, 2005), 159-181.

Waever, Ole, The Sociology of a Not So International Discipline: American and European Developments in International Relations, International Organization, vol. 52 (1998), 687-727.

Wallerstein, Immanuel, The Modern World-System, vol. I: Capitalist Agriculture and the Origins of the European World-Economy in the Sixteenth Century (New York: Academic Press, 1974).

Wallerstein, Immanuel, The Modern World-System, vol. II: Mercantilism and the Consolidation of the European World-Economy, 1600-1750 (New York: Academic Press, 1980).

Walt, Stephen, The Origins of Alliances (Ithaca: Cornell University Press, 1987).

Waltz, Kenneth N., Man, the State, and War: A Theoretical Analysis (New York: Columbia Univ. Press, 1959).

Waltz, Kenneth N., The Stability of a Bipolar World, Daedalus, vol. 93 (1964), 881-909.

Waltz, Kenneth N., Theory of International Politics (Reading: Addison-Wesley, 1979).

Waltz, Kenneth N., The Emerging Structure of International Poltitics, International Security, vol. 18 (1993), 44-79.

Waltz, Kenneth N., Structural Realism after the Cold War, International Security, vol. 25 (2000), 5-41.

Waltz, Kenneth N., The Continuity of International Politics, in: K. Booth & T. Dunne (eds.), Worlds in Collision. Terror and the Future of the Global Order (London: Palgrave McMillan, 2002), 348-353.

Wendt, Alexander, Anarchy is What States Make of It. The Social Construction of Power Politics, International Organization, vol. 46 (1992), 391-425.

Wendt, Alexander, Social Theory of International Politics (Cambridge: Cambridge University Press, 1999).

Wight, Colin, State Agency: Social Action without Human Activity, Review of International Studies, vol. 30 (2004), 269-280.

Wight, Martin, The Balance of Power, in: Herbert Butterfield & Martin Wight (Hg.), Diplomatic Investigations: Essays in the Theory of International Politics (London: Allen & Unwin, 1966), 149-175.

Wolfers, Arnold, Discord and Collaboration. Essays on International Politics (Baltimore: Johns Hopkins University Press, 1962).

Index

Allianzen 19, 48, 49, 54
Analyseebene
   subsystemare Ebene 43
   systemare Ebene 42
Analyseebenen 37, 42
Analysen 13, 18, 37, 43, 44
   objektivistische 43
   phänomenologische 43
Anarchie 7, 8, 16, 18, 20, 41, 46, 48, 62, 64, 67
   Legislativinstanz 7
   Sanktionsinstanz 7
Aron, Raymond 123
Beschreibung 15, 17, 42, 44, 56, 61, 77, 84, 86, 95, 101, 115, 123, 130
Bull, Hedley 46, 94, 123
Dilemma 19, 38, 64, 67, 70
Disziplin IB 5, 6, 7, 8, 12, 14, 15, 17, 135
Eliten 4, 80, 82, 83, 88, 89, 95, 98, 99, 101, 102, 103, 105, 106, 135
Englische Schule 14, 61
Entscheidungsmechanismen 77, 78, 79
Fähigkeit, capability 7, 21, 47, 62
Gemeinschaft 41, 79, 82, 84, 88, 90, 91, 93, 102, 103
   Problembewältigungs- 82
   Schicksals- 82
   Werte- 82
Gesetzmäßigkeiten 3, 9, 17, 20, 23, 25, 45, 94, 95
Gewinne 48, 49, 51, 63, 67, 82, 104, 110, 121, 128, 129
Gleichgewicht 8, 19, 20, 22, 23, 25, 29, 32, 36, 43, 51, 55, 106
   Kompensation 20
   Rüstung 20, 23, 24

Gruppen 39, 42, 44, 78, 79, 80, 81, 83, 85, 87, 89, 90, 95, 102, 104, 109, 110, 111, 112, 113, 114, 116, 117, 118, 121
   Interessen- 77, 78, 79, 80, 81, 82, 83, 85, 88, 90, 96, 102, 103, 104, 109, 110, 111, 115, 117, 118, 120, 121
Haas, Ernst B. 77, 84, 89, 90, 93, 94, 96
Handlungsspielraum 42, 64, 65, 66, 107, 131
Hoffmann, Stanley 11, 13, 17, 18, 44, 77, 93, 94, 95, 98, 99, 101, 105, 108, 123
Idealismus 5, 11, 12, 17, 20, 42, 94
Identität 34, 103, 110, 124, 126, 127, 129, 131, 133, 135, 136
   Feind 124
   Freund 124
   kritische Hinterfragung 129
   nationale 97
   Rivale 124
Imperialismus 9, 20, 21, 26, 95, 98, 100, 101
Information 3, 32, 64
Institutionalisierung 12, 125, 126, 130, 137
Institutionen 11, 39, 40, 42, 44, 51, 61, 63, 64, 66, 72, 75, 77, 82, 83, 84, 88, 89, 97, 98, 99, 100, 102, 103, 105, 111, 113, 115, 123, 125, 126, 127, 128, 130, 137
Integration 51, 77, 78, 79, 80, 82, 83, 84, 85, 86, 87, 88, 89, 90, 91, 93, 94, 95, 96, 98, 100, 101, 102, 103, 104, 105, 107, 109, 110, 115, 116, 117, 118
   Dynamik 86
   Erweiterung 16, 53, 80, 83
   Rückschritt 83
   spill over 87, 88
      erzeugt 88
      funktional 87
      politisch 88

Übersprünge 83
Unterbrechung 83
Vergemeinschaftung 80, 84, 85
Vertiefung 80
Integrationstheorien 77
　Neofunktionalismus 77, 83, 85, 90, 95
Interaktion 124
Interdependenz 61, 62, 64, 65, 66, 67, 75, 80, 82, 100, 111
　asymmetrische 64, 65
　Empfindlichkeit 64, 65
　komplexe 65
　Verwundbarkeit 49, 58, 64, 65, 70, 71
Interesse
　nationales 97, 98, 100, 101
Interessen 4, 9, 11, 16, 22, 23, 27, 29, 32, 33, 35, 39, 40, 41, 43, 53, 55, 56, 61, 62, 64, 65, 66, 69, 72, 78, 79, 80, 83, 87, 89, 90, 96, 101, 102, 104, 105, 109, 110, 111, 112, 113, 114, 115, 116, 118, 120, 121, 123, 124, 125, 126, 127, 128, 130, 134
　ideelle 110
　materielle 110
　politische 111
Intergouvernementalismus 15, 95, 96, 101, 108, 109
Isolationismus 95, 98, 100, 101
italienische Schule 14
Keohane 61, 64, 65, 66, 70
Keohane, Robert O 64
Klugheit 19, 20, 22, 29, 31, 32, 34
Kollektive Sicherheit 23, 24, 26
Kompetenzübertragung 85
Konflikt 18, 27, 31, 38, 44, 50, 53, 80, 106, 111, 112, 113, 114, 115, 123, 136
Konstruktivismus 12, 123, 130, 135
Kooperation 17, 42, 44, 51, 61, 62, 63, 64, 66, 67, 68, 75, 87, 95, 98, 99, 100, 101, 104, 105, 106, 107, 108, 111, 112, 113, 115, 123, 124, 125, 126, 130
Koordination 71, 112, 113
Kosten 62, 63, 64, 65, 66, 67, 68, 69, 70, 71, 73, 75, 87, 129
　Transaktions- 66, 67, 73, 74

Krieg 11, 19, 21, 22, 24, 29, 33, 34, 35, 37, 38, 39, 40, 41, 42, 51, 56, 66, 73, 115, 118, 119, 120, 121, 123, 128, 132, 133, 134
Legalismus 17, 20, 35
Liberalismus
　ideeller 112
　kommerzieller 112
　republikanischer 112
Logik der Bilder 37, 38, 45
　drittes Bild 41, 45
　erstes Bild 38, 39, 40
　zweites Bild 39, 40
Loyalitäten 79, 82, 88, 90, 95
Macht 8, 17, 18, 19, 20, 21, 22, 23, 26, 27, 28, 31, 34, 36, 43, 45, 55, 57, 64, 65, 66, 75, 111, 112, 113, 114, 121, 126, 129, 131, 137
　Abschreckung 20, 21, 24, 53, 71, 106, 128, 132
　Einflußsphären 31
　Machtdemonstration 20, 21
　Machterhalt 20, 27, 111
　Machterweiterung 20, 21, 26
　Machtstreben 20, 21, 22, 23, 43
Machtkonstellation 19
Moral 20, 21, 40
Moravcsik, Andrew 96, 109, 112, 116
Morgenthau, Hans J. 17, 20, 21, 28, 31, 33, 34, 35, 44
Nation 44, 77, 89, 95, 96, 97, 98, 99, 103, 110, 113, 120
Nationalismus 89, 95, 97, 98, 105
Neorealismus 12, 45, 50, 52, 54, 61, 68
Normen 21, 27, 29, 32, 62, 63, 64, 66, 67, 68, 72, 73, 74, 86, 125, 126, 127, 130, 133, 134
　Internalisierung 127
Nullsummenspiel 48, 49
Nye, Joseph N. 10, 25, 64, 65
Onuf, Nicholas G. 123
Organisation 23, 26, 39, 42, 70, 72, 79, 80, 83, 104, 135
Pluralismus 77, 78, 80, 89, 112
Präferenzen 62, 109, 110, 111, 112, 113, 114, 115, 116, 118, 120, 121
　ideelle 120

Intensität
  Machtquelle 114
  materielle 120
  rent-seeking 110, 114
  -struktur 113
  -strukturen 109, 111
Präferenzenbildung 113, 117
Pragmatismus 20, 21, 97, 100
Prinzipien 3, 16, 21, 23, 25, 26, 35, 63, 64, 66, 72, 74, 90, 97, 98, 106, 119
Realismus 5, 11, 12, 16, 17, 18, 20, 21, 22, 23, 25, 32, 37, 42, 45, 59, 61, 68, 94
Regeln 17, 24, 27, 29, 32, 35, 41, 62, 63, 64, 66, 67, 68, 69, 70, 72, 74, 126, 127, 130
Regime 30, 33, 51, 63, 64, 66, 67, 68, 69, 72, 74, 75
  Bedarf 9, 68, 69, 71, 82, 86, 93
  Entstehung 68
  Stabilität 68
  Wirkung 72, 74
Schmitter, Philippe 89, 90
Selbsthilfe 48, 49, 59, 66, 125, 126, 127
Sicherheit 10, 19, 22, 23, 24, 25, 26, 27, 28, 46, 49, 53, 54, 55, 57, 71, 72, 74, 97, 98, 100, 101, 107, 113, 119, 121, 136
  nationale 100
Sicherheitsdilemma 46, 48, 49, 64
Signale 124, 126, 128
Situation
  Dilemma- 64, 67
  interaktionsspezifisch 126
  nationale 100, 104, 106, 107
  Nationale 98
Souveränität 18, 25, 26, 46, 47, 71, 72, 83, 104, 113, 128, 133, 134
Sozialisation 48, 127
Sozialisierung 126
Staaten
  National- 87, 96, 97, 98, 100, 102
Struktur 12, 41, 45, 48, 50, 51, 52, 53, 54, 55, 58, 59, 66, 68, 123, 125, 126, 127, 130
  intersubjektiv 123
  intersubjektive 125

kognitiv 123
Strukturwandel 126, 127, 130, 133, 134
System 4, 11, 14, 23, 24, 26, 27, 35, 39, 42, 44, 46, 47, 48, 49, 50, 51, 52, 54, 55, 58, 59, 61, 62, 64, 70, 78, 80, 83, 101, 111, 112, 113, 117, 124, 125, 130, 133, 137
  bipolar 48, 102
  multipolar 48, 52
  Stabilität 20, 21, 39, 48, 51, 55, 59, 68, 70, 87, 96, 106, 134
  unipolar 48, 54
Szientismus 12, 93, 94
Theorien 2
  Alltags- 2
  Anwendung 15
  Begründungsprogramm 7
  einflussreiche 6
  erklärende 3
  Herrschaftstechniken 7
  Konsequenzen 4
  Kritik 3, 8, 14, 16, 17, 18, 45, 62, 96, 109, 123, 124
  wahre 5
  Wissenschaftliche 2
Traditionalismus 12, 93, 94
Unilateralismus 98, 101, 106
Vergesellschaftung 78, 82
Verhandlungen 63, 64, 66, 67, 68, 69, 110, 113, 116, 118, 120
Vernunft 7, 17, 19, 40
Völkerrecht 21, 27, 28, 29, 32, 35, 36
Wahrnehmung 6, 16, 43, 124, 126, 128
Waltz, Kenneth N. 11, 15, 37, 39, 40, 45, 46, 48, 49, 54, 55, 57, 77
Wendt, Alexander 13, 45, 94, 123, 124, 126, 127
Wettbewerb 17, 38, 39, 48, 49, 55, 67, 78, 80, 85, 90, 96, 98, 112
Wight, Martin 123, 124
Wissenschaft der IB 14, 123
Wohlfahrt 78, 80, 86, 90, 98, 100, 101, 107, 110, 113

Das müssen Sie gelesen haben

Walter Reese-Schäfer
Klassiker der politischen Ideengeschichte
Von Platon bis Marx
2007 | IX, 246 Seiten | Broschur
€ 29,80 | ISBN 978-3-486-58282-6
Lehr- und Handbücher der Politikwissenschaft

Kennen Sie das Buch »Guide to the places in the world you must have seen before you die«? Ganz in diesem Sinne versteht sich das Buch von Walter Reese-Schäfer als Reiseführer zu den Texten der politischen Ideengeschichte, die man gelesen haben muss, bevor man stirbt.
Die Auswahl der in diesem Band vorgestellten Theorien und Theoretiker ist nicht schwer zu erklären. Es werden diejenigen Klassiker behandelt, die jeweils einen neuen Aspekt und einen neuen Gedanken in die politische Ideengeschichte eingebracht haben.
Theoretiker wie Machiavelli, Locke, Platon oder Rousseau prägen das politische Selbstverständnis unserer Gesellschaften. Ihr Schaffen wird, anstelle der üblichen Konzentration auf ein Hauptwerk, vom Autor in seinem Werk kontextualisiert und entlang bestimmter theoretischer Prinzipien aufgeschlüsselt. Daneben gibt er gezielte Literaturhinweise zur vertiefenden Lektüre.

Texte, die man kennen muss –
systematisch aufbereitet und präsentiert.

Prof. Dr. Walter Reese-Schäfer lehrt am Seminar für Politikwissenschaft der Universität Göttingen.

Oldenbourg

Verstehen Sie Europa!

Ingeborg Tömmel
Das politische System der EU
3., vollst. überarb. und akt. Aufl. 2008. XVIII, 307 S., Br.
€ 29,80
ISBN 978-3-486-58547-6
Lehr- und Handbücher der Politikwissenschaft

Wo andere Werke entweder Wald oder Bäume darstellen, liefert dieser Band eine Gesamtsicht. Er vermittelt eine umfassende und klar strukturierte Darstellung des politischen Systems der EU. Dessen Genese, Struktur und Funktionsweise werden behandelt. Darüber hinaus thematisiert die Autorin die EU-Erweiterung und aktuelle Probleme der Union.
Für die zweite Auflage wurde der Text komplett aktualisiert; insbesondere die Regelungen des Verfassungsvertrags wurden in die entsprechenden Kapitel eingearbeitet. Bei der Darstellung des EU-Systems stehen durchgängig die Interaktionsbeziehungen zwischen allen beteiligten Institutionen und Akteuren im Vordergrund. Den Abschluss des Buches bildet eine theoretische Betrachtung des EU-Systems.

Die EU kurz und prägnant erklärt – ein Buch für alle, die Europa verstehen wollen.

Der Band richtet sich an Studierende der Politikwissenschaft in allen Studienphasen. Er bietet Einsteigern wie Fortgeschrittenen gleichermaßen Informationen und Denkanreize.

Univ.-Prof. Dr. Ingeborg Tömmel lehrt Internationale Politik an der Universität Osnabrück.

Ist der Drache unersättlich?

Xuewu Gu, Maximilian Mayer
Chinas Energiehunger: Mythos oder Realität?

Spätestens seit dem Beginn des 21. Jahrhunderts gibt es einen weltweiten Diskurs über Chinas Energiebedarf und dessen globale Auswirkungen.
Die Debatte verläuft teilweise leidenschaftlich. Sie ist aber auch von weit verbreiteten Mythen gekennzeichnet, die von der politischen und wissenschaftlichen Aufmerksamkeit und von den eigentlichen Energieherausforderungen Chinas und der Welt ablenken.
Dieses Buch versucht durch empirisches Datenmaterial und theoretische Überlegungen eine ausgewogene Sicht auf den chinesischen »Energiehunger« zu finden.

Das Buch richtet sich an Studierende, Wissenschaftler, Politiker, Entscheidungsträger in der Wirtschaft sowie an wirtschafts- und energiepolitisch Interessierte.

2007 | VIII, 207 Seiten | gebunden
€ 24,80
ISBN 978-3-486-58491-2

Oldenbourg